Rudolf Faltermeier

PRAKTISCHER UNTERRICHT BIOLOGIE

Lebensraum Boden

Ernst Klett Verlag
Stuttgart München Düsseldorf Leipzig

Bildquellen:

Illustrationen: Klaus Joas, Weinstadt; Hess Sales Promotions (P. Schwarzmann/K. Rosenberg), Idstein

Fotos:

S. 7 Silvestris, Kastl; S. 17 Okapia (F. Gohier), Frankfurt; S. 39 Okapia (Naturbild Ag Pokorny), Frankfurt; S. 52 Silvestris (L. Lenz), Kastl; S. 73 Silvestris (Redeleit), Kastl; S. 89 Okapia (R. Maier), Frankfurt

Grafikvorlagen:

S. 46, 50 nach: Natur und Mensch 6, Schroedel Verlag
S. 49 nach: Slaby, Wir erforschen den Boden, AOL Verlag
S. 75, Abb. 5.2 nach: Kleber, Handbuch Schulgarten, Beltz Verlag
S. 80, 81 nach: Miethaner, Der Junglehrer, Heft 5, Würzburg
S. 117 "Ameisenbau" nach: Kulmbach; Biologie 3, Baumann Verlag

Bisher in dieser Reihe erschienene Bände:

Natur erleben - Natur verstehen (Klett-Nr. 04311)

Gedruckt auf Recyclingpapier,
hergestellt aus 100 % Altpapier.

1. Auflage 1 5 4 3 2 1 | 2000 99 98 97 96

Alle Drucke dieser Auflage können im Unterrricht nebeneinander benutzt werden, sie sind untereinander unverändert. Die letzte Zahl bezeichnet das Jahr dieses Druckes.

Satz, Grafik und Repro: Hess Sales Promotions, Idstein

Druck: Gutmann, 74388 Tahlheim

ISBN: 3-12-043120-6

Autor:

Rudolf Faltermeier, Pettendorf

Studium des Lehramtes an der Universität Regensburg mit den Hauptfächern Biologie und Kunst. Gegenwärtig als Hauptschullehrer und Leiter der Lokalen Arbeitsgemeinschaft Umwelterziehung im „Projekt Umwelterziehung“ im Schulamtsbereich Landkreis Regensburg tätig.

Inhaltsverzeichnis

Vorwort

Boden stellt eine unserer elementaren Lebensgrundlagen dar und gehört, wie auch die Europäische Boden-Charta des Europarates 1972 feststellt, zu den wertvollsten begrenzten Gütern der Menschheit. Dennoch ist dieses Thema, anders als etwa die Aspekte „Luft“ oder „Wasser“, noch wenig in der Öffentlichkeit thematisiert worden. Erst in jüngster Zeit findet auch dieser Lebensbereich wachsende Beachtung, nachdem Boden nicht zuletzt durch diverse Medienveröffentlichungen ins Blickfeld gerückt wurde.

In der Schule sieht es mit einer Beschäftigung des Themas „Boden“ insgesamt wohl nicht viel anders aus. Dies zeigt z. B. eine bayernweite Umfrage der „Landesarbeitsgemeinschaft Umwelterziehung“ im Jahre 1992 über bislang behandelte Umweltthemen im Volks- und Sonderschulbereich. Gemessen an der Zahl der Nennungen belegte das Thema „Boden“ lediglich einen Platz im letzten Drittel der abgefragten 11 Themengruppen (Spitzenreiter: Thema „Wald“). Die Qualität der Nennungen wurde bei dieser Untersuchung zwar nicht erfaßt, doch zeigt allein die relativ geringe Zahl an Nennungen, daß das Thema „Boden“ insgesamt noch wenig Interesse weckt.

Freilich ist auch in den Lehrplänen das Thema „Boden“ als wesentlicher Aspekt menschlicher Abhängigkeit von der Natur selten ausdrücklich aufgeführt. Ein Bezug dazu läßt sich oftmals nur indirekt herleiten (etwa aus den Themen „Wiese“ oder „Wald“ im Biologieunterricht bzw. aus biologischen Themen der Grundschule wie „Garten“, „Gemüse“).

Allerdings ist auch einzuräumen, daß „Boden“ als Unterrichtsgegenstand von komplexer Natur ist. So sind hier für eine halbwegs fundierte Betrachtung gewisse Einblicke in Bodenbiologie, Bodenchemie und Bodenphysik notwenig. Auch kann „Boden“ nicht isoliert gesehen werden, sondern erfordert eine Zusammenschau mit den Elementen Wasser und Luft sowie menschlichen Einflußnahmen.

Gerade im Zusammenhang mit Schulgartenarbeit ist eine gute Gelegenheit gegeben, dieses wichtige und sehr komplexe Thema unterrichtlich anzugehen und aufzuarbeiten. Dabei braucht die Behandlung keinesfalls auf bloße Theorie beschränkt zu bleiben. Das Gegenteil ist der Fall, denn die Materie bietet neben der theoretischen Erarbeitung des Phänomens eine überraschende Fülle an Möglichkeiten praktischer Betätigung, sei es durch Versuche (sowohl Demonstrations- wie auch Schülerversuche) oder Arbeiten im Freien.

Bei der Zusammenstellung der Materialien wurde versucht, einerseits möglichst viele Aspekte dieses Themenbereichs ausführlich darzustellen, andererseits nicht zu speziell in eine wissenschaftliche Betrachtung einzusteigen. Den stärker Interessierten wird deshalb eine weiterführende Auseinandersetzung mit den Teilbereichen der Bodenphysik, der Bodenbiologie und der Bodenchemie empfohlen. Interessierte Laien aber vermag die Darstellung soweit zu informieren, daß sie einer unterrichtlichen Behandlung des Themas „Boden“ nähertreten können, ohne zusätzliche Spezialliteratur durcharbeiten zu müssen. Das vorliegende Werk umfaßt deshalb eine möglichst breite theoretische Betrachtung des Komplexes „Boden“ als Information vor allem für Unterrichtende.

Den einzelnen Kapiteln schließen sich, wo es möglich ist, themenbezogene Versuchsvorschläge an, die durchgehend nach dem gleichen Schema aufgebaut sind. Jeder Versuch enthält eine vollständige und umfassende Darstellung des benötigten Arbeitsmaterials wie auch eine nachvollziehbare Durchführungsanleitung und ggf. weitere Hinweise , ferner Aufgabenstellungen für die Schüler und Schülerinnen. Sachinformationen für den/die Lehrer/in sind jeweils im Vorfeld der Versuche im Kapitel „Arbeitsmaterial“ gegeben.

Ergänzend dazu werden kapitelweise Vorschläge für Arbeitsblätter gemacht sowie Hilfsmittel für Bestimmungsarbeiten und Vorlagen für freiarbeitliche Aktivitäten angeboten. Die Lösungen zu den Arbeitsblattvorschlägen sind jeweils im Kapitel „Arbeitsmaterial“ aufgeführt.

Gerade für die Vorbereitung von Versuchen und die Bereitstellung von Bestimmungshilfen ist der/die Kollege/Kollegin sehr gefordert und oftmals allein auf privates Engagement angewiesen, wenn etwa entsprechende schulorganisatorische Rahmenbedingungen fehlen.

Dieses Werk will deshalb versuchen, möglichst viele Kollegen und Kolleginnen zu ermutigen, sich des Themas „Boden“ im Rahmen des Biologieunterrichts oder der Schulgartenarbeit anzunehmen und die Schüler/innen im theoretischen und praktischen Tun mit dieser noch viel zu wenig beachteten Naturgegebenheit vertraut zu machen, die sicherlich manches Überraschende birgt. Dabei wird immer versucht, das Durchführbare, orientiert an der Situation des Schulalltags etwa bis zum 10. Schuljahrgang, in den Vordergrund der Überlegungen zu stellen. Auf Versuchsbeschreibungen und Arbeitsmaterial für die gymnasiale Oberstufe und vergleichbare Bildungseinrichtungen wird daher verzichtet, was freilich eine Benutzung des vorliegenden Materials auch in dieser Schulstufe nicht auszuschließen braucht.

Dem/der Benutzer/in wird es mit diesem Material hoffentlich gelingen, eine Bewußtseinsänderung bei den Schülerinnen und Schülern anzubahnen. Sie sollten „Boden“ nicht weiterhin geringschätzig als „Dreck“ und „Schmutz“ betrachten, sondern ihn als einen hochinteressanten Lebensraum erkennen bzw. erfahren und als eine unsere Existenz erhaltende Materie, der dringend Schutz und pfleglicher Umgang entgegenzubringen sind.

In diesem Sinne sei den Benutzern/innen ein gutes Gelingen ihrer Vorhaben beschieden.

Boden ist weder Dreck noch Schmutz. Boden ist Leben, denn 30 cm Boden sichern unsere Existenz. Boden entsteht immer wieder neu. Bodenentstehung erfolgt sehr langsam. Die Bodenbildung kann man in Versuchen darstellen.

Inhalt:

1.1 Boden – Eine Definition

Boden ist auf unserer festen Erdrinde die oberste Auflage, auf der Pflanzen zu wachsen vermögen. Boden bedeckt auf dem Festland den allergrößten Teil der Erdoberfläche und stellt im wesentlichen das Ergebnis von Verwitterungsvorgängen dar, später angereichert durch angewehte bzw. auch angeschwemmte und verrottete Bestandteile. Er ist in Schichten gewachsen und zeigt bei natürlich belassenen Böden einen typischen Aufbau. Im Unterschied zum Boden sind Erden beliebig herstellbare einheitliche Substrate.

1.1.1 Bodenaufbau (Bodenschichtung)

Wir unterscheiden bei natürlich geschichteten Böden im allgemeinen drei Verwitterungsschichten (Abb. 1.1), die unterschiedliche Stärken aufweisen, so daß auf Stärkenangaben hier ganz verzichtet wird. Diese Schichten sind im einzelnen:

a) Der Oberboden: Krume, Humusschicht

Beim Oberboden handelt es sich um den obersten Bodenabschnitt, der vermischt ist mit verschiedengroßen Humus-Anteilen. Unter Humus sei dabei einstweilen die Gesamtheit der organischen Substanzen (pflanzlicher und tierischer Herkunft) im Boden verstanden. Die Oberbodenschicht ist dementsprechend die fruchtbarste Bodenschicht. Sie ist bei weitem am stärksten durchwurzelt und zumeist von einer dunkelbraunen bis schwärzlichen Farbe. Der Oberboden ist gefährdet durch Auswaschungen.

Abb. 1.1: Bodenaufbau (Schichtung natürlicher Böden)

b) Der Unterboden: Verwitterungsschicht

Diese Bodenschicht liegt unter der Humusschicht, der Krume. Sie ist weniger stark durchwurzelt und oftmals braun gefärbt (eisenhaltig). Als Anreicherungsschicht werden Nährstoffteile aus dem Oberboden in sie eingetragen, so daß der Unterboden zwar weniger Humusanteile enthält, aber durchaus nährstoffhaltig sein kann und teils verdichtete Partien (z.B. Ortstein) aufweist.

c) Der Untergrund: Ausgangsschicht

Als Untergrund bezeichnet man das unverwitterte Ausgangsmaterial, zumeist das anstehende Gestein, als das Ursprungsmaterial der verschiedenen Bodenbildungsvorgänge. Doch auch lockeres Material (Sand, Löß, Mergel...) ist als Ausgangsschicht möglich. Diese Schicht ist allgemein arm an löslichen, aber reich an zersetzbaren Nährstoffen und steht in unterschiedlichen Tiefen an.

1.2 Bodenentstehung

Nach einem ersten Überblick über den Schichtbau des Bodens soll nun auf die Bodenbildungsvorgänge eingegangen werden, ohne die es keinen Boden geben würde.

Unter Bodenentstehung versteht man den Entwicklungsprozeß, bei dem aus Ausgangsmaterial und organischen Substanzen allmählich jenes lockere Substrat entsteht, das als Boden beschrieben wird. Die wesentlichsten Faktoren, die bei der Bodenentwicklung zusammenwirken, sind: Ausgangsmaterial, Klima, Oberflächenrelief, Zeit, Vegetation, Wasser, menschliche Einwirkungen.

Die Einwirkungen auf das Ausgangsmaterial bis zur Bodenbildung dauern sehr lange, so daß die Entstehung von Boden große Zeitabschnitte erfordert. Diese Prozesse sind auch heute noch nicht beendet.

Bei der Untersuchung der oben genannten Faktoren wird wegen ihrer großen Bedeutung für die entstehenden Böden zunächst einmal die Art des Ausgangsmaterials betrachtet.

1.2.1 Woraus Boden entsteht- eine kleine Gesteinskunde

Gestein als das primäre Ausgangsmaterial wird geologisch in drei Großkategorien eingeteilt. Nach der Art ihrer Entstehung unterscheidet man hierbei zwischen
- Erstarrungsgesteinen,
- Sedimentgesteinen,
- Umwandlungsgesteinen.

Den Erstarrungsgesteinen kommt eine Primärfunktion zu, da sie zuerst aus der glutflüssigen Erdmasse (Magma) entstanden sind und somit Ausgangsmaterial aller späteren Bodenentwicklungsprozesse darstellen (Abb. 1.2).

Zu diesen Gesteinsformationen kommen in fortgeschritteneren Entwicklungsabschnitten organische Substanzen sozusagen als „Sekundärausgangsstoffe" hinzu.

a) Erstarrungsgesteine

Als Erstarrungsgestein werden die Gesteinsarten bezeichnet, die als Tiefengestein im Erdinnern (z.B. Granit) oder als Ergußgestein (Basalt) an der Oberfläche aus zähflüssigen Massen des Erdinnern entstanden, aber je nach Tempo der Abkühlung unterschiedliche Gefüge ausbilden konnten (z.B. grobes Gefüge – Granit, feines Gefüge – Basalt). Die Erstarrungsgesteine weisen allgemein sehr hohe Anteile an Silikaten und Quarzen auf.

b) Sedimentgesteine

Sedimentgesteine werden auch Absatz- oder Schichtgesteine genannt. Sie sind das Produkt von Verwitterung (Abtrag), Transport und Ablagerung sowie anschließend einsetzender Verdichtung zu neuen Gesteinen (Kalke, Schiefer, Sandstein) oder losen Sedimenten wie unverfestigter Sand, Lehm, Schlick usw. Von allen Gesteinen stellen Sedimente den bei weitem größten Oberflächenanteil. Ausgangsmaterial zur Bildung der Sedimentgesteine können Strukturen der unterschiedlichsten Größen (vom Schlick bis zum Geröll) sein, die sortiert oder unsortiert verfrachtet und abgelagert wurden (als Wasser-, Wind- oder Gletscherfracht,..).

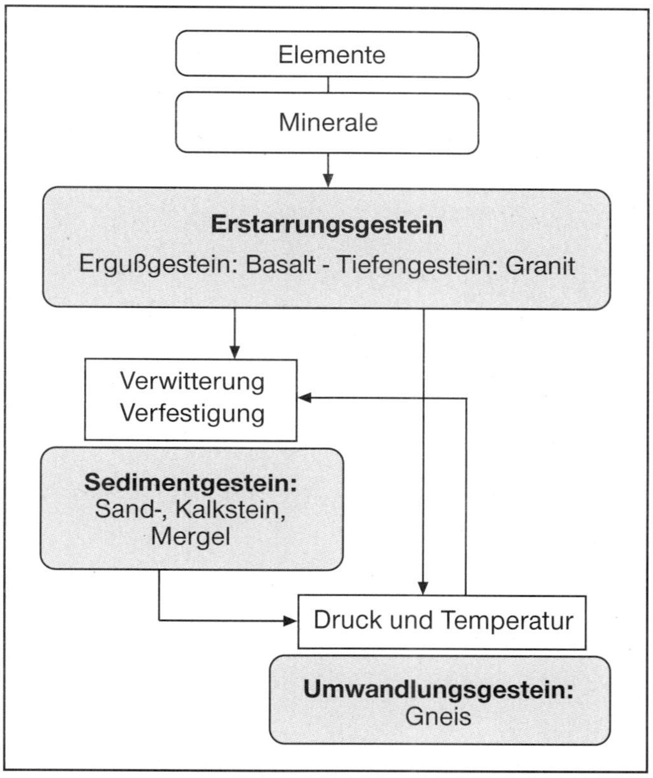

Abb. 1.2: Gesteinsentstehung

c) Umwandlungsgesteine

Sie entstanden als Produkt hoher Drücke oder Temperatureinwirkungen aus Erstarrungs- oder Sedimentgestein, wodurch die ursprünglichen Gesteinsstrukturen verändert wurden. Gesteine dieser Gruppe sind u.a. die Gneise, Glimmerschiefer.

d) Organische Stoffe

Bei den organischen Stoffen handelt es sich um Überreste von Lebewesen aller Art (Ausscheidungen, Leichen), die im wesentlichen von Mikroorganismen ab- und umgebaut werden. Die Ansammlung organischer Stoffe gilt als „sekundärer Ausgangsstoff", da sie erst nach einer ausreichenden Bodenbildung als Grundlage organischen Lebens entstehen konnte.

1.2.2 Bodenbildungskräfte

Seit ihrer Entstehung unterliegen die Ausgangsmaterialien der Bodenbildung ständigen Verwitterungseinwirkungen unterschiedlichen Ursprungs. Diese Einwirkungen können zusammenfassend in drei verschiedene Verwitterungsarten unterteilt werden, die mechanischer, biologischer und chemischer Art sind, wobei klimatische Faktoren die Art der Verwitterung maßgeblich mitbestimmen; aride (trockene) Verhältnisse fördern dabei die physikalischen, humide (feuchtere) die chemischen Verwitterungsvorgänge.

a) Faktoren mechanischer (physikalischer) Bodenentstehung

Bei der Bodenentstehung auf mechanische Art (Abb. 1.3) zerfällt das Ausgangsmaterial in immer kleinere Teile; die Zerfallsprozesse unterliegen den verschiedensten Krafteinwirkungen. Durch zunehmende Zerkleinerung wird jeweils eine relative Oberflächenvergrößerung erreicht, die ihrerseits neue Zugangsmöglichkeiten für Verwitterungsvorgänge anderer Art ermöglicht. Als solche sind zu nennen:

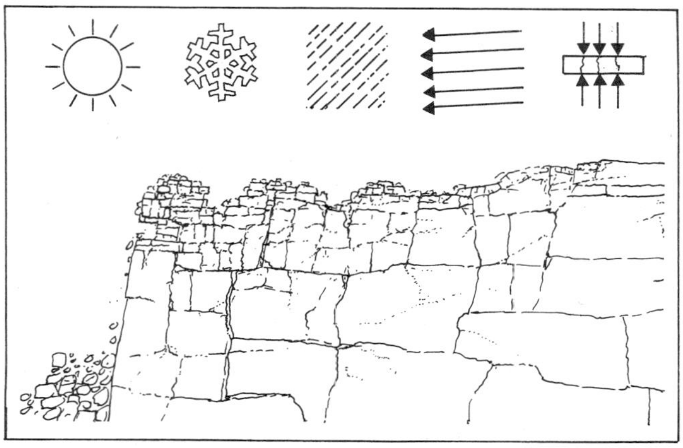

Abb. 1.3: Bodenentstehung physikalisch

1. Druckkräfte im Erdinneren: Sie bewirken vor allem in den obersten Gesteinslagen sogenannte Druck-Entlastungsrisse. Diese Risse ermöglichen schließlich anderen Bodenbildungskräften den Zugang.

2. Klimaeinwirkungen: Die weitere physikalische Verwitterung beruht im wesentlichen auf der Wirkung von Klimafaktoren wie Frost, Hitze und Regen, die das Ausgangsmaterial weiter zermürben und zerkleinern, wobei

- Wasser in vorhandene Ritzen eintritt und bei Frost durch die Volumenzunahme von etwa 10 % im gefrorenen Zustand enorme Sprengkraft entwickelt. Diese kann bei -22°C mit bis ca. 2 t/cm^2 angegeben werden (Frostverwitterung).
- Temperaturänderungen von warm bis kalt zu einer unterschiedlichen Ausdehnung des Materials führen. Daraus resultierende Spannungen wirken zermürbend auf das Gestein (Temperaturverwitterung).
- Kristallisierungserscheinungen ausgelöster Mineralien in Spalten und Ritzen Absprengungen des Gesteins bewirken.
- Wasser und Wind durch beständige Reibung die Gesteine weiter zu immer kleiner werdenden Teilen abbauen.
- Pflanzen auf das Material einwirken, indem sie durch ihr Wurzelwachstum bereits rissiges Material sprengen oder heben.

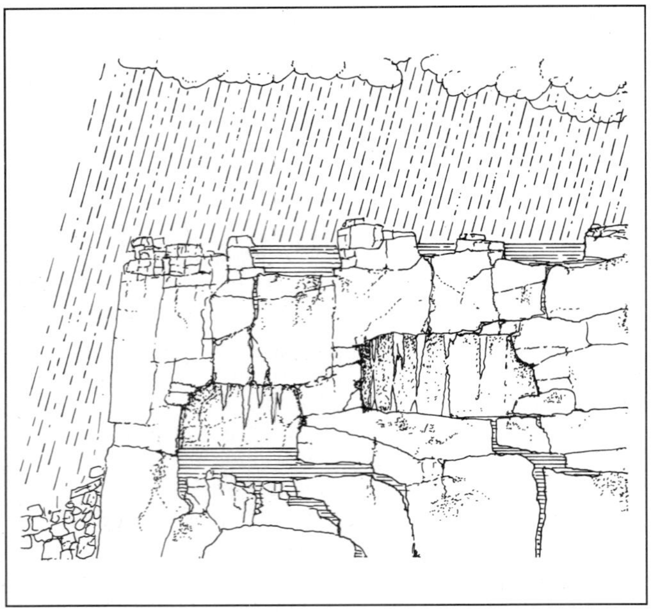

Abb. 1.4: Bodenentstehung chemisch

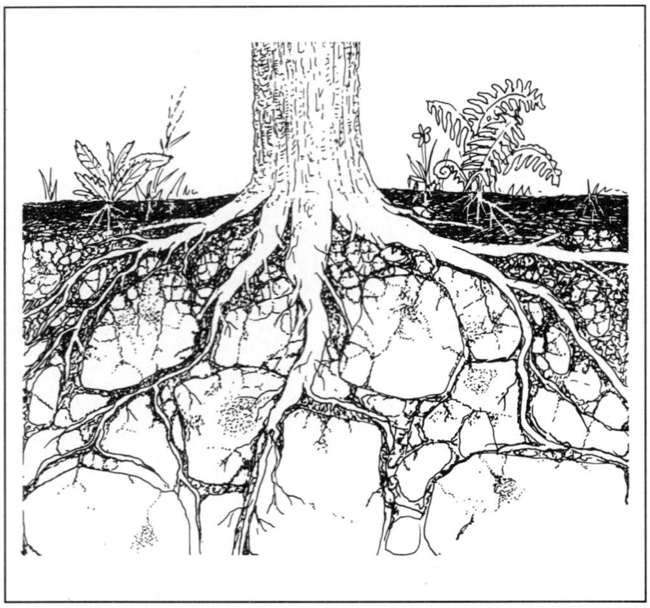

Abb. 1.5: Bodenentstehung biologisch

b) Faktoren chemischer Bodenentstehung

„Wasser", der auf der Erde am häufigsten vorhandene Stoff, hat auch eine bedeutende Funktion hinsichtlich der Bodenbildung (Abb. 1.4), so zum Beispiel bei:

1. Oxidationsvorgängen wie beispielsweise die Rostbildung eisenhaltigen Gesteins.

2. Kohlenstoffdioxid-Verwitterung: In Wasser gelöstes Kohlenstoffdioxid bewirkt vor allem Auflösungen bei Kalksteinen (z.B. Tropfsteinbildung).

3. Ionenaustauschvorgängen zwischen einer wässrigen Verwitterungslösung und einem Mineral. Diese Verwitterungsart ist vor allem bei den Feldspäten sehr bedeutend.

c) Faktoren biologischer Bodenentstehung

1. Ausscheidungen aus Pflanzen (z.B. Flechten, Wurzeln), die ebenso zersetzend auf das Ausgangsmaterial einwirken wie vorhandene Huminsäure (Abb. 1.5).

2. Massenansiedlungen von **Bakterien oder Algen**, die ebenfalls Nährstoffauslösungen und damit verbunden Zersetzungserscheinungen hervorrufen können.

Zusammenfassend kann festgestellt werden, daß die Stärke der ablaufenden Verwitterungsvorgänge abhängig ist von vorhandenen Temperaturschwankungen, vom Klima insgesamt, dem Bodenleben wie auchvon der Art des Ausgangsmaterials.

Die Entwicklungsvorgänge laufen überwiegend sehr langsam ab, so daß die Entstehung von Boden große Zeitabschnitte erfordert. Man rechnet heute, daß die Entstehung eines einzigen cm neuen Bodens in Mitteleuropa etwa 200 Jahre dauert.

Alle genannten Einwirkungen führen letzlich aber zum gleichen Ergebnis: zur Bildung von (neuem) Boden. Das Ausgangsmaterial zerfällt durch die aufgezeigten Einwirkungsprozesse in immer kleinere Teile und wird dann allmählich von Pflanzen besiedelt, die zusätzlich Humus bilden, Staub festhalten, Bodenteile abbauen.

Bezüglich der Bodenbildungsprozesse kann außerdem festgestellt werden, daß
- unsere heutigen Böden im wesentlichen nach der Eiszeit entstanden,
- heute wegen negativer menschlicher Eingriffe der Vorgang der Bodenbildung gegenüber dem Bodenabtrag geringer zu sein scheint,
- in niederschlagsreichen, feuchtwarmen Klimaten die Bodenbildung schneller als in trockenkalten Klimazonen abläuft.

1.3 Arbeitsmaterial

Im folgenden Abschnitt werden zur Verdeutlichung der verschiedenen Bodenbildungsabläufe Arbeitshilfen in Form von Versuchen und Arbeitsblattvorlagen angeboten.

1.3.1 Lehrerinformationen zu den Versuchen

Die Versuchbeschreibungen sind generell so angelegt, daß sie sowohl für die Hand der Unterrichtenden als auch als Arbeitsblatt für Schüler/innen eingesetzt werden können; Zielsetzungen und weitere Hinweise sind deshalb vom Versuchsblatt getrennt festgehalten.

Die zwei Versuche zum Komplex „Bodenentwicklungsprozesse" berücksichtigen physikalische, biologische und bedingt auch chemische Entwicklungen.

Sie sind für Schüler/innen, auch für jüngere, einsichtig und nachvollziehbar, da sie weitgehend in deren Erfahrungsbereich liegen.

Ziel bei beiden Versuchen ist das Kennenlernen der Bodenbildungsfaktoren und ihre Wirkungsweise.

„Mechanische Bodenbildungsvorgänge"

Versuch a:

Die mechanische Bodenbildung resultiert aus der Ermüdung des Ausgangsmaterials durch unterschiedliche Ausdehnung und Spannungen infolge verschiedener Temperaturen.

Dies wird simuliert durch abwechselndes Erwärmen und Abkühlen von Versuchsmaterial. Hier kann evtl. auch an das Vorwissen der Schüler angeknüpft werden, die bereits Erfahrung mit „Lagerfeuer-Romantik" haben (zerbrochene Steine der Feuerstelle). Auch sind Querverbindungen zur Geschichte herstellbar, etwa zur Erzgewinnung im frühen Metallzeitalter; selbst zum alltäglichen Haushaltsgeschehen lassen sich Bezüge aufzeigen (Abspülen von Glas).

Die Verwendung verschiedener Gesteinsarten vermag zusätzlich deren unterschiedliche Widerstandskraft zu verdeutlichen.

Sicherheitsüberlegungen sind durchaus angebracht, immerhin wird mit relativ hohen Temperaturen und offenem Feuer gearbeitet, so daß Splitterverletzungen oder Verbrennungen möglich sind; die Einhaltung eines gewissen Sicherheitsabstandes erscheint daher geboten. Die Versuchsreihe sollte mit jüngeren Schülern oder Schülerinnen als Demonstrationsversuch angelegt werden. Als Versuchsort empfiehlt sich das Freiland oder der Physiksaal.

Versuch b:

Die Sprengwirkung beim Gefrieren von Wasser aufgrund seiner Volumenzunahme um ca. 10% stellt einen entscheidenden Bodenbildungsprozeß dar.

Auch dieser Versuch kann auf Vorwissen selbst jüngerer Schüler/innen zurückgreifen – etwa die geborstene Wasserflasche, die zum schnellen Abkühlen in die Gefriertruhe gestellt worden war. Auch Straßen- und Mauerschäden werden besonders nach dem Winter sichtbar. Eine Fülle von Querverbindungen ist hier herstellbar: geplatzte Wasserbehälter, Frostschutzmittel im Autokühler...

Der Versuch b ist gut als Schülerversuch möglich, im Winter sollte die natürliche Temperatursituation genutzt werden, ansonsten bietet sich die Gefriertruhe an. Da Schnittverletzungen möglich sind, sollten die Kinder darauf aufmerksam gemacht werden.

„Biologisch-chemische Bodenbildungsvorgänge"

Versuche a + b:

Es geht hier um ein Kennenlernen biologisch-chemischer Einwirkungen bei der Bodenbildung, wobei die Versuche eher bescheidene Ergebnisse erbringen werden. Die Experimente sind als Langzeitversuche anzulegen, deshalb ist eine rechtzeitige Planung erforderlich.

Beide Versuchsreihen stellen kein Gefahrenpotential dar, so daß hier Schüler- und Schülerinnen bedenkenlos arbeiten können. Die Durchführung kann gut im Klassenzimmer erfolgen; bei Versuch b ist ein heller Fensterplatz notwendig.

Die Wirkung ist bei beiden Versuchen gleich: Huminsäure bzw. Wurzelausscheidungen rauhen im Laufe der Versuchsdauer die Oberfläche des polierten Kalkgesteins auf (Kalkauslösung).

Querverbindungen bieten sich im Sachkundeunterricht zum Thema „Samen keimen", „Pflanzen brauchen Pflege" sowie im Erdkunde- (Geschichts)unterricht zu Phänomenen wie der Tropfsteinbildung an.

1.3.2 Lösungen zu den Arbeitsblättern

Die Arbeitsblattvorlagen „Gesteinsbildung", „Bodenentstehung" sowie „Aufbau des Bodens" bieten die Möglichkeit zur Sicherung von Grunderfahrungen. Das Blatt „Aufbau des Bodens" kann auch später, im Zusammenhang mit den Bodentypen, behandelt oder erneut aufgegriffen werden.

Zu AB: **„Gesteinsbildung-Gesteinsumwandlung"**

1. (Von oben nach unten)
Elemente – Mineralien – Erstarrungsgestein – Ergußgestein: – Tiefengestein: – Verwitterung + Verfestigung – Sedimentgestein: – Druck + Temperatur – Umwandlungsgestein

2. Die Bildung und Umwandlung von Gesteinen ist ein andauernder Prozeß, der in Zeitepochen abläuft.

Zu AB: **„Der Aufbau des Bodens"**

Linke Seite: Oberboden – Unterboden – Untergrund

Rechte Seite: dunkel, stark, durchwurzelt, fruchtbar, weniger stark durchwurzelt, meist braun, unverwittert (Fels, Sand)

Unten
2. z.B.: Tonboden, Lehmboden, Sandboden, Moor, Heide
3. 1 cm Boden entsteht in ca. 200 Jahren
4. Erosion als Bodenabtrag.

Zu AB: **„Bodenbildungskräfte"**

1. Bild
Mechanische Zersetzung: Klima (Temperaturschwankungen, Frost), Erdspannungskräfte
Chemische Zersetzung: Wasser löst Mineralien

2. Bild
Pflanzen halten Bodenfeinstteile aus Windfracht auf; abgestorbene Pflanzen werden zu Humus zersetzt.

3. Bild
Als mechanische Zersetzung kommt die Sprengkraft der Wurzeln hinzu.
Wurzelausscheidungen lösen weitere Mineralien aus.

4. Bild
Bewirtschaftsformen, Klima, Neigungen;
Bodenerosion trägt Boden ab;
Änderung des Bodentyps.

Was man braucht

zu a: Gestein (Granit, Kalk wahlweise oder vergleichend), Bunsenbrenner, kaltes Wasser, Wassergefäß, Hammer, Schutzbrille

zu b: Flasche (Glas), Wasser, Gefrierfach oder Frost, Einweckglas

Anleitung

Versuch a: Hitze und Kälte zermürben das Gestein

1. Gestein mit Bunsenbrenner erhitzen (Vorsicht vor Splittern – Brille aufsetzen!); Kontroll-Gestein unbehandelt lassen.
2. Erhitzte Steine mit kaltem Wasser abkühlen.
3. Erhitzen und Abkühlen mehrmals wiederholen.
4. Behandeltes und unbehandeltes Gestein mit dem Hammer beklopfen.

Hinweis

Beim Erwärmen bzw. Zertrümmern der Steine können Splitter fliegen; zuschauende Schüler/innen stellen sich hinter eine Trennwand oder tragen wie die Durchführenden eine Schutzbrille (Augenverletzungen); Vorsicht! Große Hitzeentwicklung. Brandverletzungen sind sehr schmerzhaft.

Versuch b: Sprengkraft des Frostes

1. Glasflasche mit Wasser füllen.
2. Gefüllte Flasche in ein Einweckglas stellen.
3. Einweckglas mit Wasserflasche über Nacht in den Gefrierschrank oder bei Frost ins Freie stellen.

Aufgaben

Notiere die Ergebnisse der Versuche sowie die Antworten auf die folgenden Fragen auf einem Notizblatt oder im Heft.

1. Welchen Unterschied findest du beim Klopfen auf behandelte und unbehandelte Steine?
2. Wie erklärst du dir den Unterschied?
3. Versuche zu begründen, weshalb gefrierendes Wasser eine so große Kraft besitzt.
4. Überlege, wo dir die zerstörende Wirkung von Hitze und Kälte in deiner Umgebung begegnet.
5. Erkläre, weshalb Wasserleitungen mindestens 80 cm tief in die Erde eingegraben werden.

ISBN 3-12-043120-6

Was man braucht

zu a) poliertes Kalkgestein, Moorwasser (Torf, Regenwasser), destilliertes Wasser, Glasgefäße

zu b) poliertes Kalkgestein, Bohnensamen, Blumentöpfe (Durchmesser 14 cm), Blumenerde

Anleitung

Versuch a: Huminsäureeinwirkung auf Gestein

1. Torf in ein Einweckglas füllen und mit Regenwasser ansetzen; nach einiger Zeit (2 bis 3 Wochen) wird das Wasser abgetrennt.
2. Poliertes Kalkgestein (Marmor, Kalk) in das Moorwasser legen und mehrere Wochen darin belassen.
3. Gleichen Kalkstein im Kontrollgefäß mit destilliertem Wasser verwenden.
4. Nach mehreren Wochen die Kalksteinstücke aus den Flüssigkeiten nehmen.
5. Die Kalksteinstücke reinigen, ihre Oberflächenstruktur untersuchen und mit völlig unbehandeltem Gestein vergleichen.

Versuch b: Wurzelausscheidungen wirken auf Gestein

1. Zwei Blumentöpfe gründlich wässern.
2. Die Blumentöpfe mit Blumenerde füllen, je ein Stück polierten Kalkstein mit in die Erde legen.
3. In einen Topf mehrere Bohnenkerne einsetzen und keimen lassen, der Kontrolltopf bleibt unbepflanzt.
4. Die völlige Durchwurzelung des bepflanzten Topfes abwarten.
5. Nach mehreren Wochen die eingelegten Kalksteinstücke aus beiden Töpfen nehmen.
6. Die Kalksteinstücke reinigen und die Oberflächenstrukturen mit unbehandeltem Gestein vergleichen.

Aufgaben

1. Was stellst du beim Vergleich der behandelten und unbehandelten Gesteinsteile fest?

___

___

___

2. Wie erklärst du dir die Unterschiede?

___

___

___

3. Erkläre die Entstehung von Tropfsteinen, nachdem du die Wirkung des Wassers erfahren hast.

___

___

___

ISBN 3-12-043120-6

1. Vervollständige die Grafik zur Bildung von Gesteinen (Verbindungslinien, Pfeile, Beschriftung).

   Verwende die Begriffe: *Sedimentgestein, Erstarrungsgestein, Tiefengestein, Elemente, Verwitterung+Verfestigung, Mineralien, Sandstein-Kalkstein-Mergel-Löß, Druck+Temperatur, Umwandlungsgestein*

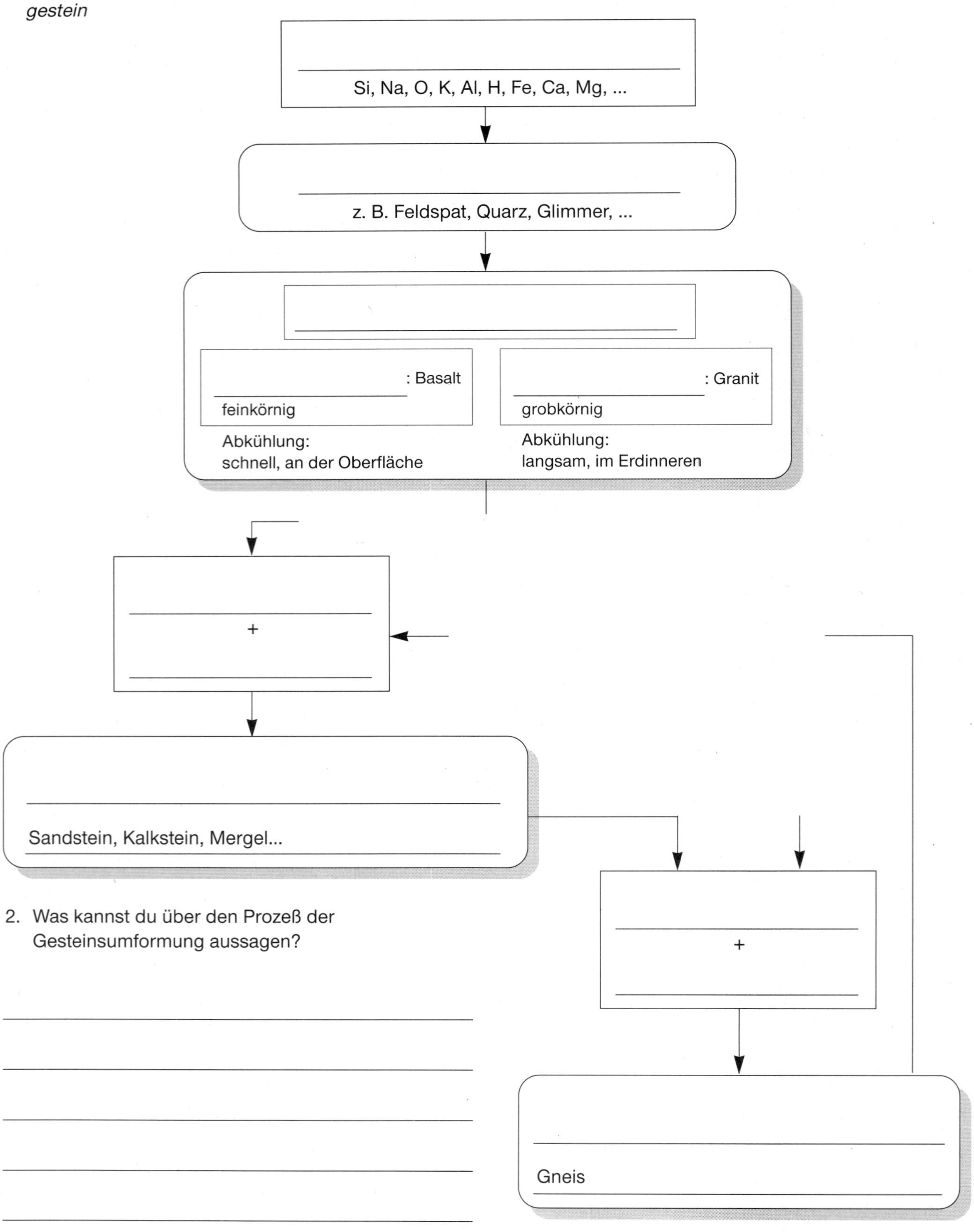

2. Was kannst du über den Prozeß der Gesteinsumformung aussagen?

ISBN 3-12-043120-6

1. Vervollständige die Grafik.

Boden

Bodenschichten

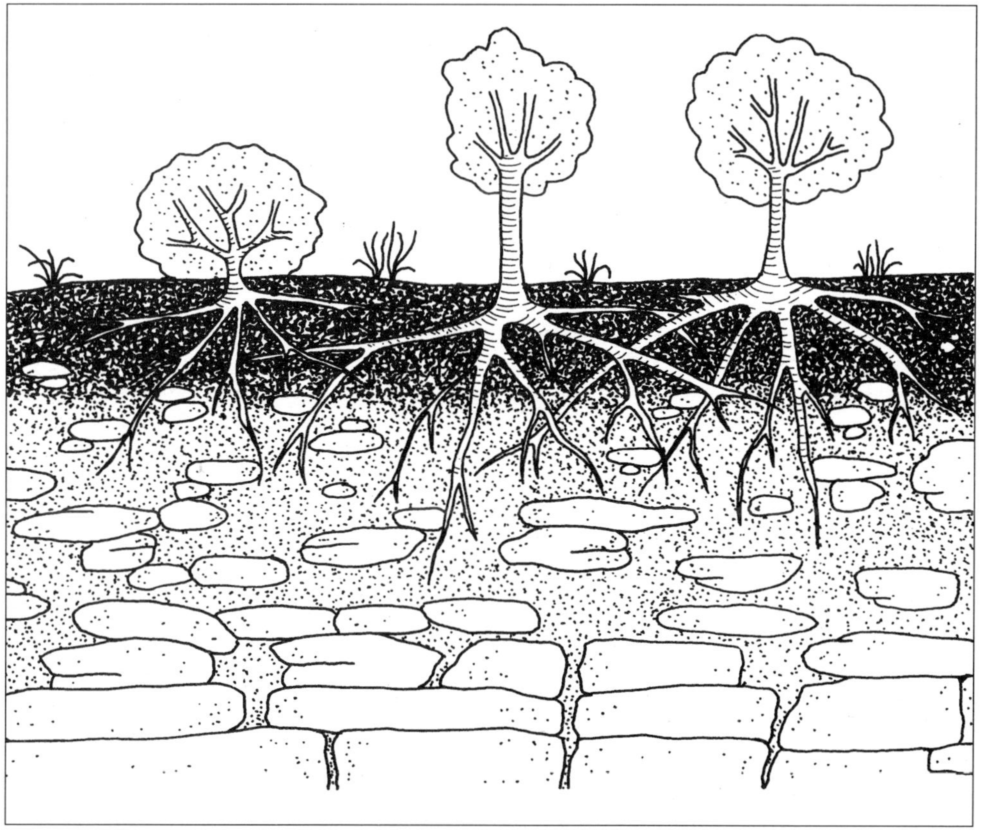

äußere Kennzeichen der Bodenschichten

Krume, Humusschicht

Verwitterungsschicht

Ausgangsschicht

2. Welche Böden sind nicht so aufgebaut? ______________________

3. In welcher Zeit schätzt du, entsteht 1 cm Boden? ______________________

4. Welcher Vorgang wirkt der Bodenbildung entgegen? ______________________

 ISBN 3-12-043120-6

Vervollständige den Text zu den verschiedenen Abbildungen der Bodenbildung.

Unverwittertes Ausgangsmaterial ist Kräften ausgesetzt.
Mechanische Zersetzung erfolgt durch:

____

____

Chemische Zersetzung erfolgt durch:

____

→ **Sprengen des Ausgangsmaterials, Rissebildung, Bodenbildung**

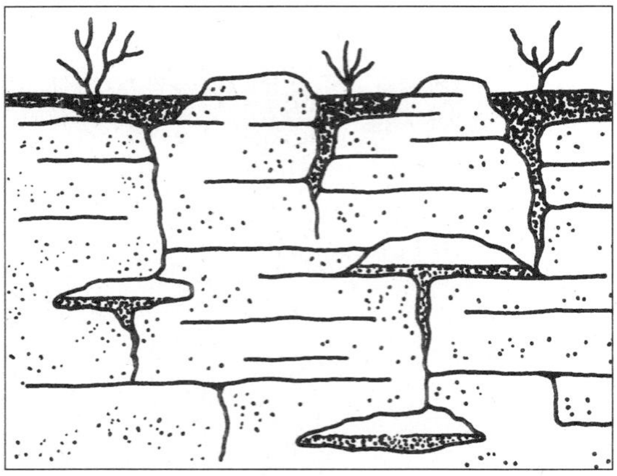

Auf der Oberfläche bildet sich eine Ablagerung als Bodenauflage aus, die von einfachen Pflanzen besiedelt wird. Dieses bewirkt:

____

____

____

Mechanische und chemische Kräfte wirken weiter.

→ **Vermehrung der Bodenauflage**

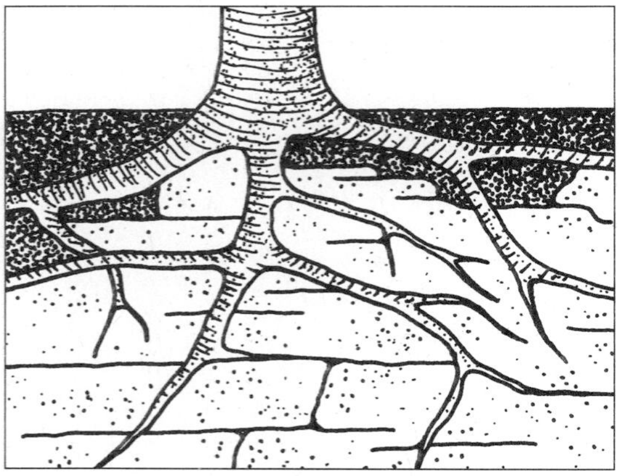

Größere, anspruchsvollere Pflanzen siedeln sich an, das führt zu:

____

____

____

____

→ **Vermehrung der Bodenauflage**

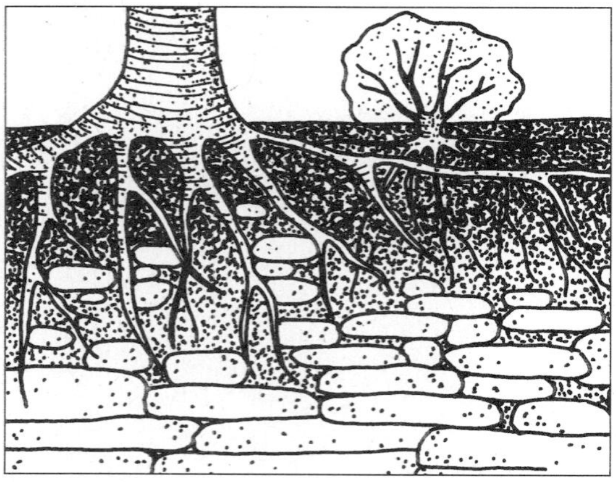

Verschiedene Faktoren wirken weiter auf den Boden ein:

____

____

____

Die Folge dieser Veränderungen ist:

→ ______________________________

ISBN 3-12-043120-6

Boden besteht aus verschiedenartigen Bestandteilen. Boden setzt sich aus unterschiedlich großen Teilen zusammen. Es gibt deshalb verschiedene Bodenarten. Die Bodenarten haben unterschiedliche Eigenschaften. Die Bestandteile des Bodens kann man in Versuchen sichtbar machen. Auch einige Bodeneigenschaften können untersucht werden.

Inhalt:

2.1 Bodenbestandteile

Die verschiedenen Böden bestehen nicht aus willkürlich zusammengesetzten Stoffen, sondern sie entsprechen im wesentlichen den Ausgangsmaterialien, aus denen sie entstanden sind. Mit fortschreitender Entwicklung verändert sich allerdings die Mineralzusammensetzung nach ihren Anteilen, da sich mit zunehmendem Bodenalter die schwer zersetzbaren Mineralien wie Quarz anreichern, während leichter verwitterbare Stoffe abnehmen und dafür neue hinzukommen. Insgesamt ist Boden aber nicht nur ein Gemenge verschiedener mineralischer Stoffe, sondern auch ein Gemisch aus Humus, Wasser, Luft sowie toten organischen Substanzen.

2.1.1 Mineralien

Mineralien stellen das Ausgangsmaterial jeder Bodensubstanz dar und unterscheiden sich nach dem „Alter" sowie der Entstehungsweise. Eine tiefergehende Darstellung würde den Rahmen dieser Arbeit sprengen, doch sollen einige Mineralien angesprochen werden, soweit sie von herausragender Bedeutung für die Bodenentwicklung sind. Es sind dies:

a) Ursprüngliche Mineralien

1. **Quarz** als einem weitgehend witterungsresistenten Mineral kommt wegen seiner meist gröberen Kornfraktion eine bedeutende Rolle im Bodengefüge und in der Bodenzusammensetzung zu.

2. **Silikate** (Feldspate, Glimmer) sind die Rohstoffe für die Bildung neuer Minerale und ursprüngliche Nährstofflieferanten.

3. **Kalkkarbonate** (Kalkstein) als Kalkverbindungen sind sowohl Nährstofflieferanten als auch für die Bildung der Bodenstruktur bedeutsam, sie wirken zudem als Puffer.

b) Neu gebildete Mineralien

1. **Tonminerale** sind die wichtigsten Neubildungen aus Silikaten. Sie bestehen aus kleinsten, teils mineralienreichen Teilchen und bestimmen wesentlich wichtige Eigenschaften der Böden mit. Die besondere Bedeutung der Tonteilchen liegt in ihrer Kleinheit, wodurch eine enorme Oberflächenvergrößerung erreicht wird, die als Bindefläche für Wasser und Nährstoffe zur Verfügung steht; zum Vergleich hat 1 g Sand ca. 200 cm^2 Oberfläche, 1 g Ton dagegen etwa 20 000 cm^2!

2. **Roteisenerz, Brauneisenerz** sind Neubildungen mit Metallelementen, die durch Verwitterung frei werden, soweit sie nicht zur Bildung von Tonmineralien beitragen. Brauneisenerz (Eisenhydroxid) ist ein solches Mineral; es färbt Böden rötlichbraun.

2.1.2 Humus

Humus als die Gesamtheit aller organischen Bodenbestandteile bezeichnet sowohl organische Reste und deren Zerfallsprodukte als auch lebende Organismen. Humus kann unterschieden werden nach:

1. **Nährhumus:** Er umfaßt schnell im Boden abbaubare organische Stoffe (im wesentlichen also alle organischen Reststoffe). Seine Funktion ist vor allem die der Nahrungsquelle für Bodenorganismen sowie eine gewisse durchlüftungsfördernde Rolle bei nach der Ernte eingearbeiteten Stoffen. Nährhumus liefert aber auch die Bausteine für die Huminstoffe des Dauerhumus.

2. **Dauerhumus:** Nur langsam abbaubare Substanzen, die unter Mithilfe von Bodenorganismen entstanden sind und die Hauptmasse der organischen Stoffe des Bodens bilden. Er ist verantwortlich für die schwarze Farbe der Oberböden und wirkt bestimmend auf die Eigenschaften der Böden ein (Bodenfruchtbarkeit, Gefügestabilität, Erwärmbarkeit).

3. **Mulmhumus:** Er ist als tonverbundene Substanz (Ton-Humus-Komplexe) erosionssicher und wirkt sich positiv auf das Bodengefüge (Krümelgefüge) aus.

4. **Moderhumus:** Er liegt als ungebundene Humusteilchen erosionsgefährdet meist zwischen losen Sandteilchen und hat Bedeutung vor allem für den Wasser- und Nährstoffhaushalt.

5. **Rohhumus:** So bezeichnet man die saure, stickstoffarme Auflage in Waldböden. Er ist an sich wertvoll, hat aber weitgehend nur bodendeckende Funktion, da die Umsetzung in Nährhumus recht langsam abläuft (vgl. Nadelstreu). Er ist also dem Kreislauf Baum-Boden weitgehend entzogen.

Die Humusmenge sowie der Anteil der einzelnen Humusarten haben entscheidende Auswirkungen auf die Eigenschaften der Böden. Der Humusanteil schwankt sehr und wird bestimmt von der jeweiligen Vegetationsform bzw. den klimatischen Faktoren oder der Bodennutzung. In Waldböden beispielsweise liegen bedeutende Humusmassen deckend auf dem Oberboden, während sie im Ackerboden mit Mineralstoffen intensiv durchmischt sind. Doch der Humusgehalt ist hier nicht sehr groß. So liegt der Humusanteil in den oberen 10 cm Krume für Ackerböden bei ca. 1,8 % bis 2,5%, für Grünland bei etwa 5% bis 10%, für Waldböden unter der Deckschicht bei ca. 20 %.

Außerdem kann verallgemeinernd gesagt werden, daß in feuchteren Böden (tonhaltiger) der Humusgehalt eher höher liegt als in sandig-trockenen Substraten.

Eine Sonderrolle hinsichtlich der Verteilung von Humusanteilen nehmen tiefgründige Böden (Schwarzerde) sowie Moorböden ein, da der Humusgehalt hier sehr tief reichen kann.

Die folgende Übersicht gibt die Humusverteilung in Böden eines Bodentyps bei unterschiedlicher Nutzung an. Erfaßt ist der Humusgehalt in Gewichtsteilen als Doppelzentner (Dezitonne)/ Hektar in verschiedenen Bodentiefen bzw. Verwitterungsschichten (Horizonten) nach Bachthaler:

Parabraunerde mit unterschiedlicher Nutzung.
Humusanteil in verschiedenen Horizonten in dt/ha bzw. in %-Anteilen (vereinfacht):

Nutzung	Wald	Wiese	Ackerland
Auflage	300; 72%	–	–
A1-Horizont:	300; 18%	1400; 4,6%	900; 2,4%
A2-Horizont:	800; 3,4%	500; 1,8%	300; 1,2%
B-Horizont:	300; 0,4%	600; 0,9%	400; 0,9%

Klassifizierung von Böden nach Humusgehalt (nach BACHTHALER):

Sehr schwach humose Böden:	<1 %	Humusgehalt
Schwach humose Böden:	1 bis 2 %	Humusgehalt
Mäßig humose Böden:	2 bis 4 %	Humusgehalt
Stark humose Böden:	4 bis 6 %	Humusgehalt
Sehr stark humose Böden:	8 bis 15%	Humusgehalt
Humusreiche Böden:	15 bis 30%	Humusgehalt
Torfböden:	>30%	Humusgehalt

2.1.3 Wasser

Neben den mineralischen und organischen Substanzen ist Bodenwasser ein unabdingbarer Bestandteil des Pflanzenstandortes Boden, doch ist es auch für die chemischen Verwitterungsprozesse ein unverzichtbares Lösungsmittel. Ohne auf die Darstellung der Bodeneigenschaften vorzugreifen, seien hier einige Aspekte im Zusammenhang mit dem Bodenwasser angesprochen, wie:

a) Formen des Bodenwassers

Die auf die Bundesrepublik jährlich fallende durchschnittliche Niederschlagsmenge fließt entweder als Oberflächenwasser (38 %) ab oder dringt in den Boden ein, wo sie als Sickerwasser direkt ins Grundwasser (14 %) gelangt oder als sogenanntes Haftwasser (ca. 36 %) von der Bodenstruktur festgehalten wird (Abb. 2.1). Der Rest verdunstet bzw. wird verbraucht.

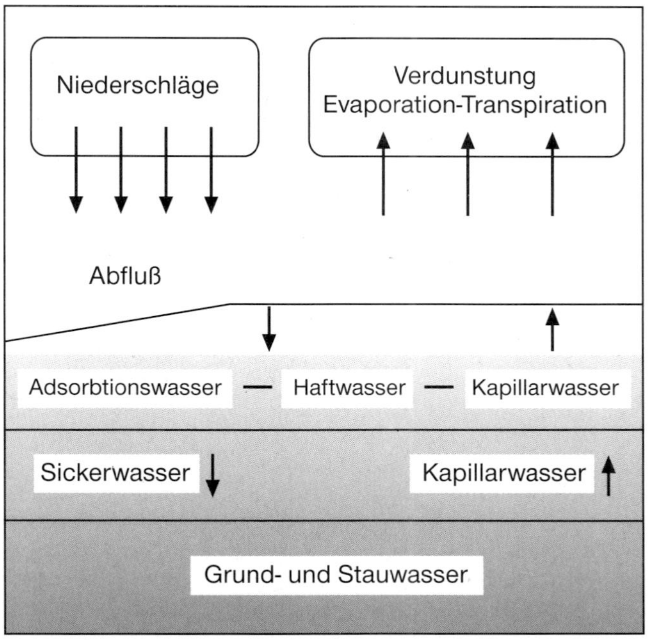

Abb. 2.1.: Boden als Wasserspeicher (nWK)

Die Bindung des Wassers geschieht entweder als Kapillarwasser in den Porengefügen oder als Adsorptionswasser, das die festen Bodenteilchen (= Kolloide) filmartig umgibt. Wo Sickerwasser gehindert wird die Grundwasserschicht zu erreichen, etwa durch eine Tonschicht, wird diese Wasseransammlung als Stauwasser bezeichnet. Haft-, Grund- oder Stauwasser können zur Deckung des Wasserbedarfs der Vegetation unterschiedlich stark und wirkungsvoll beitragen. Die starke Nährstoff- und Wasserbindekraft speziell der Tonteilchen hängt ursächlich mit deren Oberflächengrößen sowie der Porenbeschaffenheit zusammen.

b) Wasserhaltevermögen und Wasserbewegung

Das Wasserhaltevermögen als eine wichtige Bodeneigenschaft wird vom Bodengefüge wie von der Bodenzusammensetzung beeinflußt. Ton-Humusteile sind dabei einem großen Wasserhaltevermögen zuträglich, Sand dagegen nicht. Ein zu großer Wasseranteil führt allerdings zur Versauerung des Bodens.

Das von den Bodenteilchen festgehaltene Wasser (Haftwasser) steht entweder den Pflanzen zur Verfügung, wobei die verfügbare Menge als nutzbare Wasser- oder Feldkapazität bezeichnet wird, oder es ist als sogenanntes Totwasser für die Pflanzen unerreichbar. Mittlere Porengrößen zwischen 10^{-3} mm bis $0,2^{-3}$ mm bieten die beste nWK, größere Poren fördern das Versickern, kleinere Poren halten Totwasser. Die nWK ist eine wesentliche Bodeneigenschaft.

Nutzbare Feldkapazität (nWK) verschiedener Bodenarten (nach BACHTHALER):

Sande, flachgründige Böden – nWK sehr gering: < 50 l/m^2

Lehmige Sande, tonige Staunässenböden – geringe nWK: 50 bis 90 l/m^2

Tonböden – mittlere nWK: 90 bis 140 l/m^2

Tiefgründige Lehmböden – hohe nWK: 140 bis 200 l/m^2

Tiefgründige humusreiche Böden - sehr hohe nWK: >200 l/m^2

Für die Wasserhaltungseigenschaften eines Bodens sind ferner die Durchlässigkeit bzw. die Wasserbewegung wichtig, d.h. die Sicker- bzw. Steigmöglichkeiten des Wassers im Boden, wofür ebenfalls die Porenstruktur (Porengröße, Zusammenhang der Poren) die entscheidende Rolle spielt. Wesentlich für die Bewertung der Wasserbewegung ist dabei, ob der Boden im wassergesättigten oder trockenen Zustand betrachtet wird. Die Wasserdurchlässigkeit im gesättigten Zustand (die Poren sind optimal aufgefüllt) ist die bedeutendere Komponente. Im ungesättigten Zustand nimmt die Wasserbewegung mit zunehmender Trockenheit ab. Generell kann über die Wasserbewegung gesagt werden: hohe Durchlässigkeit bei großen Poren und Körnerstrukturen, geringe Durchlässigkeit bei unstrukturierten, feinteiligen, feinporigen Teilchen (Ton, Schluff).

Das Wasser steigt durch Kapillare im Boden auf. So kommt es aus tieferen, also feuchteren in höhere, trockenere Schichten. Der kapillare Wasseraufstieg ist bei mittelporigen, gleichmäßigen Bodenstrukturen größer als in lockeren oder verdichteten Gefügen. Dies zeigt ein Vergleich des kapillaren Wasseranstiegs. Er beträgt in
- Schluffboden: 5 l/m^2; bis 85 cm Steighöhe /Tag,
- Sand-/Tonboden: 5 l/m^2; zwischen 20 und 30 cm Steighöhe/Tag.

Bei der Bodenbewirtschaftung wird deshalb zur Reduzierung der Kapillarwirkung entweder eine Lockerung der Oberschicht vorgenommen oder eine Mulchschicht aufgebracht, um das Bodenwasser länger für die Pflanzen verfügbar zu halten.

2.1.4 Luft

Fruchtbarer Boden verlangt neben Wasser auch unverzichtbar das Vorhandensein von Luft, die als Bodenluft die Mikroorganismen und unterirdischen Pflanzenteile mit Sauerstoff versorgt. Der dafür notwendige Gasaustausch verlangt eine poröse Bodenstruktur, wobei ein enger Zusammenhang zwischen Wasser- und Luftanteilen besteht, abhängig vor allem vom Feuchtigkeitsgrad der Böden (Abb. 2.2). Nicht wasserhaltige Poren des Bodens sind im allgemeinen mit Luft gefüllt. Ein günstiges Verhältnis zwischen Boden : Wasser : Luft ist mit 50% : 25% : 25% gegeben.

Eine ausgeglichene Situation zwischen Wasser und Luft stellt somit einen wesentlichen Aspekt der Bodengüte dar, denn geringe Luftführung bewirkt mangelnde Durchlüftung, zu hohe Luftführung andererseits geht zu Lasten der Wasserhaltung. Der Luftaustausch zwischen Atmosphäre und Bodenstruktur wird einmal von der Porenstruktur im Boden bestimmt, zum anderen durch Luftbewegungen (Wind), Luftdruckänderungen und Temperaturschwankungen sowie Verdrängungseffekten etwa bei Niederschlägen.

Wie beim Wasserhaltevermögen gilt auch für das Lufthaltevermögen, daß dichtere, kleinporige Böden weniger Lufthaltevermögen besitzen als gröber strukturierte: also Sandböden, luftdurchlässiger sind als Lehm oder Tonböden.

Überblicksweise sei der Zusammenhang zwischen Bodenstruktur und Lufthaltevermögen festgehalten:

Tonböden, gequollen – sehr geringe Porengröße – sehr geringe LK (Luftkapazität)

Staunasse, verdichtete Böden – geringe Porengröße – geringe LK

Mittelschwere Lehmböden – mittlere bis hohe Porengröße – hohe LK

Lockere Böden, Sand, Humus – sehr große Poren – sehr hohe LK.

Ursachen für eine Verminderung des Lufthaltevermögens eines Bodens sind im wesentlichen Nässe sowie Bodenverdichtung, Verschlämmung und Verkrustung, also die Art der aktuellen Bodengefügestruktur. Die Gefügestruktur jedoch resultiert zumindest bei Kulturböden aus der Art der Bodenbearbeitung oder der Bodenpflege, der somit eine erhebliche Bedeutung für wichtige Bodeneigenschaften zukommt, wie auch im Kapitel „Bodennutzung" noch zu zeigen ist.

Mangelnde Bodendurchlüftung aber hat stets negative Auswirkungen, z. B.
- Hemmung des Pflanzenwachstums,
- Verminderung der Reduzententätigkeit,
- verstärkte Säurebildung.

Auf einen Versuchsvorschlag zur Luftdurchlässigkeit am Ende des Kapitels sei an dieser Stelle verwiesen.

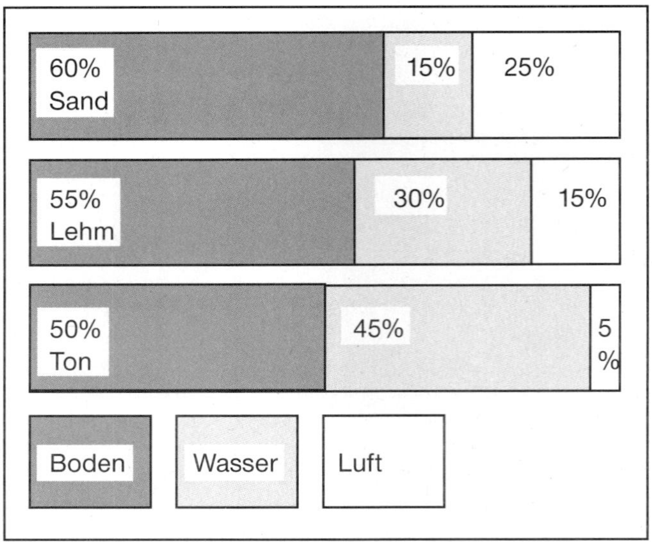

Abb. 2.2: Boden – Wasser – Luft – Verteilung in verschiedenen Böden

2.1.5 Bodenorganismen

Einen weiteren Bestandteil von Boden stellen die verschiedensten Formen tierischen und pflanzlichen Lebens dar. Darauf sei hier der Vollständigkeit halber lediglich hingewiesen. Die Fülle der Bodenorganismen wird in Kapitel 6 ausführlich behandelt. Dort wird auch einiges Arbeits- und Bestimmungsmaterial angeboten.

2.2 Bodenarten

Angesichts der aufgezeigten Prozesse und Wirkungsfaktoren ist Boden als Verwitterungshorizont der Erdoberfläche ein sehr komplexes Gefügesystem. Dabei wird Boden je nach Betrachter unterschiedlich bewertet werden; die Sichtweise des Geologen etwa unterscheidet sich wegen verschiedener Nutzungsinteressen von der des Landwirts oder auch des Tiefbauingenieurs deutlich.

Eine umfassende Definition von Boden gibt Jörg Negendank: „Boden ist das mit Wasser, Luft und Lebewesen durchsetzte, unter dem Einfluß der Umweltfaktoren an der Erdoberfläche entstandene und eigene morphologische Organisation aufweisende Umwandlungsprodukt mineralischer und organischer Substanzen, das in der Lage ist, höheren Pflanzen als Standort zu dienen."

Boden ist freilich nicht gleich Boden. Das Vorhandensein unterschiedlicher Gesteinsarten (vgl. unterschiedliche Entstehungsarten und chemische Zusammensetzungen) hat ebenso Auswirkungen auf die Art des entstehenden Bodens wie beispielsweise der Zeitfaktor, das Oberflächenrelief oder auch das Klima.

Entsprechend dieser Faktoren kommt es zur Ausbildung unterschiedlicher Böden. Dabei spielt nicht nur die Zusammensetzung nach den mineralischen Bestandteilen eine Rolle. Vielmehr ist auch die Zusammensetzung nach der Korngröße der Mineralien (Mischungsverhältnis) sowie ihre räumliche Zuordnung, also die Bodenstruktur und das Bodengefüge, ausschlaggebend. Diese Kriterien definieren die einzelnen Bodenarten.

Eine einheitliche Handhabung bei der Bestimmung von Bodenarten ist allerdings nicht gegeben, so daß eine exakte Benennung erschwert wird. In Deutschland ist die Einteilung nach den Kriterien der Geologischen Ämter am verbreitesten. Eine übliche Art der Klassifizierung ist dabei die nach Körnungsgrößen.

2.2.1 Bodenarten nach Körnung

Alle Böden sind Gemenge verschieden großer Bestandteile. Die unterschiedliche Art der Größenzusammensetzung wird als Korngrößenzusammensetzung oder Körnung bezeichnet und kann durch diverse Untersuchungsverfahren festgestellt werden. (Dies wird exemplarisch auch in der später folgenden Versuchsreihe aufgezeigt.)

Hauptfraktionen eines Bodens sind im allgemeinen die drei Größenbestandteile
- Ton,
- Schluff,
- Sand.

Diese Einteilung dient als Grundlage einer gebräuchlichen Klassifizierung, die sich als sehr praktikabel erweist:

a) Feinboden (Angaben in mm)

Ton: < 0,002; als	Feinton:	< 0,0002
	Mittelton:	0,0002 bis 0,0006
	Grobton:	0,0006 bis 0,002
Schluff: 0,002 bis 0,06 als	Feinschluff:	0,002 bis 0,006
	Mittelschluff:	0,006 bis 0,02
	Grobschluff:	0,02 bis 0,06
Sand: 0,06 bis 2,0 als	Feinsand:	0,06 bis 0,2
	Mittelsand:	0,2 bis 0,6
	Grobsand:	0,6 bis 2,0

b) Bodengerüst (-skelett)-Fraktionen

Grus/Kies: 2 bis 60 als	Feingrus/-kies:	2 bis 6
	Mittelgrus/-kies:	6 bis 20
	Grobgrus/-kies:	20 bis 60

Steine (Geröll): 60 bis 200

Blöcke: > 200

Bereits mit einem einfachen taktilen Verfahren, der Fingerprobe, lassen sich die Feinkornfraktionen feststellen und damit gewisse Aussage über die vorliegende Bodenart treffen.

Kenneigenschaften der Bodenfeinteilchen – Fingerprobe (nach BACHTHALER):

Sand: Einzelteilchen körnig, fühlbar, gut sichtbar – nicht bindig, nicht haftbar an den Fingern.

Schluff: Einzelteilchen mehlig, nicht oder kaum fühlbar bzw. sichtbar – nicht bindig, schlecht formbar, haftet deutlich an den Fingern.

Ton: Einzelteilchen schmierig, nicht fühl- oder sichtbar – bindig, plastisch, klebrig, gut formbar.

Um genauere Aussagen über die Fraktionen eines Boden zu erhalten, werden einfache physikalische Trennverfahren angewendet, etwa das Aufschwemmen. Die Fraktionen bis zur Größenordnung von Ton bis Mittelschluff werden als abschlämmbare Teile zusammengefaßt, die größeren Fraktionen können so nicht erfaßt werden. Über die Eigenschaften der genannten Körnungen kann grundsätzlich folgende Aussage gemacht werden:

Gröbere, lockere Strukturen (viel Sand) sind vorteilhaft für Bodendurchlüftung und Wasserdurchlässigkeit, das Wasserhaltevermögen aber ist gering, ebenso das Nährstoffhaltevermögen, wogegen feinere Fraktionsteile (Ton) entgegengesetzt wirken. Diese rein nach Körnung orientierte Einteilung der Bodenarten wurde ergänzt durch eine vierte Komponente – den **Lehm**: Dieser Begriff wurde aus der Bodeneinteilung der Reichsbodenschätzung übernommen und bezeichnet eine Ton-Sand-Schluff-Mischung von jeweils mittleren Anteilen.

Entsprechend der Zusammensetzung der Böden, primär nach aufschlämmbaren Anteilen verschiedener Körnungsgröße ist folgende Unterteilung in drei Haupt-Bodenarten mit einer Reihe von Unterteinheiten üblich.

Abschlämmbare Feinerdeteilchen (< 0,01 mm) bei:

Sandböden:	bis 9%	abschlämmbar
Anlehmiger Sand:	10 bis 13%	abschlämmbar
Lehmiger Sand:	14 bis 18%	abschlämmbar
Stark sandiger Lehm:	19 bis 23%	abschlämmbar
Sandiger Lehm:	24 bis 29%	abschlämmbar
Lehmböden:	30 bis 44%	abschlämmbar
Schwerer Lehm:	45 bis 60%	abschlämmbar
Tonböden:	über 60%	abschlämmbar

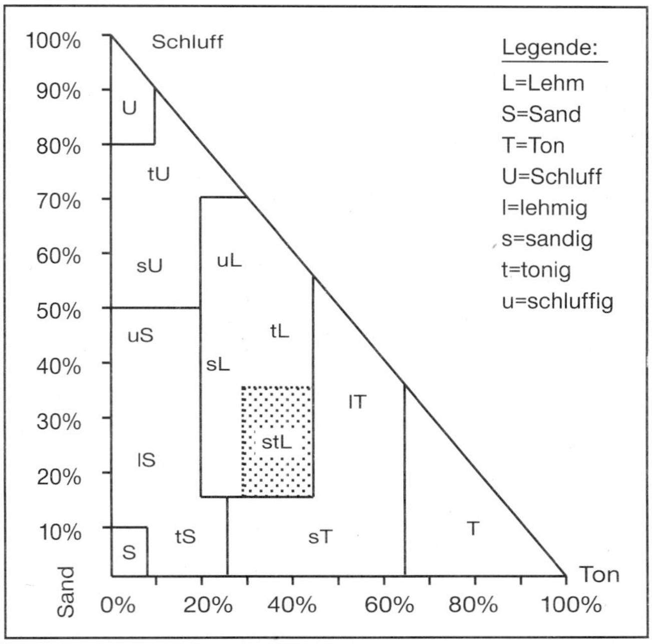

Abb. 2.3: Bodenartendiagramm

Verbreitet ist auch die Darstellung im Bodenarten-Dreieck-Diagramm der Geologischen Landesämter (Abb.2.3,S.21).

Ton (65 bis 100% Tonteilchen) enthält danach zwischen 0% bis 35% Sand und / oder Schluff, während Lehmboden im Bereich von 30% bis 82,5% Ton, 0% bis 67, 5% Sand und 15% bis 45% Schluff liegt. Sand weist max. 5% Ton und max. 10% Schluff auf. Böden mit 85% Sand kommen durchaus vor, Böden mit mehr als 60% Ton oder 80% Schluff werden recht selten angegeben.

Der ideale Boden hat, wie das Diagramm zeigt, etwa folgende Zusammensetzung: 30% Sand, 30% Schluff, 40% Ton. Es handelt sich dabei um einen sandig-tonigen Lehm, der die positiven und negativen Eigenschaften der drei Hauptkomponenten im optimalen Mischungsverhältnis vereint.

2.2.2 Bodenaufbau und Gefüge

Bodeneigenschaften werden nicht nur von der Körnungszusammensetzung und dessen Mischungsverhältnis bedingt, auch das Bodengefüge spielt hier eine wesentliche Rolle.

Nach Bachthaler versteht man unter dem Bodengefüge „... die räumliche Anordnung der festen Bodenbestandteile und ihren Zusammenhalt. Aus der Art dieser Anordnung ergeben sich die Hohlräume des Bodens, d.h. sein Porenvolumen und seine Porengrößenverteilung."

Somit fällt dem Bodengefüge ein wesentlicher Einfluß auf die Eigenschaften des Bodens zu, wie z B. Wasser- und Luftdurchlässigkeit bzw. deren Haltevermögen. Aspekte dabei sind:

a) Gefügeformen

Nach der räumlichen Anordnung und Dichte der Teilchen unterschiedet Bachthaler nach:

1) Einzelkorngefüge: Loses Nebeneinanderliegen von Mineralkörnern als Sandbodenstruktur oder aber dichte Lage sehr feiner Teilchen mit für Pflanzen ungünstigen Faktoren.

2) Krümel- oder Schwammgefüge: Hohlraumreicher, lockerer Bodenverband aus verklebten Mineralteilchen und organischen Kolloiden; Krümelgrößen von 1 mm bis 2 mm für günstige Wasser-, Luft- und Temperatureigenschaften.

3) Polyeder und Prismengefüge: Sie weisen auf hohe Tonanteile hin. Beim Austrocknen entstehende Schrumpfrisse zerlegen den Boden in glattkantige Strukturen von typischer Ausprägung.

4) Klumpengefüge: Sie treten bei tonreichen, schweren Böden als Folge mechanischer Einwirkung auf. Sie bestehen aus Teilen >1 cm. Die entstehenden großen Poren wirken sich vor allem auf den Wasserhaushalt negativ aus.

5) Plattengefüge: Sie resultieren aus Bodenverdichtungen im Pflugsohlenbereich und weisen horizontale Gefügestrukturen auf; negative Auswirkungen hinsichtlich der Bodeneigenschaften sind gegeben.

6) Hüllengefüge: Es sind dies durch Metalloxide verfestigte Strukturen, etwa der Ortstein im Podsol.

7) Ungegliederte Gefüge: Sie weisen keine erkennbare Zuordnungsform der Bodenteilchen auf.

8) Kohärentgefüge: Sie bezeichnen fest zusammenhängende Strukturen.

Eine gewisse Rolle bei der natürlichen Bodengefügebildung kommt dem Klimafaktor Frost zu, der auch große Strukturen durch die Frostgare in Krümelstrukturen zerlegen kann; entscheidend für die Gefügebildung und -stabilität aber ist die biologische Aktivität eines Bodens.

b) Gefügestabilität und Porosität

Das Bodengefüge steht in engem Zusammenhang mit weiteren Bodeneigenschaften: der Porosität und der Gefügestabilität.

Während die Porosität die Porenqualität und -quantität eines Bodens meint, wird unter Gefügestabilität die „Haltbarkeit" bzw. „Beständigkeit" der Gefügestruktur etwa bei Belastungen, z. B. bei der Bearbeitung aber auch bei starken Niederschlägen verstanden. Diese Aspekte sind für die Bodeneigenschaften von großer Relevanz, da sie vor allem auf die Durchlässigheit und das Haltevermögen von Luft und Wasser und damit letztlich auf die Bearbeitbarkeit und Fruchtbarkeit Auswirkungen haben.

Porenstrukturen, die zusammenhängend und auch im Makrobereich vorhanden sind, erweisen sich für Wasserbewegung und Gasaustausch günstig, da sie auch im gequollenen Bodenzustand noch ausreichend durchlässig sind. Zur Porosität von Böden tragen aber auch vorhandene Wurzel- und Wurmgänge bei.

Über die Bodenstabilität kann gesagt werden, daß trockene Böden allgemein stabilere Strukturen haben als feuchte und gewachsene Böden eher stabil sind als künstlich durch Bodenbearbeitung hergestellte Substrate. Durch Bearbeitungs- und Bodenpflegemaßnahmen lassen sich allerdings gewisse Einwirkungen auf das Bodengefüge vornehmen.
Als stabilitätsfördernd in einem Boden wirken
- optimaler Ton - Humusanteil eines Bodens,
- hohe biologische Bodenaktivität, also reiches Bodenleben,
- starke Durchwurzelung,
- ausreichende Kalkversorgung.

c) Bodengare

Unter dem Begriff „Bodengare" wird ein für das Wachstum der Pflanzen idealer Zustand des Bodens verstanden. Ein garer Boden besitzt eine krümelige Struktur, die Porengröße ist gleichzeitig einer guten Wasser- und Luftversorgung (Haltekapazität, Durchlässigkeit) zuträglich, und es ist reichlich Humus vorhanden. Garer Boden ist locker und leicht durchwurzelbar; dabei liegt er in einem für Pflanzen idealen pH-Wert-Bereich.

Bodengare wird primär durch ein reges Bodenleben erreicht. Als Folge eines regen Bodenlebens riecht garer Boden erdig. Lebendverbauung und Verkittung der Bodenteilchen können unter einer schützenden Vegetations- oder Mulchdecke besonders günstig ablaufen. Krümelgefüge-Strukturen mit intensiver Lebendverbauung sind daher entsprechend beständig. Dieser Garevorgang wird als Schattengare bezeichnet und unterscheidet sich von der Frostgare, bei der durch Frostwirkung zwar vorübergehend ein krümeliges Gefüge entsteht, allerdings in einer wenig stabilen Ausformung, so daß diese „Scheingare" recht unbeständig ist.

2.2.3 Eigenschaften von Bodenarten

Es ist einsichtig, daß sich die unterschiedlich zusammengesetzten Bodenarten hinsichtlich ihrer Eigenschaften deutlich voneinander unterscheiden. Diese Unterschiede wirken sich direkt auf die Bodennutzung sowie auf die Fruchtbarkeit aus, so daß der Kenntnis der Bodenart für die Nutzung bzw. die Bearbeitung wesentliche Bedeutung zukommt.

Die unten stehende Zusammenstellung (Tabelle 2.1, nach Slaby abgeändert), stellt in vereinfachter Weise die wesentlichen Eigenschaften der drei Hauptbodenarten dar.

Jedoch sind die drei Hauptbodenarten nur selten in Reinform anzutreffen, so daß unter Berücksichtigung anderer Faktoren in der offiziellen Bodenbewertung insgesamt neun Hauptbodenarten unterschieden werden.

Wir wollen jedoch eine Eigenschaftsbewertung nur für sechs verbreitete Hauptbodenarten aufstellen; Bewertungsgrundlage ist eine fünfstufige Einteilung (Tabelle 2.2, Seite 24). Die Bewertung wurde mit Unterstützung durch das Amt für Landwirtschaft und Ernährung, Regensburg, vorgenommen.

a) Die Kolloide

Diese bodenchemisch-physikalisch wirksamen Bodenteilchen weisen minimale Ausmaße auf; als kleinste Bodenteilchen betragen sie unter 10^{-8} m und liegen so zwischen Schluff und Nährstoffionen. Sie besitzen Quellvermögen, können daher austrocknen und schrumpfen. Sie sind maßgeblich an der Festsetzung von Nährstoffen und Wasser im Boden (Nährstoffhaltevermögen) verantwortlich; auch tragen sie zur Krümelbildung des Bodens bei.

Wichtige kolloide Teilchen sind Humus- und Tonteilchen, aber auch Eisen- und Aluminiumhydroxide sowie Kieselsäure bzw. bestimmte Silikatformen.

b) Die Bodenreaktion: pH-Wert

Große Bedeutung für die chemisch-physikalischen Vorgänge im Boden hat die Zahl der frei im Bodenwasser vorhandenen. H^+-Ionen, die den Grad der Versauerung festlegen und so direkten Einfluß auf die Bodenfruchtbarkeit haben.

Als Maßgrundlage werden die in reinem Wasser (1 Liter, 25°C) vorhandenen Gewichtsteile an freien H^+-Ionen genommen. Diese liegen unter den genannten Vorgaben bei 0,000 000 1 g und werden deshalb nach der „Hoch-Minus-Zahl" als pH-Wert 7 neutral angeben. Je größer die Gewichtsanteile werden, um so kleiner wird die pH-Wertzahl, und um so größer wird damit der Grad der Versauerung: pH 1 = 0,1 g freie Wasserstoffionen = sehr sauer.

Ursachen für eine Bodenversauerung können sein: ein basenarmes Ausgangsgestein, säurebildende Vegetationsformen (Heideflächen z.B. oder Nadelwald), starke Vernässung und damit verbundener Luftmangel, ein geringes Bodenleben und falsche bzw. einseitige Düngung sowie saurer Regen.

Eigenschaften	Sandboden	Lehmboden	Tonboden
Körnung	Einseitige Körnungsstruktur (Sand, kaum Feinerdeanteil)	Ausgeglichene Körnungsstruktur (Sand-Schluff-Ton-Anteile)	Einseitige Körnungsstruktur (Ton-Schluff-Teile)
Wasserführung	Gut	Gut	Schlecht
Wasserhaltung	Gering	Hoch	Sehr hoch, bedingt verfügbar
Durchlüftung	Sehr gut durch hohes Porenvolumen	Gut: optimales Porenvolumen bei Krümelgefüge	Schlecht
Humus- und Nährstoffgehalt	Humusanteil oft hoch, aber schlechte Humusqualität; Nährstoffgehalt meist gering	Meist hoher Nährstoffgehalt	Meist hoher Nährstoffgehalt
Erwärmbarkeit	Schnelle Erwärmung	Zügige Erwärmung	Langsame Erwärmung
Wachstum	Gute Durchwurzelbarkeit, aber nur Standort für anspruchslose Arten	Gute Durchwurzelbarkeit, guter Standort für Kulturpflanzen (Weizen, Hackfrüchte)	Schlechte Durchwurzelbarkeit, meist Wiesen und Weiden
Bearbeitbarkeit	Leicht bearbeitbar für Maschinen und Hand	Leicht bearbeitbar	Schwer bearbeitbar, mit Maschinen oft nicht befahrbar

Tabelle 2.1: Die wesentlichen Eigenschaften der drei Hauptbodenarten

Eigenschaften	Sandboden	Tonboden	Lehmboden	Lößboden	Humusboden	Kalkboden
Wasserführung	–	0 bis –	+	++	0	+
Waserhaltung	– –	+ bis ++	++	++	–	0
Luftführung	++	0	+	+ bis ++	+	0 bis –
Nährstoffgehalt	– –	++	+	++	++	+ bis ++
Humusgehalt	– –	0	0	0	++	0
Erwärmbarkeit	++	0 bis –	0 bis +	0	++	0
Feinerdeanteil	0	+	+	++	0 bis –	+
Erosionsgefahr	0	– –	–	+ bis ++	+	–
Bestellbarkei	++	– –	+ bis ++	+	+	0 bis +
Legende:	++: sehr gut (sehr hoch) +: gut (hoch)			0: mäßig (mittel) –: schlecht (wenig) – –: sehr schlecht (sehr wenig)		

Tabelle 2.2: Eigenschaften der sechs verbreitesten Hauptbodenarten

Um die schädlichen Auswirkungen überhöhter Versauerung auf die Bodenfruchtbarkeit zu mindern, kommt einer weiteren wichtigen Bodeneigenschaft Bedeutung zu - der Pufferungsfähigkeit, worunter das Vermögen eines Bodens verstanden wird, bei plötzlichem Überangebot an H^+- oder OH^- -Ionen den pH-Wert möglichst lange unverändert zu halten.

Da zu dem Bereich der Bodenarten und Bodeneigenschaften einige recht einfache Versuche möglich sind, werden im anschließenden Arbeitsteil geeignete Versuchsvorschläge angeboten, die die Zusammenhänge zwischen Bodenarten und Bodeneigenschaften verdeutlichen können.

2.2.4 Vegetation

Pflanzen benötigen zum Wachstum bestimmte Wachstumsfaktoren wie Wasser, Luft, Licht, Wärme und Nährstoffe. Aus dem Zusammenwirken dieser Faktoren ergeben sich entsprechend der verschiedenen Standorte spezifische Wachstumsbedingungen, die auch als Standortbedingungen bezeichnet werden können. Hierbei spielen die unterschiedlichen Bodenarten eine erhebliche Rolle, sind sie doch für die Wasser- oder Lufthaltung maßgebend, ebenso für die Bereitstellung von Nährstoffen.

Viele Pflanzen sind hinsichtlich der Ansprüche an den Boden weitgehend tolerant. Doch gibt es auch eine ganze Reihe von Arten, die bevorzugt bis ausschließlich Bodenarten oder Böden ganz bestimmter Bodeneigenschaften besiedeln. Ohne menschliche Einwirkungen bilden sich natürliche Pflanzengesellschaften aus, die im allgemeinen gute Rückschlüsse auf die Standortbedingungen zulassen. Aber auch menschliche Einflußnahme (Düngen, Beweidung...) führt zu spezifischen Wachstumsbedingungen mit typischer Vegetation.

Standorttypische Arten können uns als Kenn- oder Zeigerarten einige deutliche Hinweise auf bestimmte Bodenmerkmale geben.

Zeigerpflanzen für

- kalkige Böden: Hufeisenklee, Bergklee, Warzenwolfsmilch, Gelbklee, Kriechendes Fingerkraut, Leberblümchen
- saure Böden: Heidelbeere, Preißelbeere, Kleiner Sauerampfer, Heidekraut
- Humusböden: Brennessel, Siebenstern, Sternmoos
- Lehmböden: Adlerfarn, Stiefmütterchen, Filzige Klette, Große Schlüsselblume, Ackergauchheil, Klettenlabkraut
- Sandböden: Heidekraut, Feldthymian, Gemüsespargel, Sandstrohblume, Bauernsenf, Reiherschnabel
- Tonböden: Bergkronwicke, Ackerfuchsschwanz, Steife Wolfsmilch, Geflecktes Ferkelkraut
- Marschböden: Grasnelke, Strandbeifuß
- Moorböden: Glockenheide, Zwergbirke, Wollgras, Torfmoos
- Schwermetallböden: Galmei, Galmeigrasnelke
- trockene Böden: Mittlerer Wegerich, Echtes Labkraut, Mauerpfeffer, Dachwurz-Arten
- feuchte Böden: Kleiner Wegerich, Wiesenknöterich, Hahnenfuß-Arten, Schaumkraut, Seggen-Arten, Kohlkratzdistel
- tiefgründige, nährstoffreiche Böden: Brennessel, Springkraut, Quecke, Taubnessel, Schwarzer Holunder, Hirtentäschel, Guter Heinrich, Bilsenkraut
- flachgründige Böden: Waldmeister, Waldgerste
- magere Böden: Färberginster, Flügelginster, Feldklee, Rundblättrige Glockenblume, Katzenpfötchen
- Trittfluren: Raygras, Breitwegerich, Vogelknöterich, Strahlenlose Kamille.

2.3 Arbeitsmaterial

Der Abschnitt Bodenarten und -eigenschaften bietet viele Möglichkeiten für Schüleraktivitäten.

2.3.1 Lehrerinformationen zu den Versuchen

Die neun folgenden Versuchsbeschreibungen beziehen sich auf Experimente zur Bodenphysik sowie zur Bodenchemie.

Zunächst werden zwei Versuche zur Bodenarten-Bestimmung angeboten; es folgen Experimentieranleitungen zur Untersuchung von verschiedenen Bodeneigenschaften. Außerdem sind zwei Tests zur Bestimmung des Kalkgehaltes sowie des pH-Wertes (Grobbestimmung) angeführt.

"Bodenarten bestimmen"

Ziel des Versuchs ist, die Bodenarten (Sand, Lehm, Ton) annähernd bestimmen zu können, wozu in Schülerversuchen in mehreren Arbeitsgängen Hand – Erfahrungen mit Bodenarten gesammelt werden können.

Die Versuche können alle oder nach „1" alternativ durchgeführt werden. Es empfiehlt sich, bei jüngeren Schülern und Schülerinnen bereits vorab ausgewählte geeignete Proben auszugeben, um nicht auf Zufälle bei den lokalen Bodenproben angewiesen zu sein.

„Bodenzusammensetzung"

Es geht hier um das Kennenlernen der Körnungsbestandteile bzw. -zusammensetzung verschiedener Bodenproben sowie evtl. das Feststellen von Feinerde-Anteilen. Der Versuch ist als Schüler- oder Demonstrationsversuch durchführbar, Versuchsgrundlage ist die Sinkgeschwindigkeit der abschlemmbaren Feinbodenteilchen.

Die Sinkzeit der Partikel ist abhängig von der Sinkhöhe (Angaben bei etwa 10 cm Sinkhöhe). Neben der Bestimmung der Feinerde – Anteile sind weitere Ergänzungsversuche möglich.

Bei stark humushaltigen Bodenproben wird es zu einer Braunfärbung des Wassers kommen; die gelösten Bestandteile setzen sich nicht mehr ab. Die Feinerdeanteile einzelner Bodenarten auf einen Blick sind auf S. 21 aufgeführt.

„Bodeneigenschaft: Wasserspeicherfähigkeit"

Hier gilt es, die Wasserspeicherfähigkeit verschiedener Bodenarten kennenzulernen. Der Versuch ist als Schülerversuch durchführbar.

Die Wasserspeicherfähigkeit eines Bodens ist von den jeweils vorhandenen Porenstrukturen abhängig, wobei vor allem das Feinporensystem, weniger das Gesamtporenvolumen, entscheidend ist. Das Feinporensystem bewirkt die Kapillarwirkung.

„Bodeneigenschaft: Wassersaugkraft"

Es geht um das Erkennen der unterschiedlichen Kapillarwirkung verschiedener Böden (Sand, Lehm, Ton, Humus). Der Versuch ist mit kleinen Zylinderrohren gut als Schülerversuch möglich, bei Verwendung von 80 cm langen Rohren empfielt sich ein Demonstrationsversuch.

Die Steighöhe bzw. die Steiggeschwindigkeit des Wassers im Boden ist abhängig von der Körnungsgröße der Bodenproben. Eine günstige Porengröße (nicht zu groß) sowie ein mittlerer Feinteilchenanteil begünstigen die Kapillarwirkung, zu große oder zu kleine Poren setzen die Saugwirkung herab.
Die Saugwirkung der 4 Bodenarten:
Sand < Humus < Lehm < Ton.

„Bodeneigenschaft: Luftdurchlässigkeit"

Der Versuch untersucht, wie schnell verschiedene Böden Luft durchlassen.

Die Luftdurchlässigkeit eines Bodens ist entscheidend für die Sauerstoffversorgung der Wurzelzellen sowie der Mikroorganismen im Boden. Das Porenvolumen des Bodens steht gleichermaßen dem Bodenwasser wie der Luftführung zur Verfügung. Beide stehen in enger Verflechtung zueinander: nimmt das Bodenwasser zu, verringert sich die Lufthaltigkeit. Ergänzungsversuche mit erdfeuchten Bodenproben sind möglich.

Wegen des anspruchsvollen Versuchsaufbaues erscheint ein Demonstrationsversuch sinnvoll.

„Bodeneigenschaft: Erwärmbarkeit"

Mit der als Schülerversuch möglichen Untersuchung kann festgestellt werden, daß sich verschiedene Bodenarten unterschiedlich stark (schnell) erwärmen.

Die Bodenarten können als kalte oder warme Böden bezeichnet werden. Kalte Böden sind Lehm- und Tonböden, warme Böden sind Sandböden. Dies ist abhängig vom Wassergehalt der Böden; Böden mit höherem Wassergehalt erwärmen sich langsamer.

„Humusanteile im Boden"

Der Versuch will herausfinden, welchen Humusanteil die verschiedenen Bodenarten haben.

Humus besteht aus verschiedenen organischen Substanzen, die beim Erhitzen verbrennen (verglühen). Der Gewichtsunterschied vor bzw. nach dem Erhitzen gibt annähernd den Humusanteil der Bodenproben wieder. Wichtig ist die Verwendung trockener Bodenproben.

„Kalkgehalt des Bodens"

Kalk ist für die Bodenbeschaffenheit ein wichtiges Mineral. Der Kalkgehalt hat Einfluß auf das Pflanzenwachstum, denn zur Pufferung von Säuregraden des Bodens ist Kalk ein wichtiger Bestandteil. Die Kalklöslichkeit ist stark vom pH-Wert des jeweiligen Bodens abhängig, wobei Kalk einer hohen Auswaschungsgefahr unterliegt.

Mit dem beschriebenen Versuch soll der Kalkgehalt verschiedener Bodenarten annähernd ermittelt werden. Dabei sind die Schüler/Schülerinnen auf die Unfallgefahr mit Säure hinzuweisen. Bei jüngeren Schülern und Schülerinnen ist ein Demonstrationsversuch dringend geraten.

„pH-Wert des Bodens"

Zur Ermittlung des ungefähren pH-Wertes von Böden ist der beschriebene Versuch mit dem HELLIGE-pH-Meter für ältere Schüler/Schülerinnen durchaus geeignet. Eine exakte Bestimmung des pH-Wertes ist allerdings nur mit dem Elektro-pH-Meter möglich.

Der pH-Wert des Bodens ist sehr wichtig für seinen Nährstoffhaushalt und so für das Gedeihen der Pflanzen. Der pH-Wert resultiert aus dem Gehalt an freien Wasserstoffionen (vgl. auch S. 24). Die meisten unserer Pflanzen bevorzugen einen pH-Wert von 6 bis 7.

2.3.2 Lösungen zu den Arbeitsblättern

Zu AB: **„Zeigerpflanzen"**

Verschiedene Pflanzen gedeihen nur oder besonders auf bestimmten Bodenarten und dienen uns als Zeigerpflanzen.

Von oden nach unten:
Kalkboden – Sandboden – Lehmboden – Tonboden – Magerboden – Nährstoffboden – Trittflur – feuchte Böden – trockene Böden – saure Böden

zu AB: **„Bodenarten"**

Ton – Schluff – Sand
Ton, Fein- und Mittelschluff bis 0,02 mm
Tonboden – Lehmboden – Sandboden

Ausgeglichene Zusammensetzung (s. AB: **„Bodenzusammensetzung"**)

Zu AB: **„Bodenzusammensetzung"**

Von links nach rechts:
Mineralien – Humus – Bodenwasser – Luft

Zu „Tonboden":
Viele kleine Tonteilchen vermögen viel Wasser zu binden, können aber nur wenig Luft halten.
Boden naß, kalt, schwer

Zu „Lehmboden":
Ausgeglichenes Verhältnis von Ton–Schluff–Sand–Teilen erlaubt gute Wasser- und Lufthaltung.
Boden mit ausgeglichenen Eigenschaften

Zu „Sandboden":
Große Zahl an Sandteilchen fördert die Lufthaltung, verringert aber die Wasserhaltung.
Trockene, leichte, warme, magere Böden

An dieser Stelle soll noch auf eine weitere Möglichkeit zum Umgang mit Boden hingewiesen werden: In geeigneten Behältern (z.B. verschraubbare Marmelade- oder Gurkengläser) läßt sich eine Sammlung von unterschiedlichen Bodenarten anlegen, um charakteristische Merkmale zu zeigen: Walderde, Schwarzerde, Podsol, Moor...

Was man braucht

Spaten oder Handspaten, Messer oder/und Eßlöffel, etwas Wasser, verschiedene Bodenproben, Lappen zum Händeabwischen, evtl. Musterproben

Anleitung

a) Vorbereitungen

1. Material als Bodenprobe mittels Spaten oder Handspaten entnehmen.
2. Aus unterem Probenteil 1 bis 2 Eßlöffel (evtl. mittels Messer) Bodensubstrat entnehmen.
3. Probematerial mit etwas Wasser in der Handfläche kneten und gut durchfeuchten.

b) Versuche

1. Rollprobe: Probematerial zu bleistiftdicker Wurst ausrollen;
   - rollbar: Lehm (L) oder Tonboden (T) (→ 3.)
   - nicht rollbar: Sandboden (S) (→ 2.)

2. Reibprobe (bei Sandböden, vgl. 1.: Probe auf der Handfläche zerreiben;
   - tonige Teile sichtbar in der Handlinie: lehmiger Sand (S) (→ 3.)
   - keine tonigen Teilchen in Handlinie sichtbar: Sandboden

3. Rollprobe (bei Lehm- oder Ton, vgl. 1.): Probe erneut rollen, zu Wurst von halber Bleistiftstärke;
   - nicht rollbar: stark sandhaltiger Lehm (sL)
   - rollbar: schwach sandiger Lehm oder Ton (ssL) (→ 4.)

4. Quetschprobe am Ohr (bei Lehm, Ton vgl. 3.): Probe in Ohrnähe zwischen Daumen und Zeigefinger zerreiben;
   - starkes Knirschen hörbar: sandiger Lehm (sL)
   - kaum oder kein Knirschen hörbar: Lehm oder Ton (→ 5.)

5. Quetschprobe und Prüfen der Gleitfläche (Lehm, Ton vgl. 4.): Prüfen der Gleitfläche durch Betrachten;
   - glänzende Gleitfläche sichtbar: Ton
   - stumpfe Gleitfläche sichtbar: Lehm

Aufgaben

1. Ordne die untersuchten Bodenproben in der Tabelle ein, und benenne sie. Verwende die Abkürzungen.

gut rollbar	schlecht rollbar	nicht rollbar	schmierig	körnig	knirscht	glänzende Gleitfläche	matte Gleitfläche

2. Überlege, welcher Boden zum Töpfern am besten geeignet ist. Begründe deine Entscheidung.

____

____

ISBN 3-12-043120-6

Was man braucht

Stand- oder Meßzylinder, ersatzweise auch Einweckgläser (und Lineal); unterschiedliche, zerkleinerte Bodenproben; Wasser, Deckel oder Abdeckglas, evtl. Stoppuhr, Wecker

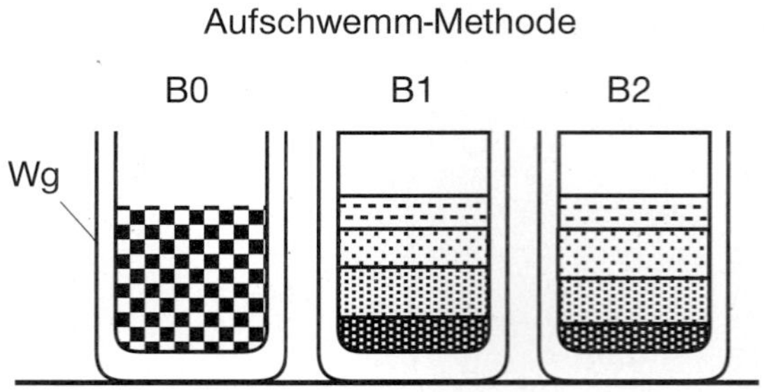

Wg = Weckglas
B0 = Bodenprobe vor dem Absetzen
B1, B2 = Bodenproben

Anleitung

1. Standzylinder (Einweckgläser) etwa 1/5 mit einer Bodenprobe füllen, Wasser (auf etwa 10 cm) zugeben (jeweils gleiche Menge), Behälter verschließen.
2. Die Bodenproben durch kräftiges Schütteln (oder schnelles Umrühren) gut aufschwemmen, bis Boden und Wasser eine gleichmäßige Verteilung haben.
3. Das Meßgefäß absetzen und beobachten.

Alternative

Aufgeschwemmte Proben 30 Sekunden absetzen lassen, dann den Überstand in ein eigenes Meßglas gießen (Feinanteile bestimmen), Abgießen der Überstände nach Zeitplan (z.B. nach 60 Sekunden, 1 Stunde, 8 Stunden) wiederholen.

Aufgaben

Folgende Beobachtungsaufgaben kannst du vornehmen:
1. Wie viele erkennbare Schichten haben sich abgesetzt?
2. Wie schnell erfolgt die Absetzung bis zur Klärung?
3. Vergleiche die Schichtstärken der einzelnen Proben.

Lege dir eine Tabelle nach dem Muster unten an, und notiere die Ergebnisse.
Beachte: Bei stark humushaltigen Bodenproben wird es zu einer Braunfärbung des Wassers kommen; die gelösten Bestandteile setzen sich nicht mehr ab.
Die Tabelle unten sagt dir, wann sich einzelne Bestandteile absetzen.

Muster einer Tabelle zur Versuchsauswertung:

Bodenart	Art der Schichten	Stärke der Schichten	Absetzdauer

Absetzzeiten zum Vergleich:

Sand:	etwa 5 sec	Feinschluff:	etwa 1 h
Grobschluff:	etwa 60 sec	Ton:	etwa 7 bis 8 h

ISBN 3-12-043120-6

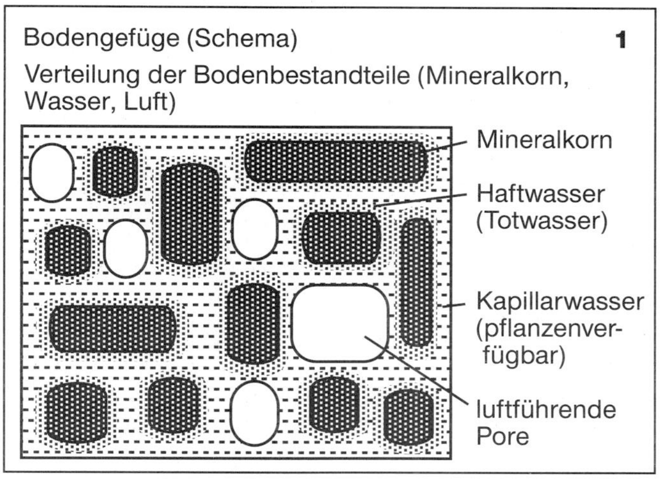

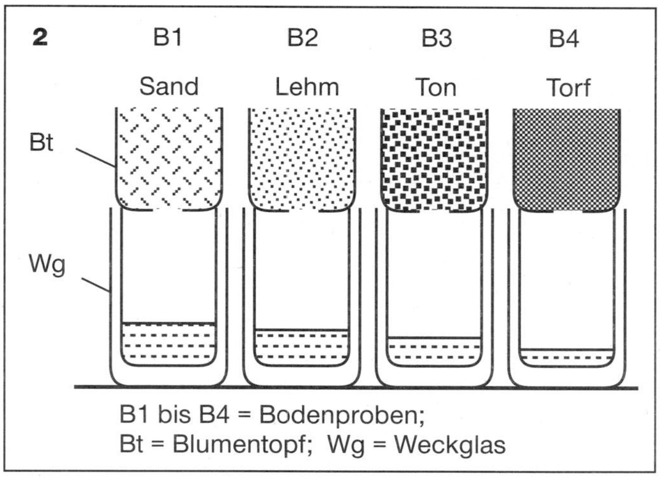

Was man braucht

Versuchsbehälter entsprechend der Bodenprobenzahl (gleichgroße Blumentöpfe), verschiedene lufttrockene Bodenproben, Wasser (je Probe etwa 300ml bis 500 ml, abhängig von der Größe der Bumentöpfe). Bechergläser, Glaszylinder zum Auffangen des ablaufenden Wassers (Weckgläser), ein Meßgefäß, Filterpapier oder Watte zum Verschließen der Abzugslöcher in den Bumentöpfen, evtl. eine Stoppuhr

Anleitung

1. In die Blumentöpfe etwas Filterpapier oder Watte zum Verschließen der Abzugslöcher einlegen.
2. Die Blumentöpfe jeweils gleichhoch mit verschiedenen Bodenproben auffüllen und gleichmäßig verdichten (etwa einmal auf den Boden aufstoßen).
3. Die vorbereiteten Blumentöpfe auf die Glaszylinder (Weckgläser) stellen.
4. Die Bechergläser jeweils mit der gleichen Wassermenge füllen.
5. Die Bodenproben langsam mit dem Wasser übergießen. Durchtretendes Wasser mehrmals erneut über die jeweilige Bodenprobe schütten, um eine vollständige Durchdringung mit Wasser zu gewährleisten.
6. Während des Versuchs die Durchtrittszeit stoppen, zuletzt die in den Glaszylindern aufgefangenen Wassermengen messen.

Aufgaben

1. Trage in die Tabelle ein, nach welcher Zeit das erste Wasser eine Bodenprobe durchdrungen hat.
2. Halte in der Tabelle auch die Größe der Wassermenge fest, die insgesamt durchgesickert ist.

Bodenprobe	B1	B2	B3	B4
Zeit				
Wassermenge				

3. Wo ist das restliche Wasser verblieben? ______________________
4. Welcher Boden hat für die Wasserhaltung die besten Eigenschaften? Kreuze an: B1 B2 B3 B4
5. Versuche die unterschiedliche Wasserhaltekraft anhand der Abb. 1 zu erklären.

____

____

ISBN 3-12-043120-6

Was man braucht

Wasserschale, lufttrockene Bodenproben, je Bodenprobe ein Zylinderrohr mit Gummistopfen und Glasröhrchen, Watte, Halterung für Zylinderrohre (Pappscheibe mit entsprechend großen Löchern plus 1 Loch mehr zur Aufnahme des Trichters; oder andere Haltevorrichtung, z.B. Stativhalterung); Uhr, Trichter, Gießkanne oder Meßzylinder, alternativ: 80 cm lange Glaszylinder, wenn die Steighöhe gemessen werden soll.

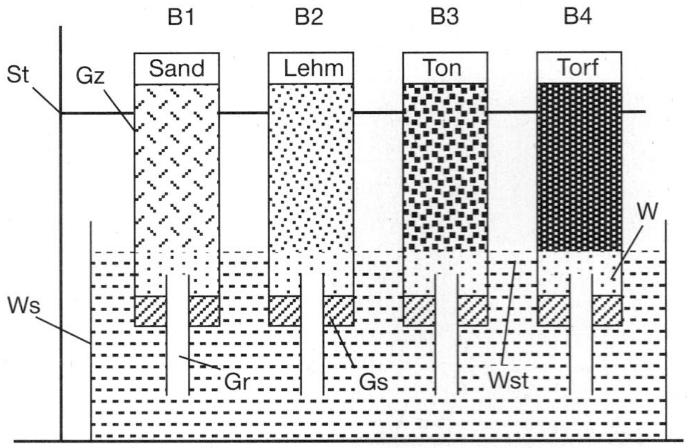

St = Stativ; Gr = Glasröhrchen; Gs = Gummistopfen; Gz = Glaszylinder; WS = Wasserschale; Wst = Wasserstand; W = Watte; B1, B2, B3, B4 = Bodenproben

Anleitung

1. Wattebausch in den Glaszylinder einbringen (je Zylinder gleiche Menge) und den Zylinder mit Gummistopfen und Glasröhrchen verschließen (Glasröhrchen werden unten angebracht).
2. Zylinderrohre mit Bodenproben gleichmäßig hoch und dicht auffüllen; alternativ: Originalprofile einbringen; die Beschaffung ist jedoch ungleich schwieriger.
3. Die vorbereiteten Zylinderrohre durch die Löcher der Pappscheibe stecken oder die Zylinderrohre in die alternativ vorhandene Halterung einsetzen.
4. Die Pappscheibe mit den Zylinderrohren auf das Glasgefäß setzen und die Zylinderrohre so ausrichten, daß sie in gleicher Höhe stehen.
5. Trichter aufsetzen und in die Wasserschale Wasser einfüllen, bis die Watte in den Zylinderrohren gut im Wasser steht (ggf. nachfüllen).
6. Beobachten, wie das Wasser steigt und mit der Uhr festhalten, wann die Bodenprobenoberfläche feucht ist; alternativ: bei 80 cm-Rohren kann die absolute Steighöhe ermittelt werden.

Aufgaben

1. Stelle fest, in welcher Bodenprobe das Wasser am höchsten/schnellsten steigt? Kreuze an:

   B1 B2 B3 B4

2. Stelle eine Übersicht über die Höhe des Wasseranstiegs auf.

   B1=________ cm B2=________ cm B3=________ cm B4=________ cm

3. Vergleiche die Ergebnisse von Aufgabe 1 und 2 mit dem Ergebnis der Aufgabe 4 des Versuchs „Wasserspeicherfähigkeit“

ISBN 3-12-043120-6

Was man braucht

Stative mit Klemmvorrichtungen, Anzahl an Versuchsrohren entsprechend der Bodenproben; dazu passende, durchbohrte Gummistopfen und Glasröhrchen in doppelter Menge, Kolbenprober, Gummischlauch, Watte, lufttrockene Bodenproben (Sand, Lehm, Ton, Humus) mit möglichst erhaltener Struktur (mit ähnlichem Durchmesser ausstechen!), evtl. ein Gewicht (ca. 200 g bis 500 g), Uhr
alternativ: bodenfeuchte Bodenproben verwenden

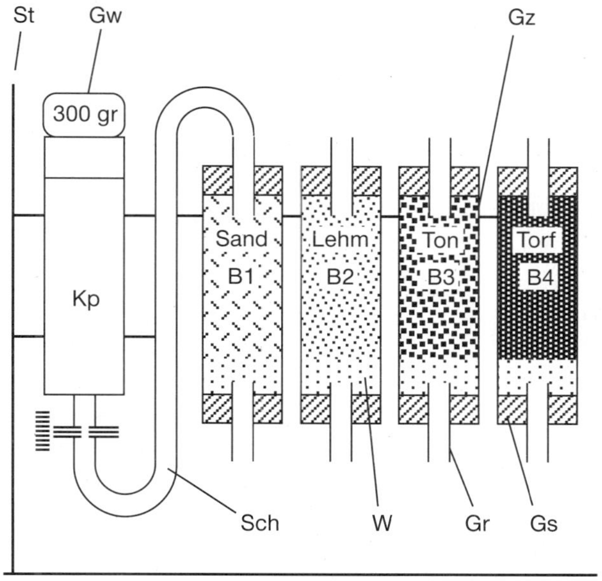

Kp = Kolbenprober; St = Stativ; Gz = Glaszylinder; Gs = Gummistopfen; Gr = Glasröhrchen; W = Watte; B1, B2, B3, B4 = Bodenproben; Gw = Gewicht; Sch = Gummischlauch

Anleitung

1. Stativ aufbauen, den Kolbenprober wie in der Skizze montieren.
2. Gummistopfen mit Glasröhrchen ins Glasrohr einsetzen, Wattebausch einlegen.
3. Bodenproben in die Glasrohre einbringen (Struktur erhalten), Glasrohre oben mit Stopfen und Glasröhrchen verschließen.
4. Erstes Versuchsglas in Stativ einbauen, Versuchsglas mittels Gummischlauch mit Kolbenprober verbinden.
5. Kolbenprober mit Gewicht belasten und Zeit messen, die benötigt wird, um eine festgesetzte Luftmenge durch die Bodenprobe zu treiben.
6. Nach dem Versuch die übrigen Versuchsgläser in gleicher Weise mit dem Kolbenprober verbinden und nacheinander die Versuche durchführen (Zeiten vergleichen!).

Aufgaben

1. Ermittle die Zeitdauer, bis die Luft durch die Bodenprobe gedrückt wurde.
   Trage die Ergebnisse in die Tabelle ein:

   B1= _______ Sekunden B2= _______ Sekunden B3= _______ Sekunden B4= _______ Sekunden

2. Vergleiche die Ergebnisse mit den Resultaten der Aufgabe 4 aus dem Versuch „Wasserspeicherfähigkeit".

____

____

____

____

____

____

____

____

ISBN 3-12-043120-6

Was man braucht

Gleichgroße Gefäße zur Aufnahme der Bodenproben (gleiches Material: Tontöpfe oder Plastiktöpfe), verschiedene Bodenproben, Thermometer je Versuchsgefäß, sonniger Fensterplatz oder künstliche Wärmequelle (etwa Heizsonne, Strahler), Uhr, Wasser, Auffanggefäß für Abflußwasser

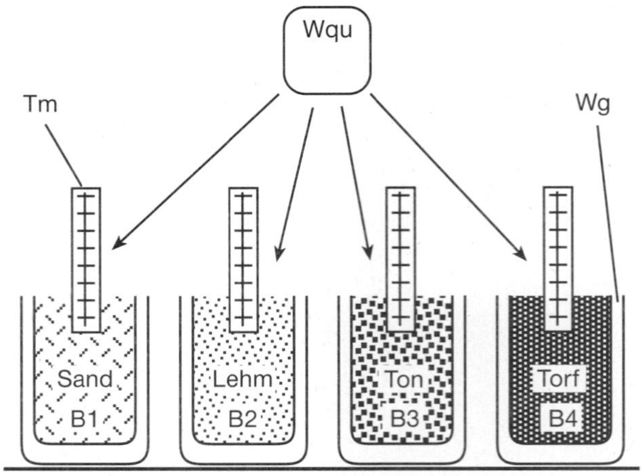

Tm = Thermometer; Wqu = Wärmequelle;
Wg = Weckglas; B1, B2, B3, B4 = Bodenproben

Anleitung

1. Versuchsgefäße gleichmäßig hoch und dicht mit den verschiedenen Bodenproben füllen.
2. Aufgefüllte Versuchsgläser über die Auffanggefäße stellen.
3. Versuchsgefäße langsam mit jeweils 1/2 l Wasser übergießen, überschüssiges Wasser im Auffanggefäß auffangen; auf gleichmäßige Durchfeuchtung achten.
4. Für jedes Versuchsgefäß ein Thermometer bereithalten.
5. Die Versuchsgefäße an einen sonnigen Fensterplatz stellen oder in gleichem Abstand vor eine künstliche Wärmequelle (Strahler).
6. Thermometer jeweils in gleicher Tiefe in die Versuchsgläser stecken.
7. Die Temperaturänderungen am Thermometer nach bestimmten Zeitabschnitten ablesen (etwa im 10 Minuten-Takt).

Aufgaben

1. Trage die Ablese-Ergebnisse in die Tabelle ein.

Bodenart	Sandboden	Lehmboden	Tonboden	Torfboden
Temperatur nach _____ Minuten	______	______	______	______
______	______	______	______	______
______	______	______	______	______

2. Versuche Zusammenhänge mit dem Ergebnis der Aufgabe 4 des Versuchs „Wasserspeicherfähigkeit“ herzustellen.

____

____

____

____

ISBN 3-12-043120-6

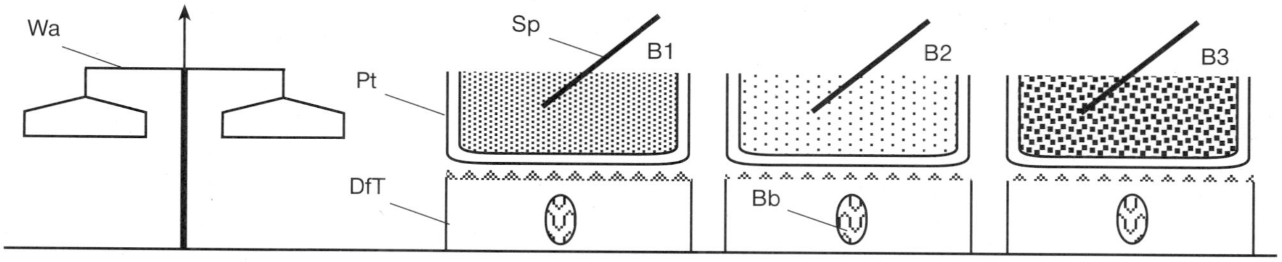

B1, B2, B3 = verschiedene Bodenproben; Bb = Bunsenbrenner; DfT = Dreifuß mit Tondreieck; Sp = Spatel; Pt = Porzellantiegel; Wa = Waage

Was man braucht

Verschiedene lufttrockene Bodenproben (gleiche Gewichtseinheiten, 5 g bis 10 g), Briefwaage, Eßlöffel oder Spatel, Bunsenbrenner, Porzellantiegel, Tondreieck, Dreifuß

Anleitung

(Vorsicht! Große Hitzeentwicklung des Bunsenbrenners!)

1. Bodenproben trocknen und zerkleinern.
2. Bodenproben abwiegen und in die bereitgestellten Porzellantiegel verteilen.
3. Einen Porzellantiegel auf den Dreifuß mit Tondreieck stellen.
4. Erhitzen der Bodenprobe zur Rotglut, gelegentlich umrühren bis keine neue graue Masse mehr entsteht.
5. Den Tiegel zugedeckt abkühlen lassen.
6. Die nächste Bodenprobe auf gleiche Weise behandeln.
7. Die abgekühlten Bodenproben mittels einer Briefwaage abwiegen, Gewichtsunterschiede feststellen.

Aufgaben

Erstelle in deinem Heft nach nachstehendem Muster eine Übersicht über den Humusgehalt der untersuchten Böden, und trage deine Ergebnisse in die Tabelle ein.

Bodenprobe	B1	B2	B3	B4
Gewicht vorher				
Gewicht nachher				
Gewichtsverlust				
Boden				

Humusanteile verschiedener Böden:

a) Humusarm:	bis 1%	b) Schwach humos:	1% bis 4%	c) Humos:	5% bis 10%
d) Stark humos:	11% bis 15%	e) Humusreich:	16% bis 30%	f) Torf:	über 30%

 ISBN 3-12-043120-6

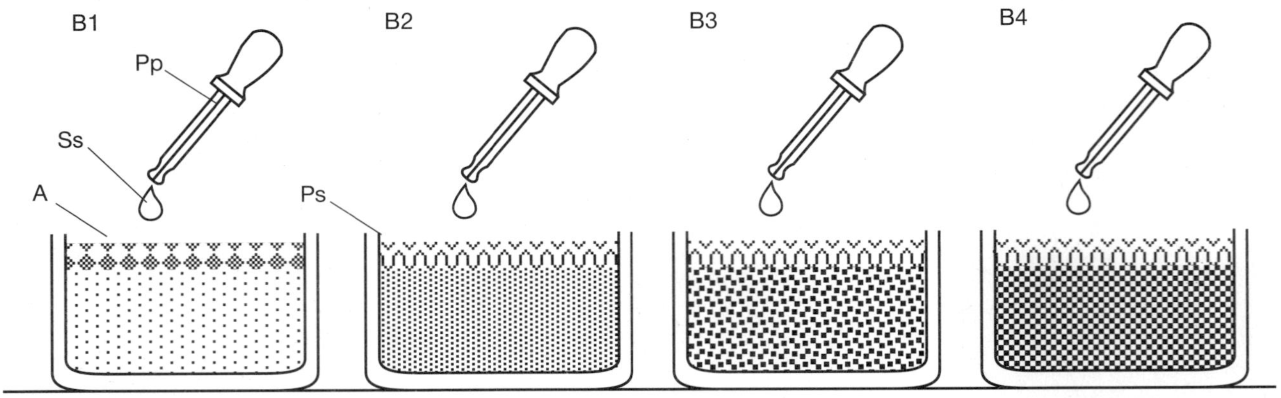

B1, B2, B3, B4 = verschiedene Bodenproben; A = Aufschäumung; Pp = Pipette; Ps = Petrischale; Ss = Salzsäure;

Was man braucht

Verschiedene lufttrockene Bodenproben (Feinerde), Tropfflasche mit 10%iger Salzsäure, Porzellanschälchen, Eßlöffel, bei Schülerversuchen: Schüler/innen sollten entsprechende Kleidung tragen, ggf. Tische abdecken

Anleitung

Vorsicht beim Umgang mit Salzsäure - Verletzungsgefahr!

1. Bodenproben (z.B. ein Eßlöffel) in die Porzellanschälchen füllen.
2. Die Bodenproben mit einigen Tropfen Salzsäure betropfen (Vorsicht!).
3. Reaktion der Salzsäure beobachten.

Aufgaben

Stelle die Ergebnisse deiner Versuche übersichtartig in der angefügten Tabelle zusammen. Entnimm die Angaben für die Auswertung nachstehender Zusammenstellung.

Keine sichtbare oder hörbare Reaktion:	kein	Kalk
Kein sichtbares Aufbrausen, aber leises Zischen:	unter 1%	Kalk
Schwaches, nur kurzes Aufbrausen:	1% bis 2%	Kalk
Deutliches, nicht anhaltendes Aufbrausen:	2% bis 4%	Kalk
Starkes, anhaltendes Aufbrausen:	über 5%	Kalk

Bodenprobe	B1	B2	B3	B4
Reaktion				
Bewertung				

ISBN 3-12-043120-6

pH-Wert des Bodens

Was man braucht

Indikatorpapier und Farbskala, hier möglich: Universal-Indikatorpapier für pH-Bereich 1 bis 10 mit 1-Grad-Abstufung oder Spezialindikatorpapier für pH-Bereiche 3 bis 5 oder 5 bis 7 (bei Abstufung von 0,5 pH-Graden) beziehbar aus Apotheken; (alternativ: pH-Meter nach Slaby) und Indikatorlösung; Bodenproben aus etwa 10 cm Tiefe, Spatel oder Teelöffel

Farbskala:

Farbe	pH-Zahl
rot	4
orangerot	5
gelb	6
olivgrün	7
grün	8
blaugrün	9

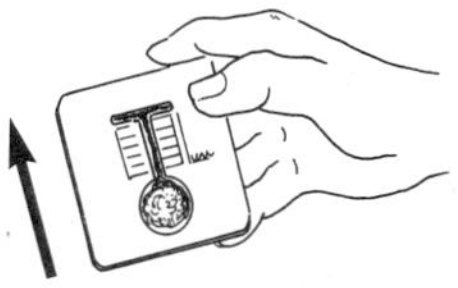

Anleitung

a) Mit Indikatorpapier

1. Bodenproben in naturfeuchtem Zustand verwenden, hierauf Universialindikatorpapier drücken (zu trockene Böden anfeuchten).
2. Nach etwa 1 Minute, wenn sich die Färbung nicht mehr verändert, den Indikatorstreifen mit der Farbskala vergleichen.
3. Den ungefähren pH-Wert aus der Farbskala ablesen.

b) Mit pH-Meter (nach Slaby)

1. Geringe Bodenprobenmenge in die runde Vertiefung des pH-Meters einbringen (Bodenprobe zerkleinert).
2. Meßtäfelchen schräg halten und soviel Indikatorlösung zugeben, bis die Bodenprobe gleichmäßig feucht ist und etwas Lösung übersteht (umrühren).
3. Meßtäfelchen nach 2 bis 3 Minuten in die andere Richtung schräg halten, daß die überstehende Indikatorlösung in die Längsrinne abfließen kann.
4. Die Lösungsfarbe mit der Farbskala vergleichen und den pH-Wert bestimmen.

Aufgaben

Erstelle eine Übersicht über die untersuchten Böden, und vergleiche die Werte mit der Einteilung in der untenstehenden Tabelle.

Bodenprobe	B1	B2	B3
Meßergebnis (pH)			
Bewertung			

Beurteilung der Böden hinsichtlich des pH-Wertes

0 bis 4,5	stark sauer	6,5 bis 7,4	neutral
4,6 bis 5,2	sauer	über 7,5	basisch
5,3 bis 6,4	schwach sauer		

Zur Grobuntersuchung mit Indikatorpapier kann auch Wasser aus verschiedenen Herkunftsorten vergleichend untersucht werden.

 ISBN 3-12-043120-6

Erläutere den Begriff „Zeigerpflanzen“, und ermittle mit Bestimmungsbüchern die von den genannten Pflanzen bevorzugten Bodenverhältnisse.

Bodenart	Zeigerpflanzen-Beispiele
	Hufeisenklee, Bergklee, Gelbklee, Leberblümchen, Kriechendes Fingerkraut
	Heidekraut, Feldthymian, Gemüsespargel, Sandstrohblume, Bauernsenf
	Adlerfarn, Stiefmütterchen, Große Schlüsselblume, Ackergauchheil, Klettenlabkraut
	Bergkronwicke, Ackerfuchsschwanz, Steife Wolfsmilch, Geflecktes Ferkelkraut
	Färberginster, Flügelginster, Feldklee, Rundblättrige Glockenblume, Katzenpfötchen
	Brennessel, Springkraut, Quecke, Taubnessel, Hirtentäschel, Guter Heinrich
	Raygras, Breitwegerich, Vogelknöterich, Strahlenlose Kamille
	Kleiner Wegerich, Wiesenknöterich, Hahnenfuß-Arten, Kohlkratzdistel, Herbstzeitlose
	Mittlerer Wegerich, Echtes Labkraut, Mauerpfeffer, Dachwurz-Arten
	Heidelbeere, Preißelbeere, Kleiner Sauerampfer, Heidekraut (Erika)

Springkraut

Schlüsselblume

Heidekraut

Rittersporn

Kriechendes Fingerkraut

Heidelbeere

Glockenblume

Wegerich

ISBN 3-12-043120-6

1. Boden weist drei unterschiedliche Körnungsfraktionen auf. Ordne sie den Größenangaben zu.

   ________________ : < 0,002 mm ________________ : 0,002 mm bis 0,06 mm ________________ : 0,06 mm bis 2 mm

2. Die Aufschlämm-Methode hilft bei der Bodenbestimmung. Welche Körnungs-Fraktionen sind aufschlemmbar?

   ____

3. Stelle die %-Anteile der Körnungsfraktionen für die drei Hauptbodenarten in der Grafik dar (100%= 5 cm). Entnimm die %-Angaben der Tabelle unten, und verwende für jede Körnungsfraktion eine Farbe.

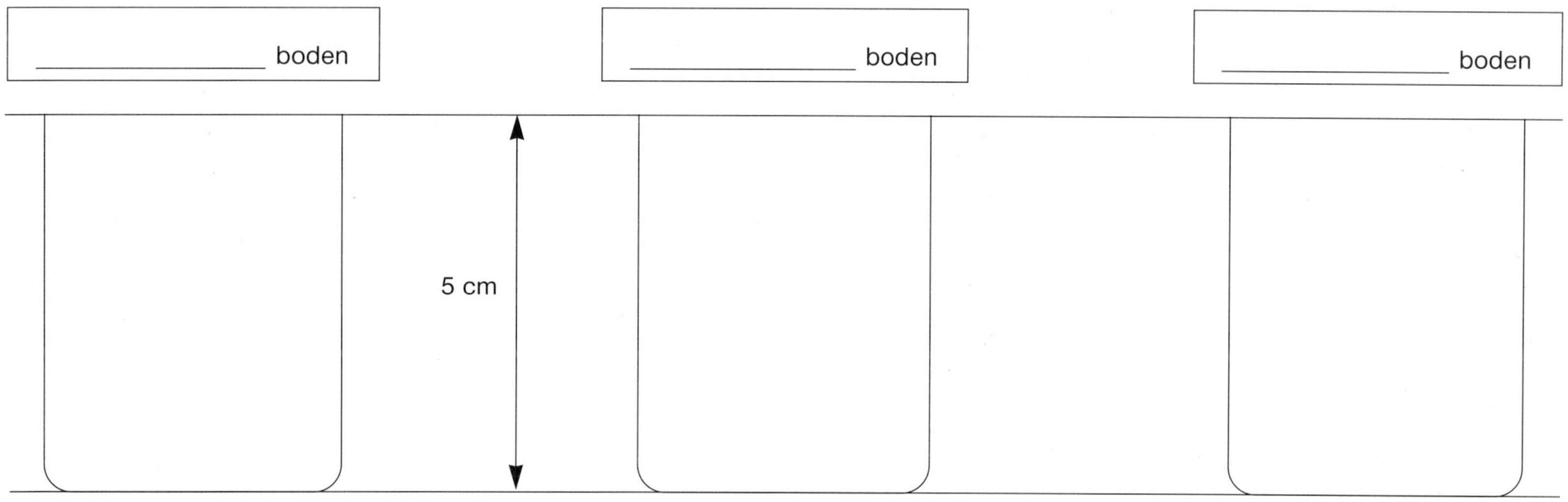

4. Lehmboden stellt einen idealen Gartenboden dar. Vergleiche die Grafiken, und versuche eine Erklärung zu geben. ________________

   ____

   ____

%-Anteil	Tonboden	Lehmboden	Sandboden
Ton	45	40	10
Schluff	50	30	10
Sand	5	30	80

 ISBN 3-12-043120-6

1. Beschrifte die Kästen mit den vier Fraktionen des Bodens, und stelle die Zusammensetzung der Bestandteil-Arten (vgl. Tabelle unten) für die drei Hauptbodenarten in den Grafiken farbig dar.

____________	____________	____________	____________
Stein, Sand, Schluff, Ton	tote/lebende organ. Masse		

2. Formuliere für die drei Hauptbodenarten wesentliche Eigenschaften.

Tonboden

____
____
____
____
____
____
____

M: 1 cm = 10%

Lehmboden

____
____
____
____
____
____
____

Sandboden

____
____
____
____
____
____
____

Fraktionen in (%-Angaben)	Mineralien	Humus	Wasser	Luft
Tonboden	47	3	45	5
Lehmboden	52	3	30	15
Sandboden	58	2	15	25

ISBN 3-12-043120-6

Boden entwickelt sich durch das Einwirken verschiedener Einflüsse. Dadurch entstehen unterschiedliche Bodentypen. Bodentypen unterscheiden sich durch ihre Schichtenfolge. Diese ergibt sich aus den Entwicklungsbedingungen. Die Bodentypen sind weiteren Veränderungen unterworfen. Moor und Heide sind Sonderformen der Bodenentwicklung.

Inhalt:

3.1 Bodentypen

In Kapitel 2 wurden überblicksweise die stoffliche und größenmäßige Zusammensetzung verschiedener Böden, also die Bodenarten, sowie wesentliche Bodeneigenschaften angesprochen. Es gilt nun die bodenentwicklungsrelevanten Faktoren zu betrachten, da Böden aus Verwitterungsprozessen, Humusbildung und Umlagerungsvorgängen entstehen.

Folge dieser langandauernden und sehr komplexen Entwicklungsabläufe sind unterschiedliche Bodentypen mit jeweils typischen Bodenprofilen, also Aufbaustrukturen.

3.1.1 Bodenbildende Faktoren

Auf die unterschiedlichen Bodenbildungskräfte sowie die verschiedenen Ausgangsmaterialien braucht nicht noch einmal eingegangen zu werden (vgl. dazu Kapitel 1, Seite 6 ff).

Welcher Bodentyp als Folge der nacheinander und/oder gleichzeitig ablaufenden Verwitterungsprozesse entsteht, ist von bestimmten Faktoren (Abb. 3.1) abhängig, die kurz angesprochen werden sollen. Diese sind:

a) das Klima, wobei besonders Temperatur und Niederschläge maßgeblich mitwirken,

b) Gesteinsarten, denn bestimmte Bodentypen können nur aus bestimmten Ausgangsmaterialien entstehen,

c) die Vegetation, die zusammen mit dem Bodenleben vor allem über die Humusentwicklung stark mitwirkt,

d) das Relief, denn bestimmte Reliefgegebenheiten verhindern ungestörte Bodenentwicklung z.B. durch Erosion,

e) der Grundwasserstand, der bestimmte Bodenentwicklungen fördert oder hemmt,

f) die Zeit, in der Bodenentwicklungsvorgänge gestört oder ungestört ablaufen können,

g) der Mensch, der in Bodenentwicklungsprozesse fördernd oder störend eingreifen kann.

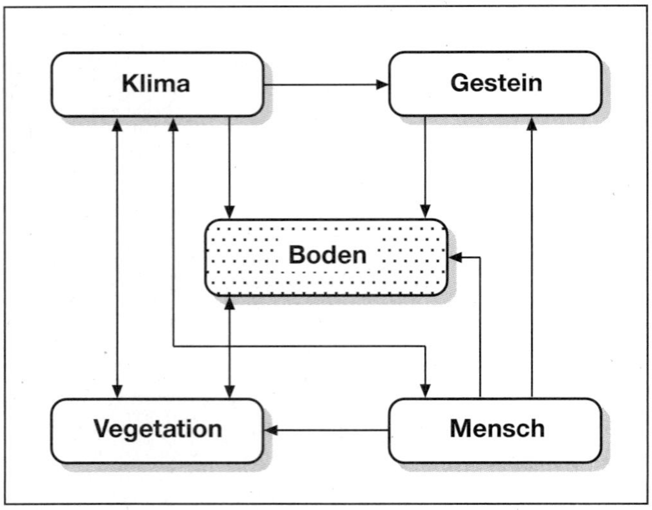

Abb. 3.1: Faktoren der Bodenentstehung

3.1.2 Bodenhorizont

Ungestörter Boden zeigt einen schichtweisen, etwa oberflächenparallelen Aufbau, wie er in Kapitel 1 bereits angesprochen wurde. Resultierend aus den vielen bodenbildungsrelevanten Faktoren ist die Bodenschichtung in Wirklichkeit allerdings komplexer als oben vorgestellt. Auch ist die Abgrenzung zwischen den einzelnen Schichten, den Horizonten, meist fließend; ebenso ist die Dicke einzelner Schichten sehr unterschiedlich und reicht von wenigen Zentimetern bis zu unter Umständen vielen Metern.

Ein Bodenhorizont als eine ein Bodenprofil mitbildende Bodenschicht hat einen bestimmten, von den bodenbildenden Faktoren festgelegten Entwicklungsprozeß durchlaufen. Zur Kennzeichnung der unterscheidbaren Horizonte werden Großbuchstaben verwendet.

Ausgehend von den 3 Grundschichten „Oberboden", „Unterboden" und „Untergrund", (vgl. Kapitel 1) erfolgt die Kennzeichnung mit „A-", „B-" bzw. „C-Horizont". Dabei gilt für:

A-Horizont
Humos angereichert, stark belebt und dunkel gefärbt, enthält leicht lösliche Nährstoffe und Mineralien, die auch auswaschbar sind (Auswaschungshorizont); durch falsche Bodenbearbeitung und Erosion gefährdet.

B-Horizont
Bräunliche bis rostbräunliche Färbung, oft mit ausgewaschenen Partikeln angereichert (Anreicherungshorizont): Nährstoffe, Mineralstoffe... deshalb teils mit Verdichtungserscheinungen (Ortsteinbildung); meist wenig Humusanteile, wenig belebt, durch Verwitterung gut aufgeschlossen.

C-Horizont
Unverwitterte Ausgangschicht aus festem oder lockerem Material, arm an löslichen und reich an zersetzbaren Nährstoffen.

Die wegen der Vielfalt an tatsächlich vorhandenen Horizonten notwendige Weiterentwicklung des Klassifizierungssystems entlehnt die verwendeten Kennbuchstaben jeweils dominanten Eigenheiten der bezeichneten Horizonte. Zur Beschreibung zusätzlich eingeführter Subhorizonte werden Kleinbuchstaben benutzt.

Insgesamt werden heute in Deutschland etwa 12 Haupthorizonte unterschieden, denen zahlreiche Subhorizonte nachgegliedert sind. Die Kombinations- bzw. Differenzierungsmöglichkeiten zur Bodenbeschreibung bei 22 gebräuchlichen Zusatzkennzeichen sind entsprechend groß, und die Verwendung von Horizontsymbolen erlaubt die Beschreibung der Bodenvielfalt in sehr knapper Form.

Dennoch lassen sich zuweilen Bodenschichten nicht eindeutig zuordnen, da sie Kennzeichen mehrerer Horizonte bzw. Subhorizonte aufweisen. Diese als Übergangshorizonte bezeichneten Schichten werden mit Doppel-Kennbuchstaben benannt.

Großbuchstaben als Horizontssymbole:

A = Oberbodenhorizont mit organischer Substanz
B = Unterbodenhorizont mit weniger als 75 Volumen-% Festgestein

C = Untergrundhorizont, in der Regel Ausgangsmaterial (Gestein)
H = Torfhorizont (> 30% organische Substanz); hT = Hochmoortorf
P = Unterbodenhorizont aus Tongestein
T = Unterbodenhorizont mit >75 Gewichts-% Karbonatgestein
S = Horizont mit Stauwassereinfluß
G = Horizont mit Grundwassereinfluß
O = Organische Auflage
M = Horizont aus verlagertem Material (beispielsweise Geröll am Bergfuß)
E = Horizont aus aufgefüllten Plaggen
Y = Aufschüttungshorizont (Bauschutt, Müll...)

Kleinbuchstaben als Horizontmerkmale:

a = anmoorig
b = bänderförmige Oxidanreicherungen
c = mit Karbonat angereichert
d = dicht, verdichtet
e = eluvial (= ausgeschwemmt)
f = fossil (= begraben)
h = humos
i = initial (= beginnend, schwach mächtig)
k = Konkretionen enthaltend (Einschlüsse)
l = lessive (ausgewaschen)
m = massiv (nicht grabbares Gestein)
n = novus (= neu, unverwittert)
o = oxidiert (rostfleckig)
p = von regelmäßigem Pflügen geprägt
q = wasserstauend
r = reduziert (= gebleicht, O-reduziert)
s = Oxid-angereichert
t = tonangereichert
u = rubefiziert (= gerötet)
v = verwittert
w = wasserleitend
z = mit Salz angereichert

Nach diesen Kennbuchstaben ist eine recht umfassende Definition von Bodentypen möglich. So bezeichnet z.B.:

- **Ahe** = einen A-Horizont, der wegen Humusauswaschung (e) ungleich humos (h) ist,
- **Bh** = einen humusreicher Unterboden,
- **Btd** = einen tonreichen, dichten Unterboden.

3.1.3 Bodentypen

Bodenhorizonte kommen nicht in willkürlicher Folge vor, vielmehr liegen gewisse Schemata zugrunde, die bedingt sind durch zurückliegende spezielle Entwicklungsabläufe. Dadurch bilden sich spezifische Schichtfolgen heraus, die für die zahlreichen Bodentypen kennzeichnend sind. Nach HERRMANN wird der Bodentyp entsprechend so definiert:

„Der Bodentyp kennzeichnet den Zustand und die Entwicklungsstufe des Bodens. Er umfaßt alle Merkmale und Vorgänge, die das Bodenprofil (s. Seite 42) zum Ausdruck bringt und gibt Aufschlüsse über die Bodenfruchtbarkeit."

Wegen der Vielzahl möglicher Bodentypen ist eine Darstellung aller Möglichkeiten hier weder möglich noch sinnvoll. Es wird deshalb exemplarisch eine knappe Auswahl an charakteristischen Bodentypen vorgenommen.

Ranker: Geringe Bodenentwicklungstiefe auf Silikatgestein; dünn aufliegender A-Horizont, meist stark von Gestein durchsetzt und unmittelbar auf einem unverwitterten oder anverwitterten C-Horizont liegend; je nach Basengehalt unterschiedliche Humusformen, von Roh- bis Mullhumus.

Vorkommen: meist in steilen Mittel-(Gebirgs-)lagen;
Nutzbarkeit: kaum nutzbar.

Rendzina: Gleicher Aufbau auf kalkhaltigem Gestein, jedoch mit guter, humusreicher, krümeliger A-Horizont-Ausbildung auf meist plattigem C-Profil; flachgründig, wenig wasserhaltend, beschränkte Durchwurzelbarkeit, wegen vieler Steine erschwerte Bearbeitung.

Vorkommen: Jura, Schiefergebirge, Nordhessen;
Nutzbarkeit: trotz vieler Steine für Ackerbau interessant.

Schwarzerde: A-C-Profil-Boden mit mächtigem A-Profil aus humosem, schluffigen Lehm mit porösem, lockeren Krümelgefüge und starkem kalkhaltigen C-Horizont aus Löß; Verwitterungsprodukt aus lockeren Kalken bei Steppenklima.

Vorkommen: Ukraine, Magdeburger-Hildesheimer Börde, Donauebene;
Nutzbarkeit: beste Bodenqualität.

Braunerde/Parabraunerde: Beide mit deutlichem A-B-C-Horizont (Braunerde über Silikat, Parabraunerde über lockerem Kalk unter Wald). Sandig-lehmige A-Horizonte mit poröser, krümeliger Struktur, humos; B-Horizont bei Parabraunerde oft mit Feinton-Eintrag, über C-Horizont aus Löß ein sehr guter Boden. In Braunerden B-Horizont aus grusigem Lehm mit Steineinlagerungen und steinigem C-Horizont.

Vorkommen: Vorwiegend silikatreiche Mittelgebirge bei Braunerde, kalkreiche Ablagerungen in weiten Teilen Deutschlands bei Parabraunerde;
Nutzbarkeit: Parabraunerde trotz Tendenz zur Verdichtung sehr guter Wirtschaftsboden, Braunerde meist forstlich genutzt.

Podsol: Unter einer meist unzersetzten Rohhumus-Schicht liegt ein zweilagiger A-Horizont mit einer sehr dünnen dunklen, humosen Schicht über einem starken, ausgebleichten A-Horizont aus Sanden; ihm folgt ein B-Horizont aus einer verhärteten Eintragsschicht (Ortstein u.ä.) auf einer dicken Sandschicht in meist Einzelkornstruktur, darunter meist sandiger C-Horizont; Ausbildungsergebnis bei feuchtkaltem Klima über basenarmem Gestein; sauer, nährstoffarm, inaktiv, trocken, geringe Bodenqualität.

Vorkommen: Dünensandböden, höhere Mittelgebirgslagen;
Nutzbarkeit: meist Heidelandschaft, Nadelwald; Nutzbarmachung ist aufwendig.

Gley: Humoser, lehmigsandiger, krümelig-poröser A-Horizont auf einer ständig grundwasserführenden, allgemein rost- und grauf leckigen G-Schicht (Grundwasserschicht), die aus unterschiedlichen Bestandteilen bestehen kann (Sand -Ton - Lehm).

Die Grundwasserhöhe ist ausschlaggebend für die Bodennutzung des A-Horizontes. Nach der Höhe des Grundwasserstandes werden Subtypen unterschieden.

Vorkommen: verbreitete Niederungsböden;
Nutzbarkeit: nach Grundwasserstand zwischen Ackerbau und Grünlandnutzung.

Pseudogley: Einem humosen, lehmigsandigen A-Horizont folgt wasserstauender, fleckiger tonangereicherter Boden, der als S-Horizont (Stauschicht) zu Staunässe führt, die aber schnell von Trockenheit abgelöst werden kann (dünne Wasserhaltungsschicht); Entstehung durch Tonablagerung oder Auswaschungseintrag von Tonteilchen bei hohen Niederschlägen.

Vorkommen: örtlich in ganz Deutschland, vor allem über Löß, Mergel, Tonen;
Nutzbarkeit: sowohl als Acker – wie als Grünland, eingeschränkte Nutzung.

Marsch: Ablagerung von Verwitterungsprodukten im Gezeitenbereich im Grundwasserniveau; später durch Entsalzung und Reaktionsänderung bedingte Wandlung. Altersabhängig sind verschiedene Marschformen mit unterschiedlichen Eigenschaften unterscheidbar.

Vorkommen: Küstengebiete;
Nutzbarkeit: Jungmarschen recht fruchtbar, Altmarschen als Grünland.

Moor: Böden mit > 30% organischer Substanz und ≥ 30 cm Torfschicht bei üppigem Pflanzenwuchs und unvollständiger Zersetzung unter anaeroben Bedingungen als Nieder- oder Hochmoortorf. Typische Schichtfolge von krümelig-schwarzem, gut zersetztem Moostorf auf schwach zersetzter, fasriger Schicht; darunter braunschwarzer Moostorf mit mäßiger bis starker Zersetzung; bei zunehmender Zersetzung weniger wasserdurchlässig. Kalte, nasse, sehr nährstoffarme und extrem saure Böden, beim Austrocknen winderosionsgefährdet und Verlust der Wasserspeicherkapazität.

Verbreitung: verlandete Seen, Niederungen, über Ton;
Nutzbarkeit: Grünland, Ödland.

Übersicht über Weltbodentypen

Das vorgestellte, in Deutschland gebräuchliche Einteilungsschema ist freilich nur eine Möglichkeit, die komplexen Bodenstrukturen zu beschreiben. Aus Nordamerika liegt folgende Einteilung vor, die insgesamt 10 Ordnungen umfaßt. Hier finden ebenfalls physikalisch-chemische Erscheinungen Anwendung. Nach J. Negendank sind dies folgende Böden:

Entisole: Böden ohne eindeutige diagnostische Horizonte; von recent (engl.): jung; solum (lat.): Erde

Vertisole: Böden mit hohem Gehalt quellbarer Tonminerale und starken Quellungs- und Schrumpferscheinungen; von vertere (lat.): wenden

Inceptisole: Schwach entwickelte Böden mit diagnostischen Horizonten, die sich rasch bilden; von inceptum (lat.): Anfang

Aridisole: Böden mit Merkmalen trockenen Klimas; von aridus (lat.): trocken

Mollisole: Böden mit mächtigen weichen A-Horizonten (Mull als Humusform); von mollis (lat.): weich

Spodosole: Böden mit Eisen-, Aluminiumionen und Humusanreicherungshorizonten infolge Verlagerung und mit entsprechendem Bleichhorizont; von spondos (griech.): Asche

Alfisole: Böden mit Tonanreicherungen infolge Verlagerung und mittlerer bis hoher Basensättigung; von Pedalfer (alt. amerik. Bezeichnung für karbonatfreie Aluminium- und eisenionenhaltige Böden)

Ultisole: Böden mit Tonanreicherungshorizont und geringer Basensättigung; von ultimus (lat.): der Letzte

Oxisole: Böden mit starker Aluminium- Eisenoxidanreicherung und Siliziumoxidverarmung; von Oxid

Histosole: Böden mit starker Anreicherung organischer Substanzen; von histos (griech.): Gewebe

3.1.4 Bodenprofile

Die Gesamtheit einer Bodenschichtfolge, also der Horizontabfolge, von der Erdoberfläche bis zum unzersetzten Gestein wird als Bodenprofil (sichtbar durch einen Längsschnitt mit ca. 1 m Tiefe) bezeichnet. Ein Bodenprofil zeigt somit neben der Ablagerungsfolge auch die Färbung und die Beschaffenheit des Bodens.

Auf der folgenden Seite (Abb. 3.2) sind übersichtsweise in Abbildungen (nach Herrmann) die neun Hauptbodentypen in Bodenprofilen dargestellt. Die angegebenen Horizontbezeichnungen können mittels der Angaben Seite 40/41 bestimmt werden, die vorhandenen Zahlen bezeichnen Tiefenangaben.

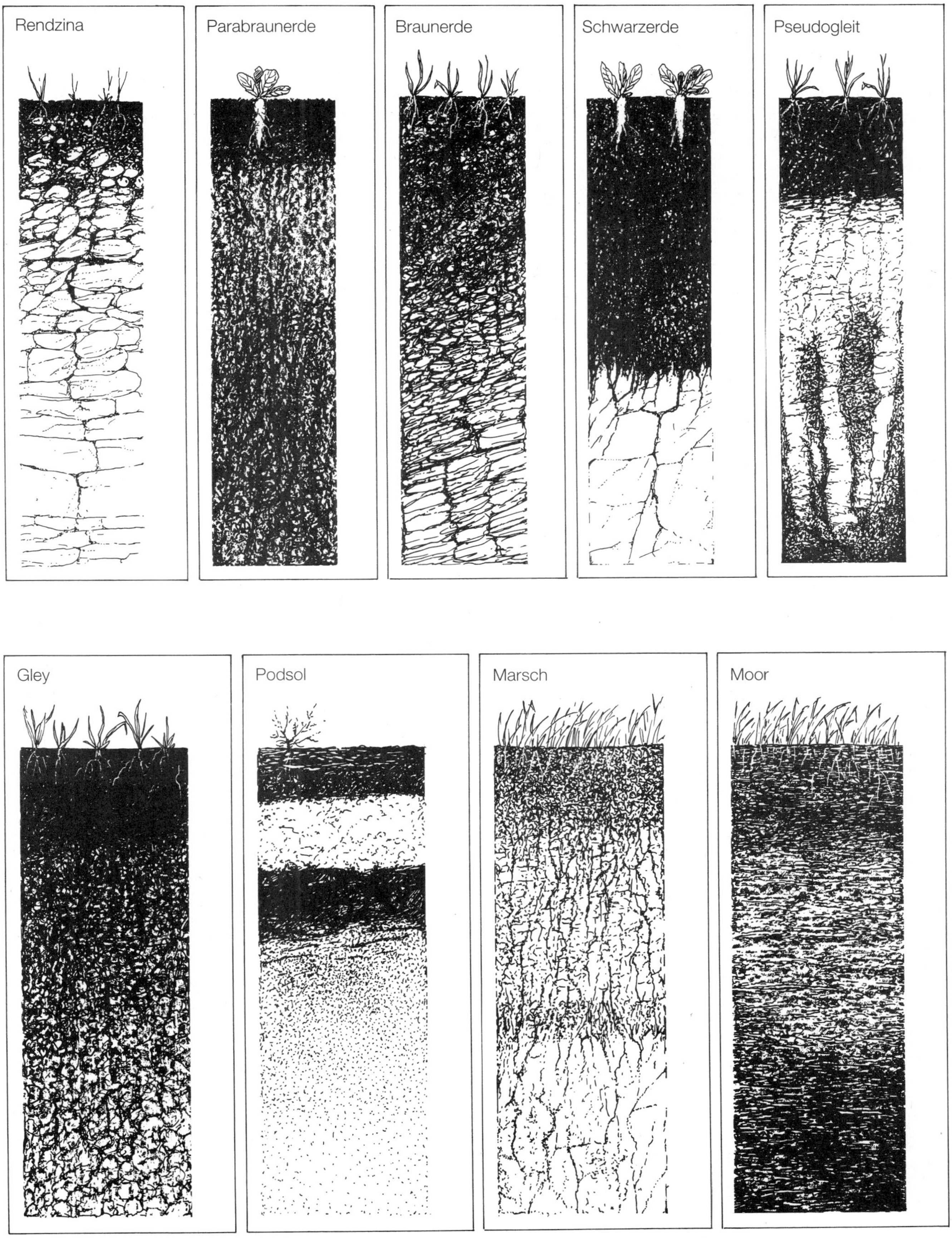

Abb. 3.2: Bodenprofile

3.1.5 Bodenentwicklung

Böden unterliegen einer ständigen Weiterentwicklung (Tab. 3.1 nach Hutzler). Für die Entstehung einzelner Bodentypen mit dem jeweiligen Entwicklungszustand sind spezifische Umweltfaktoren ausschlaggebend, wobei verschiedene Faktoren zusammenwirken, die bereits dargestellt wurden.

Faktor		**Bodentyp**	**evt. Weiterentwicklung**
Klima	Trocken	Schwarzerde	
	Gemäßigt	Braunerde	Bleicherde, Parabraunerde, Pseudogley
	Kühl, feucht	Podsol	
Gestein	Kalk	Rendzina	
		Kalkhumusboden	Kalksteinbraunlehm
	Urgestein	Verwitterungsboden	
		Ranker	
	Löß	Lößlehm	Pseudogley
Wasser	Grundwasser	Gley	
		Moor	Hochmoor
	Stauwasser	Pseudogley	
Vegetation	Wald	Waldboden	Braunerde
	Heide	Heideboden	Bleicherde (Podsol)
	Steppe	Steppenboden	Schwarzerde
Gelände	Erosion	Ranker	
	Ablagerung	Kolluvium	
Bewirtschaftung	Acker	Kulturboden	
	Abplaggen	Bleichboden (Podsol)	

Tabelle 3.1: Entstehung einzelner Bodentypen

Grundsätzlich gilt für die Entwicklung von Boden: Boden bildet sich, entwickelt sich dann in Richtung zunehmender Fruchtbarkeit weiter und kann sich schließlich auch wieder abbauen bzw. kann „altern".

Wie sich im Laufe langer Zeitabschnitte Zustandsformen und Bodentypen ändern können, soll das nebenstehende Verlaufsschema (nach Probst/Schilke) verdeutlichen (Tab.3.2).

Als Meßzahl für den Zustand wird die offizielle Bewertungsskala von 1 bis 7 verwendet, wobei 1 den besten Entwicklungszustand eines Bodens angibt, 7 entsprechend den schlechtesten.

Auf den komplexen Bereich „Bodenbewertung" soll in diesem Zusammenhang nicht weiter eingegangen werden. Es sei lediglich auf die Bewertungskriterien hingewiesen, wobei nach Acker- und Grünland zu unterscheiden ist.

Bewertungskriterien:
a) Bodenart,
b) Zustandsform,
c) Entstehungszeitpunkt: Eiszeit, Nacheiszeit, Schwemmland, Verwitterungsboden.

Gegenstand einer weiteren Betrachtung sei der Zusammenhang zwischen Bodentyp und Vegetation, wozu ein Vergleich zwischen zwei unterschiedlichen Typen Waldbodens vorgenommen werden soll. (Abb. 3.3).

Zustand		**Bodentyp**
Rohstein, dünne Bodenauflage	**7** **6**	Ranker Lehmrendzina
	5	Kalksteinbraunerde
Zunehmende Bodenbildung und zunehmende Durchwurzelung	**4** **3**	Verwitterungsböden mit Lößdecke
Humusreicher, tiefgründiger, krümeliger, kalkhaltiger Boden mit besten Eigenschaften	**2** **1** **2**	Schwarzerde
Zunehmende Versauerung durch Kalkaustrag, Bleichung beginnt	**3** **4** **5**	Parabraunerde Bänderparabraunerde
Ortsein- oder Raseneisenstein tritt auf	**6** **7**	podsolige Sandböden, Podsol

Tabelle 3.2: Schema der Zustandsstufen mit vorherrschenden Bodentypen

3.1.6 Bodentypen und Vegetation

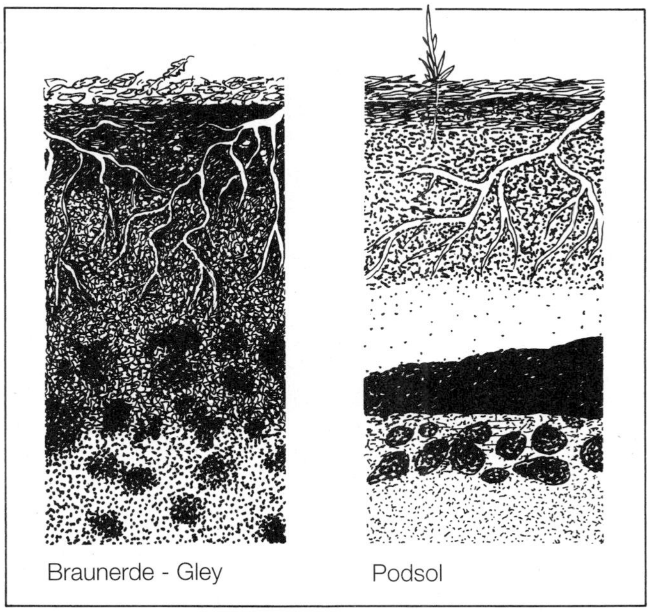

Abb. 3.3: Bodenprofile bei verschiedenen Waldformen

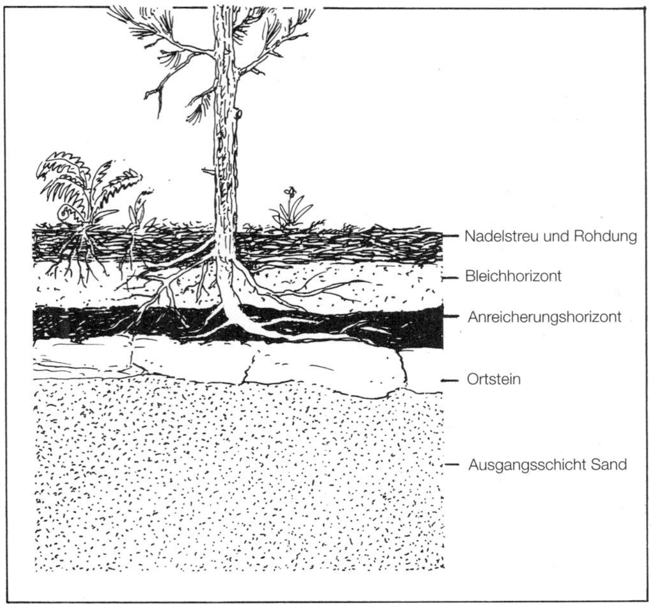

Abb. 3.4: Podsolprofil mit Ortsteinschicht

1. Der von einem artenreichen Laubwald (Buche, Eiche, viele Arten der Krautschicht) bestockte Braunerde-Gleyboden trägt eine O-Schicht aus Laub über einem sehr humosen, schwarzbraunen A-Horizont, der gut durchwurzelt ist; der dunkelbraune B-Horizont ist ebenfalls dicht durchwurzelt. Es folgt hier ein G-Horizont als Oxidationshorizont im Schwankungsbereich des Grundwassers. Humus liegt als Mullhumus vor, die Bodenaktivität ist sehr hoch, der pH-Wert liegt bei 6, der Boden ist frisch – feucht.

2. Anders sieht es bei artenarmem Birken-Kiefernwald auf Podsolboden aus. Hier liegt eine O-Schicht aus kaum zersetzter Substanz vor, die auf einem zweigeteilten A-Horizont aufliegt. Während der obere Ah-Horizont dunkel gefärbt ist und mäßig zersetzte organische Stoffe beinhaltet, folgt ein hellgrauer, ausgewaschener, podsolierter Ae-Horizont, dem ein tiefschwarzer Bh-Horizont als typischer Anreicherungshorizont folgt. Unter diesem befindet sich ein Bs-Horizont aus Eisenoxidanreicherung als Eisenrasenstein.

Der Humus befindet sich im Stadium des Rohhumus, der Boden ist mit pH 4 deutlich sauer, das Wasserhaltevermögen geringer, und die Durchwurzelung beschränkt sich auf den humushaltigen oberen A-Horizontteil.

Wie die Ortstein- bzw. Raseneisenstein-Schicht die Vegetation behindert, das sei durch nachfolgende Abbildung (Abb. 3.4) noch weiter verdeutlicht.

Pflanzenwurzeln vermögen ab einer bestimmten Stärke die Ortsteinschicht nicht mehr zu durchstoßen und müssen ihr Wurzelwerk im wesentlichen auf den oberen Bodenhorizont beschränken. Aber auch auf Eigenschaften wie Wasser- und Luftdurchlässigkeit wirkt sich die Ortsteinbildung negativ aus. Entsprechend können nur noch relativ trockenheitstolerante Pflanzen Podsolböden besiedeln.

3.2 Bodensondertypen

3.2.1 Moor

Moorböden sind, wie bereits ausgeführt, Böden mit >30% organischer Substanz und mindestens 30 cm Stärke eines Torfhorizonts. Sie entstehen bei üppigem Pflanzenwuchs und unvollständiger Zersetzung unter anaeroben Bedingungen. „Moor“ als Bodensondertyp sei seiner Bedeutung nach betrachtet unter den Aspekten:

a) Moorarten

Niedermoor: Es entwickelt sich durch Verlandung stehender, nährstoffreicher Gewässer nach Auffüllung mit absterbenden Pflanzenteilen über Vegetationsformen wie den Rohrsumpf zu einem neutralen bis schwach sauren Moorsubstrat mit mäßigem Nährstoffgehalt.

Hochmoor: Hochmoore stellen zumeist die Weiterentwicklung von Niedermooren dar, die abgetrennt sind von früheren Grundwassereinwirkungen; nährstoffarmes Niederschlagswasser ist somit die einzige Wasserquelle.

Übergangsmoor: Es ist dies ein Zwischenstadium im Übergang vom nährstoffreichen Flachmoor zum nährstoffarmen Hochmoor.

b) Moorbildung (Hochmoor)

Die Entwicklung eines Hochmoores verläuft meist ausgehend von einem verlandenden See über die Stufen Niedermoor – Übergangsmoor, wobei die anfänglichen Wasserpflanzen von Sauergräsern als Torfbildner abgelöst werden. Es folgen verschiedene Moorvegetationstypen, vor allem das Bruchwaldmoor (Erlenbruchwald), in dem nun hauptsächlich Laub und Holz das Ausgangsmaterial der Torfbildung stellen.

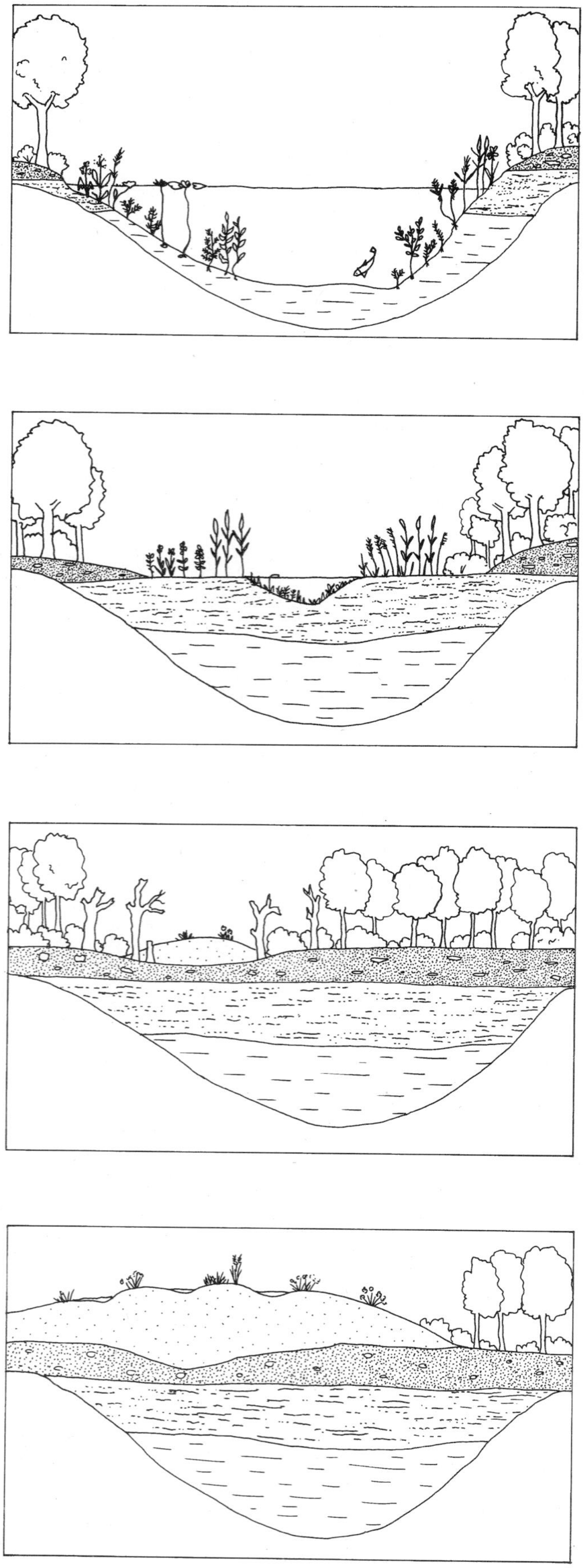

Abb. 3.5: Moorbildung (Hochmoor)

Bei ausreichend feucht-kaltem Wetter kommt es allmählich zur flächendeckenden Ausbreitung der Torfmoos-Vegetation (Sphagnum-Arten), die nun einziger Torfbildner ist. Sphagnum zeigt ein typisches Wachstumsverhalten, indem es oben wächst und nach unten hin abstirbt. Es wird so unter Luftabschluß der Verwesung (Zersetzung) entzogen und vertorft.

Die Torfmoose verfügen über ein extrem großes Wasserspeichervermögen (bis zum 20fachen der Pflanzentrockenmasse) und können sich aus den in der Luft enthaltenen Nährstoffen ausreichend versorgen, so daß sie praktisch konkurrenzlos sind. Allmählich bildet sich das typische Uhrglasprofil des Hochmoores (= erhöhte Mitte, niedrig liegender Rand) aus. Hochmoortorf ist ein extrem saures und nährstoffarmes Substrat und bietet nur hochspezialisierten Pflanzenarten einen Lebensraum. Auf nebenstehender Abbildung (Abb. 3.5) ist die Hochmoorentwicklung veranschaulicht.

c) Eigenschaften des Moorbodens

Moorböden sind nasse, kalte Böden von mäßig bis stark saurem pH-Wert und mäßigem bis sehr geringem Nährstoffgehalt. Die isolierende Wirkung der locker aufliegenden oberen Schicht verhindert eine zügige Erwärmung im Frühjahr, so daß die Erwärmung nur langsam erfolgt. Insgesamt herrscht zudem eine große Schwankung zwischen Tag-Nacht-Temperaturen. Die Wasserdurchlässigkeit ist abhängig vom Zersetzungsgrad des Torfs; bei zunehmender Zersetzung verringert sich diese; ausgetrockneter Torfboden ist sehr winderosionsgefährdet.

d) Moorbedeutung und -schutz

1. Moor als Rohstoff

Der einst im Handabbau gewonnene Torf diente früher als Brennstoff. In dieser Funktion hat er bei uns heute jedoch kaum noch Bedeutung.

Dagegen ist Torf noch immer ein begehrtes Ausgangsmaterial zur Herstellung von Erdsubstraten (Gartenerden aller Art). Dabei kann, abgesehen von einer Steigerung der Wasserhaltefähigkeit, nur durch Zusatz von Düngemitteln und Kalk eine vernünftige bodenverbessernde Wirkung erzielt werden. Inzwischen stünden in Form von Erdsubstraten auf Kompostbasis durchaus Alternativen zur Verfügung, so daß der Abbau für diesen Vermarktungsbereich, der heute mit modernsten Maschinen sehr großflächig und radikal erfolgt, reduziert werden könnte. (In Mitteleuropa sind bald alle abbauwürdigen Moorflächen verschwunden.)

Torf wird auch im medizinischen Bereich als Ausgangsmaterial für Moorbäder benötigt, doch werden hier relativ geringe Mengen verbraucht.

Eine weitere, sehr bestandsbedrohliche Verwendung fanden Moorgebiete als Flächen zur Ackerbodengewinnung. Noch bis in die Zeit des 3. Reiches wurden intakte Moore großflächig zu Landwirtschaftsflächen umgewandelt.

2. Moor als Naturstandort

Die Bedeutung der Moore als Naturstandort wird heute zunehmend bewußter erkannt. Nicht nur als Lebensraum für eine ganze Reihe sehr bedrohter, hochspezialisierter Pflanzen- und Tierarten stellen Moore unersetzliche Lebensräume dar. Ihr eigentlicher Wert stellt die enorme Wasserspeicherkapazität dar, mit der Moore wesentlich die Wasserkreislauf-Prozesse mitgestalten könn(t)en, indem sie schnell große Wassermengen aufnehmen (dem Oberflächenablauf entziehen) und das gespeicherte Wasser langsam und klimawirksam durch Verdunstung wieder abgeben. Diese beiden Gründe rechtfertigen heute angesichts der nahezu gänzlich zerstörten großräumigen Moorflächen den Schutz der noch verbliebenen Reste. Durch gezielte Bemühungen wird an manchen Orten deshalb versucht, noch reparable Schäden durch Rückvernässungen umzukehren und neue Moorbildungsprozesse einzuleiten. Der entscheidende Beitrag zum Schutz der letzten Moore kann nur der Verzicht auf alle Torfprodukte sein.

3.2.2 Heideböden

Soweit man von heimischen „Heideböden" sprechen kann, handelt es sich im wesentlichen um Böden mit dünner Humusauflage über durchlässigem Untergrund (Ranker, Rendzina) oder um Podsol-Böden mit entsprechender Ausformung und Entstehungshintergründen. Im eigentlichen Sinn aber gibt es verschiedene Heide-Typen, die sich deutlich unterscheiden lassen (Felsheide, Sandheide, Steppenheide...), doch soll hier nicht weiter differenziert werden und vor allem die „Lüneburger Heide" exemplarisch betrachtet werden. Angesprochen werden sollen dabei die Aspekte:

a) Entstehung

In diesem klassischen Heidegebiet ist neben klimatischen Faktoren vor allem menschliche Einwirkung ausschlaggebend für die Entwicklung.

Abholzungen und Weidewirtschaft, verbunden mit einer intensiven Nutzung der Bodenoberfläche (Plaggenwirtschaft, Streugewinnung) führten im Lauf relativ kurzer Zeit auf geologisch prädestinierten Standorten zur Ausbildung der weitläufig bekannten Heidelandschaft mit trockenen, nährstoffarmen, sandigen Böden. Anhaltender Weidedruck verhinderte das Nachwachsen von Wald, durch reichlich Niederschläge erfolgten Humus - und Nährstoffauswaschungen. Auch in den meisten anderen Heideflächen ist die Entstehungsgeschichte ähnlich mit Abholzung und Beweidung verbunden.

b) Nutzen und Schutz

Heideböden sind leichte, warme, aber trockene Böden mit Temperaturschwankungen, die auf südexponierten Seiten sehr beachtlich (- 30 °C bis + 65 °C) sein können. Sie eignen sich bei entsprechender Behandlung durchaus für die Landwirtschaft, was zu einer Umwandlung großer Heidegebiete in landwirtschaftliche Nutzflächen führte oder mangels weiterem Beweidungsdruck zu einer Bestockung mit Trockenwäldern (Kiefer). Nur an den Stellen, an denen weiter die standortbestimmenden Bewirtschaftungsformen beibehalten werden oder wo naturbedingte Heideflächen vorhanden sind, lassen sich diese Flächen auf Dauer offenhalten.

Heiden, wie andere Trockenstandorte auch, sind heute als extensiv oder unbewirtschaftete Flächen für eine große Zahl an Tierarten Rückzugsgebiete, so daß sie unter besonderem Schutz stehen.

3.3 Arbeitsmaterial

3.3.1 Lehrerinformationen zu den Versuchen

Als Versuchsmöglichkeit wäre hier ebenfalls der Versuch „Wasserspeicherfähigkeit" (vgl. Seite 29.) in analoger Form denkbar: Ein Gefäß wird mit „normaler" Erde, ein anderes mit (feuchtem!) Torf gefüllt und beide mit gleicher Wassermenge übergossen. Auch ein Saugkraft-Versuch (vgl. Seite 30) vermag die besondere Aufnahmefähigkeit des Torfs zu verdeutlichen, soweit Torf noch nicht untersucht wurde.

3.3.2 Lösungen zu den Arbeitsblättern

Als Arbeitsmaterial wird zunächst ein Arbeitsblatt zum Themenkomplex „Bodenhorizonte" angeboten, das u.a. auch zur Benutzung der Horizontbezeichnungen (vgl. Seite 41) auffordert und sechs Hauptbodentypen umfaßt. Zwei weitere Vorlagen behandeln und veranschaulichen den Prozeß der Moor- bzw. der Heideentstehung.

Zu AB: **„Bodentypenbestimmung"**

Obere Reihe, von links nach rechts
1. Bild:
Ranker: Geringer entwickelt, Urgestein, steile Lagen
2. Bild:
Rendzina: Entspricht auf Kalkstein etwa dem Ranker
3. Bild:
Braunerde: Gut entwickelt, oft unter Laubwald

Untere Reihe, von links nach rechts
1. Bild:
Schwarzerde: Steppenboden, beste Bodengüte
2. Bild:
Gley: Niederungsboden
3. Bild:
Podsol: Magerboden

Zu AB: **„Hochmoorbildung"**

1. Bild:
- Seeschlammbildung
- Verringerung der Wassertiefe

2. Bild:
- Rohrsumpfbildung
- Torfbildung
- Ausbildung eines Flachmoores

3. Bild:
Ein Erlenbruch entsteht.
Ein Übergangsmoor bildet sich.

4. Bild:
Uhrglasförmiges Hochwachsen des Moores.
Sehr sauer, sehr nährstoffarm

5. Bild:
Fleischfressende Pflanzen, Wollgras
- Schlenken
- Bulte

Zu AB: **„Entstehung der Heide“**

1. Bild:
Spalte 1: Das Gelände ist mit Wald bestockt.
Spalte 2: Intensiver Holzeinschlag für
- Holzkohlegewinnung für Erzverhüttung
- Holzkohlegewinnung zum Salzsieden
- Grubenholzgewinnung
- Bauholzgewinnung

2. Bild:
Spalte 1: Das Gelände ist mit Buschwerk bestockt.
Spalte 2: Intensive Nutzung durch
- Beweidung (Schafe, Rinder)
- Brennholzeinschlag
- Abplaggen (Streugewinnung)
- Laubschnitt (Grünfutter)

3. Bild:
Spalte 1: Das Buschwerk weicht einer Krautschicht (Heide).
Spalte 2: Intensive Nutzung geht weiter.
- Beweidung (Schafe, Ziegen)
- Abplaggen (Streugewinnung)

4. Bild:
Spalte 1: Podsolbildung; Ortstein bzw. Raseneisenstein bildet sich.
Nur genügsame, bodenverschlechternde Pflanzenarten gedeihen (Heide).
Spalte 2: Anhaltende Beweidung verhindert das Aufkommen von Bäumen und Sträuchern.

Bestimme die abgebildeten Bodentypen anhand der Skizzen und Beschreibungen. Gib die Entwicklung und Lage der verschiedenen Bodentypen an.

A
C

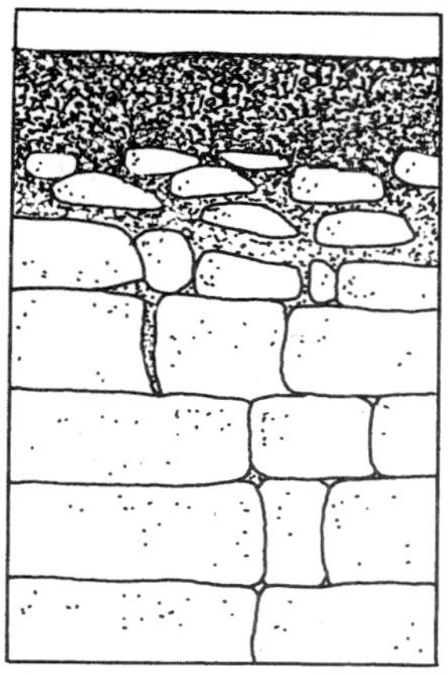

A
A+C
C

A
Bv
C

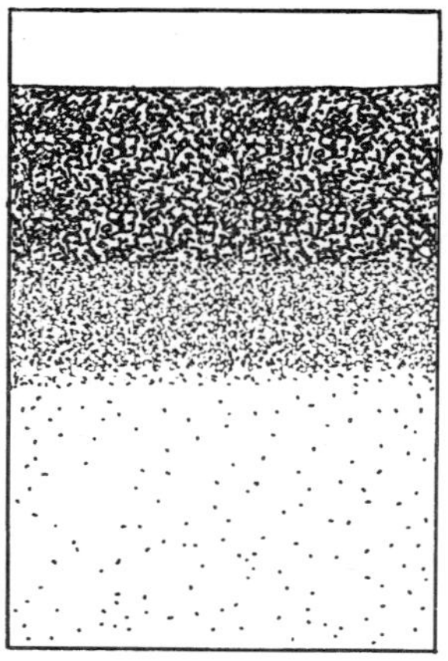

Bodentyp:

Dünner Oberboden (A), der unmittelbar auf der Ausgangsschicht (C) aufliegt; der Unterboden (B) fehlt ganz.

Entwicklung/Lage:

Einem humosen Oberboden (A) mit Übergangsschicht (A+C) folgt die Ausgangsschicht C.

Entwicklung/Lage:

Unterschiedlich starke Oberbodenschicht (A) über meist mächtiger, brauner Verwitterungs- (B) und Ausgangsschicht (C); ähnlich: Parabraunerde.

Entwicklung/Lage:

A
C

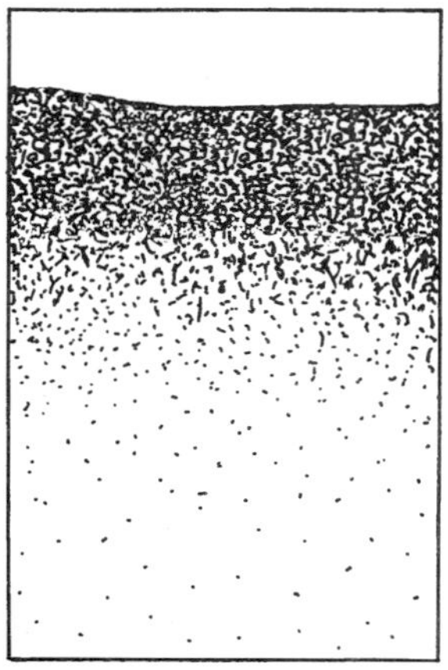

A
G

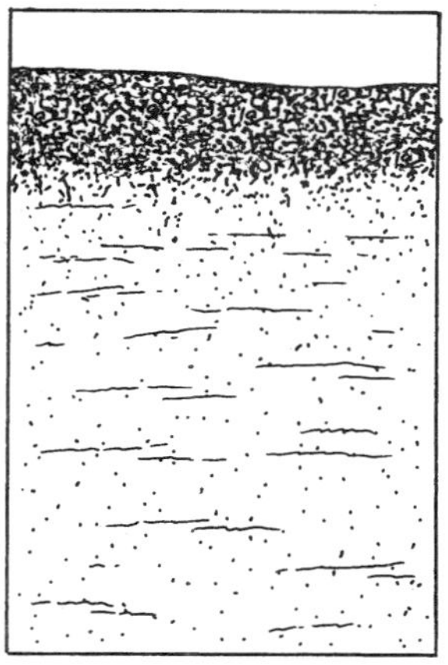

A
Ae
Bsh
Bs
C

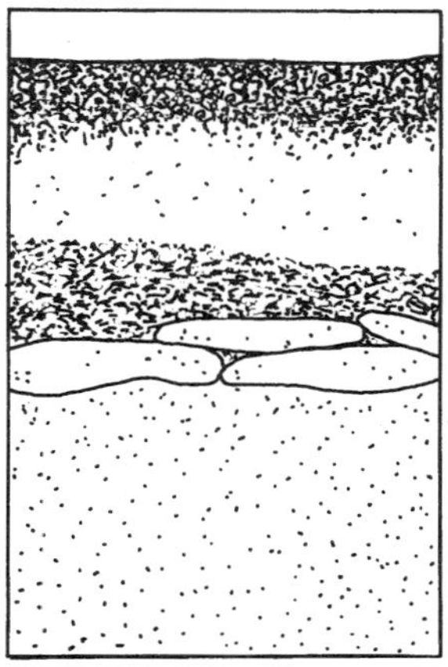

Bodentyp:

Mächtige, feinerdige Oberbodenschicht (A) aus Windfracht über Ausgangsschicht (C); meist Löß, sehr tiefgründig.

Entwicklung/Lage:

Humoser Oberboden (A) über einem Grundwasserhorizont (G) mit schwankendem Wasserstand; ähnlich: Pseudogley.

Lage:

Rohhumoser Oberboden (Ah) über einem Bleichhorizont (Ae). Darunter Anreicherungshorizont (Bsh) mit Ortstein und weitere B-Schicht (Bs), gefolgt von Ausgangsschicht (C).

Entwicklung:

ISBN 3-12-043120-6

Erläutere anhand der Abbildungen den Prozeß der Moorbildung.

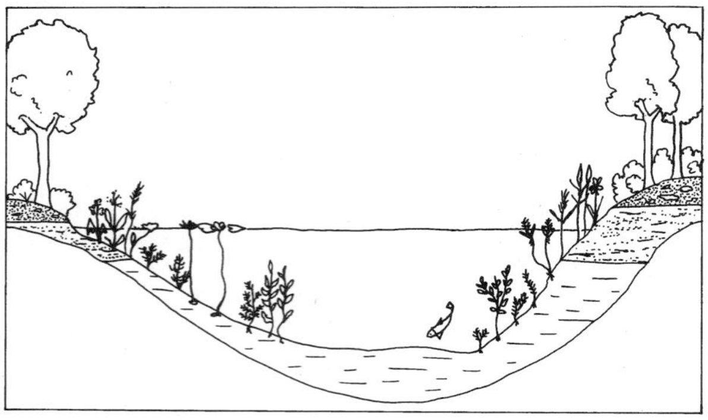

Im nährstoffreichen Gewässer fallen mehr organische Stoffe an als abgebaut werden können, das führt zu:

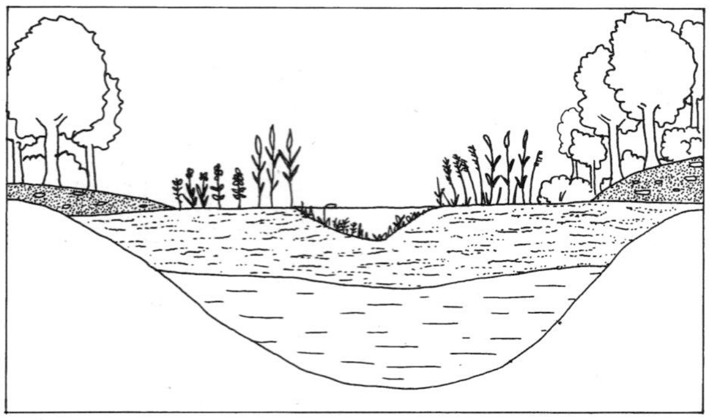

Das Vordringen von Pflanzen vom Ufer her führt zur:

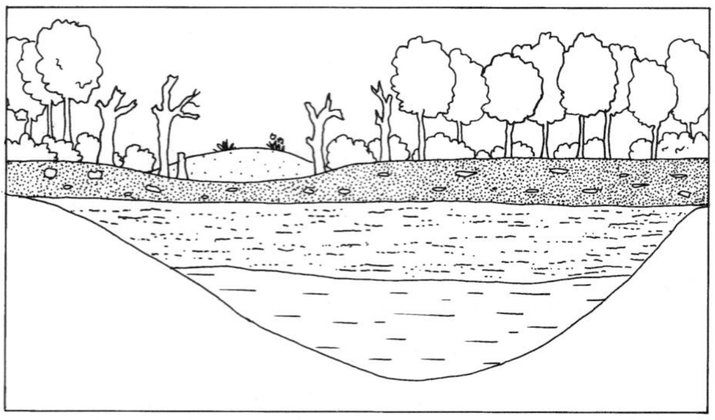

Erlen besiedeln die Fläche:

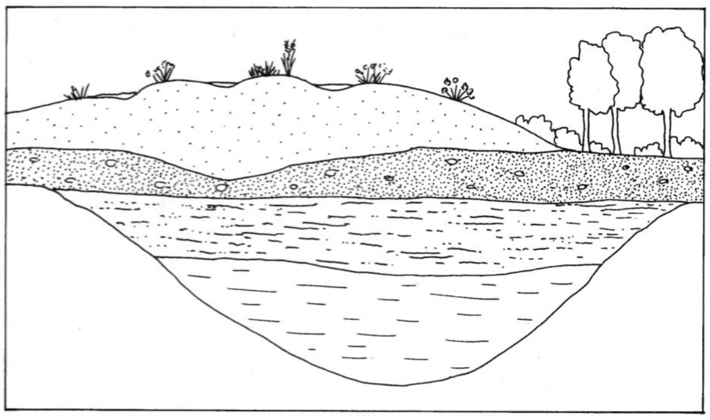

Die Vegetation ist vom Grundwasser getrennt, so daß nur Regenwasser das Moor speist. Torfmoose als einzige Pflanzen gedeihen konkurrenzlos und geben dem Moor seine Form:

Moorboden ist ein extremer Standort und ist charakterisiert als:

Nur Spezialisten können Moorboden besiedeln:

Es bilden sich:

ISBN 3-12-043120-6

Male die Abbildungen an, und erläutere die Entstehung der Heidelandschaft mit ihrer Hilfe.

Zustand des Geländes

1a ______________________

2a ______________________

3a ______________________

4a ______________________

Einwirkungen/Nutzung

1b ______________________

2b ______________________

3b ______________________

4b ______________________

ISBN 3-12-043120-6

Boden sichert unsere Existenz. Boden stellt einen bedeutenden Wirtschaftsfaktor dar. An den Boden werden verschiedene Nutzungsinteressen gestellt. Bodennutz steht dabei meist gegen Bodenschutz. Bodennutzung hinterläßt im Boden nachhaltige Spuren. Beim Umgang mit Boden gibt es gewisse Grundregeln, die man lernen kann. Bodenpflege muß oberste Richtschnur sein.

Inhalt:

4.1 Die Bedeutung der Böden

Nach einer ausführlichen Betrachtung der Bodenarten und -typen muß unverzichtbar auf einen weiteren Aspekt eingegangen werden – die Bedeutung des Bodens für das Ökosystem Erde. Damit eng verbunden sind Fragen nach der Nutzung, aber auch der Gefährdung und Pflege des Bodens. Boden in der Definition, wie sie eingangs gegeben wurde, ist das Substrat, auf dem Pflanzen zu wachsen vermögen. Neben den „Elementen" Wasser und Luft gehört der Boden damit zu den Existenzgrundlagen allen Lebens auf der Erde schlechthin.

4.1.1 Boden als Substrat des Pflanzenwachstums

Alles Leben hängt von der Fähigkeit der grünen Pflanzen zur Assimilation ab. Diese Pflanzen können neben der Wasserflora nur auf Boden wachsen, der ihnen nicht nur Verankerungsmöglichkeit bietet. Der Boden versorgt die Landpflanzen mit lebenswichtigem Wasser und den für den Stoffwechsel und das Wachstum notwenigen Nährstoffen.

4.1.2 Boden als Wasserspeicher

Wie schon für das Moor ausgeführt wurde, gilt für alle (unversiegelten) Böden, daß sie aufgrund ihrer Struktur bei Niederschlägen ungeheuere Wassermassen für den langfristigen Wasserkreislauf binden können (Abb. 4.1). Sie verhindern durch ihr Aufnahmevermögen, daß die Niederschläge für die Erde relativ ungenutzt und schnell abfließen. Vielmehr binden sie große Teile davon, um sie Flora und Fauna langsam und gleichmäßig zugänglich zu machen (Wurzelwasser, Grundwasser, Verdunstungswasser).

4.1.3 Boden als Wasserfilter

Wasserwirtschaftlich kommt dem Boden eine besondere Bedeutung als riesiger, natürlich funktionierender Filter für das Grundwasser zu. Der auf die Erde niedergehende Regen erfährt bei der Versickerung durch die einzelnen Bodenschichten (Abb. 4.1) eine so gründliche Reinigung, daß aus unbelasteten Quellen austretendes Grundwasser im Normalfall auch von Mitteleuropäern bedenkenlos getrunken werden kann. In der Wasserversorgung wird die enorme Reinigungskraft des Bodens deshalb gezielt zur Trinkwasseraufbereitung aus Oberflächenwasser eingesetzt.

4.1.4 Boden als Lebensraum für tierische und pflanzliche Organismen

Entscheidende Abläufe im Stoffkreislauf der Natur werden von den Mikroorganismen des Bodens getragen. Um eine Wiederholung der Vorgänge und der beteiligten Lebewesen zu vermeiden, sei erneut auf das Kapitel 6, Bodenleben, verwiesen, wo neben den Bodenorganismen auch der Stoffkreislauf dargestellt wird.

Wie der Boden diese für uns lebenswichtigen Funktionen bewältigen kann, hängt nicht nur von seiner Entstehungsgeschichte und Beschaffenheit ab. Wesentliche Relevanz hierfür kommt auch dem Aspekt Umgang mit dem Boden zu, wie uns heute zunehmend bewußter wird.

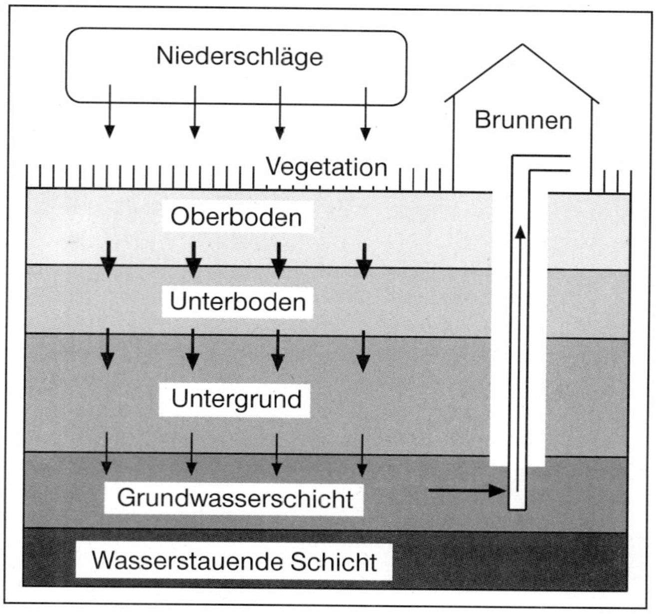

Abb. 4.1: Wasserfilter-Wasserspeicher (Schema)

4.2 Die Bodennutzung

Boden als Teil der Erdoberfläche und als Produktionsfläche für Nahrungsmittel ist einem zunehmend stärkeren Nutzungsdruck mit konkurrierenden Nutzungsansprüchen ausgesetzt. Diese reichen von einer zeitweisen Belastung bis hin zum endgültigen Verbrauch durch Zerstörung.

Da diese Tendenzen weltweit mit fortschreitender Entwicklung auch in den 3.- Welt-Ländern nicht abnehmen werden, wird dem Aspekt „globale Bodennutzung" noch steigende Aufmerksamkeit geschenkt werden müssen.

4.2.1 Bodennutzungsansprüche

Betrachtet seien zunächst die verschiedenen Nutzungsansprüche, die auf das „Gut" Boden einwirken:

1. Land- (und forst-)wirtschaftliche Produktionsfläche zur Sicherung von Nahrung und Rohstoffen;
2. Wohn- und Arbeitsfläche, im wesentlichen also Bauland;
3. Verkehrsfläche (Straße, Schiene, teils auch für Schiffahrt, Flugverkehr);
4. Rohstofflagerstätte mit Rohstoffentnahme im Ober- und Untertagebau;
5. Erholungsnutzung: Flächen für Sport und Freizeit; vermehrte Freizeit läßt zunehmenden Anspruch erwarten;
6. Lagerstätte für Abfälle;
7. Militärische Nutzung;
8. Nutzung als Naturräume wie Schutzgebiete.

Von Interesse muß auch sein, welche Anteile die einzelnen Nutzungsansprüche bei uns derzeit einnehmen. Dazu sei auf Abb. 4.2, S. 54 verwiesen. Der besonders starke Nutzungsdruck aus dem Baubereich (Siedlungs- und Straßenbau) hält weiter an, Nutzungsinteresssen aus dem Freizeitbereich können verstärkt erwartet werden.

Fast nirgends aber wird bei der Bodennutzung mit dem „Gut" Boden so umgegangen, wie es seiner Bedeutung nach sein

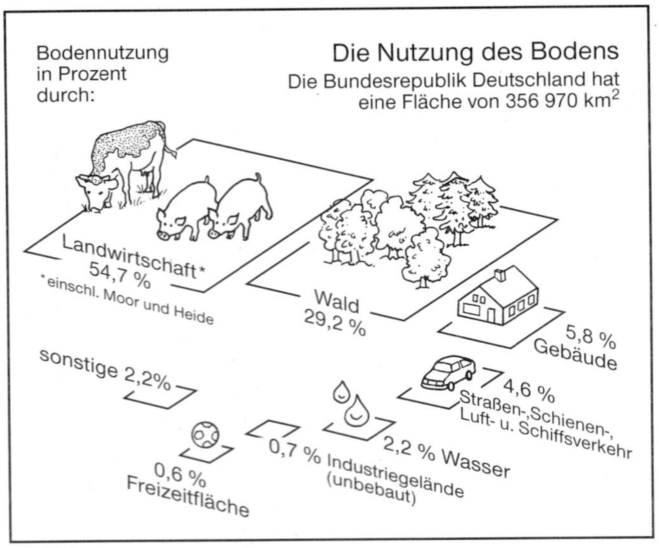

Abb. 4.2: Bodennutzung in der BRD

müßte. Die konkurrierenden Nutzungsinteressen stoßen konträr aufeinander. Die reinen Naturflächen ausgenommen steht heute noch überall der Bodennutz eindeutig vor dem Bodenschutz; das bewährte forstwirtschaftliche Prinzip der Nachhaltigkeit spielt im Umgang mit dem Boden seltsamerweise keine Rolle. So wird Boden weiterhin bedenkenlos verbraucht und oft in unverantwortlicher Weise irreversibel zerstört.

4.2.2 Nutzungsfolgen

Einhergehend mit den verschiedenen Nutzungen eines Bodens lassen sich gewisse Veränderungen seiner Struktur bzw. seiner Zusammensetzung aufzeigen. Dies soll am Beispiel der Nutzungsformen Wald- bzw. Ackerwirtschaft sichtbar gemacht werden (Abb. 4.3).

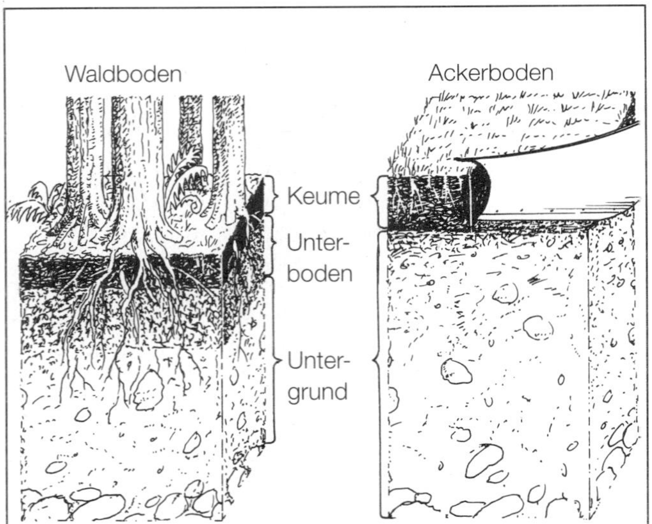

Abb. 4.3: Bodenstrukturen (Kultur-Natur)

Generell sei dazu festgestellt, daß Waldboden einer weitgehend natürlichen Entwicklung über längere Zeiträume unterliegt, während Ackerboden in der Regel intensiv bearbeiteter Boden ist. Entsprechend deutlich sind die Strukturunterschiede, die aus der Gegenüberstellung sichtbar werden. Teilweise wurde bereits im Abschnitt „Humus“ auf Unterschiede hingewiesen.

Die folgende Tabelle verdeutlicht die unterschiedlichen Gegebenheiten in den verschiedenen Bodenstrukturen Wald/Acker noch mehr.

Wald	**Acker**
Gewachsene Bodenschichtfolge mit A-, B-, C-Horizont Starker Streuanfall (bis 4t/ha/a)	Durch Bearbeitung geschaffene Schichtung: bearbeiteter Oberboden – Pflugsohle – Untergrund mit Verdichtungstendenz an der Pflugsohle
Extrem hoher Humusgehalt der Deckschicht (bis 72%) Starker Humusgehalt (18%) in der obersten A-Horizontlage Selbstregulierendes System zur Humusversorung	Mit Humus gut durchmischter Oberboden (bis 2,5%), der infolge intensiver Bewirtschaftung stets von außen ergänzt werden muß (organisch, mineralisch)

Tabelle 4.1: Bodenstrukturen Wald/Acker im Vergleich

4.2.3 Bodengefährdung

Welches aber sind die Gefährdungen, denen Boden, resultierend aus den verschiedenen Nutzungsansprüchen, ausgesetzt ist?

Sie lassen sich durchweg aus den oben aufgeführten Nutzungsansprüchen ableiten. Die steigende Zahl an Meldungen über mißbräuchliche Bodennutzung in den Massenmedien verdeutlicht den unvertretbaren Umgang mit Boden immer wieder und weckt zeitweilig sogar Interesse bzw. die Aufmerksamkeit der Öffentlichkeit. Echte und nachhaltige Konsequenzen aus derlei Vorkommnissen auf politischer Ebene allerdings unterblieben bislang weitgehend.

Selbst Landwirte, deren primäres Produktionsmittel der Boden darstellt, wirken in erschreckendem Maße bewußt oder unbewußt an der Zerstörung des Bodens mit. So ist im Alltag der Boden tagtäglich und flächendeckend allergrößten Belastungen ausgesetzt. Diese werden zumeist nicht einmal zur Kenntnis genommen, solange die Funktion des Bodens noch einigermaßen gegeben ist oder zu sein scheint.

Ein Blick in die Tagesmedien liefert ausreichend Beispiele für die konkreten Belastungen, denen der Boden heute ausgesetzt ist: Schwermetalleintrag, Ölverseuchung, Erosion..., um nur ein paar drastische Schlagworte aufzuführen. Die schleichenden, unspektakulären Dauerbelastungen werden, da wenig medienwirksam, meist gar nicht aufgegriffen. Mittel- bis langfristig jedoch wird die Lebensgrundlage der nachfolgenden Generationen nachhaltig vernichtet, wenn nicht bald ein grundsätzliches Umdenken mit entsprechendem Handeln erreicht werden kann.

a) Bodengefährdende Einwirkungen

Stellvertretend für die Vielzahl der gefährlichen Eingriffe in das System Boden seien einige besonders gravierende Beispiele aufgezeigt, die den Boden in seinem Leistungsvermögen negativ beeinflussen.

Bebauung: Versiegelung großer Flächen durch Siedlungs- und Straßenbau. Allein in der BRD werden tägl. ca. 150 ha/Tag versiegelt.

Verminderung der Humussubstanz: Einhergehend mit Betriebsspezialisierungen wurden Änderungen im Düngungsbereich vollzogen (mehr Mineraldünger, weniger organischer Dünger), wodurch teilweise der Humusgehalt der Ackerböden verringert wurde.

Versauerung: Immissionen wie „saurer Regen" wirken sich nachhaltig schädigend auf die Bodenstrukturen und damit auf Bodenfunktionen aus; dem Komplex soll noch eigens nachgegangen werden.

Bodenerosion: Hierunter versteht man lokal Vorgänge des Bodenabtrags infolge falscher Bodenbearbeitung oder falscher Fruchtwahl sowie global durch Klimaveränderungen und -einwirkungen. Die Folgen von Bodenerosionen sind oft schwerwiegend und kaum wiedergutzumachen und treten nicht nur in ariden Zonen auf, sondern auch in unseren Breitengraden. Zu unterscheiden ist dabei zwischen Wind- und Wassererosion. Erosionen bis 10 t/ha/a auf feinteiligen Böden werden heute als tolerierbar angesehen (entspricht 0,6 mm), entgegen stehen ca. 0,1 mm/a Bodenneubildung je nach Voraussetzung. In Deutschland stieg die Erosion seit 1960 um ca. 30% an.

Winderosion erfolgt stets flächenhaft und wird besonders bei brachliegenden, frostgaren, stark ausgetrockneten, feinteilereichen oder stark humosen Böden wirksam (besonders bei Moor- und Sandböden).

Wassererosion tritt sowohl als Flächen- wie als Grabenerosion auf, wo Niederschläge auf offene, verdichtete, verkrustete oder stark ausgetrocknete, feinteilereiche Böden vor allem in Hanglagen auftreffen, die zudem noch mit dem Hang bestellt wurden; besonders Weinberge sind betroffen (bis 150t/a/ha).

Um das Erosionsproblem in größerem Zusammenhang zu sehen, sei daran erinnert, daß internationale Studien schon anfang der 80iger Jahre weltweit 25 % der nutzbaren Böden stark von Erosionskräften zerstört und weiter 40% erosionsbedroht sahen; allein in den USA entsteht durch Erosion ein jährlicher Feinbodenverlust von ca. 3 Milliarden Tonnen. Weltweit werden jährl. ca. 0,7% des Bodens verfrachtet (entspricht ca. 25 Mrd. t Feinerde).

Verdichtung: Der Einsatz immer schwererer Maschinen fördert gerade bei nassen Böden und geschädigten Bodenstrukturen die Verdichtung, so daß wesentliche Bodeneigenschaften verloren gehen und der Erosion Vorschub geleistet wird. Verdichtung resultiert vor allem auch aus falschem Befahren von Böden (Schlupf = durchdrehende Reifen).

Vergiftung: Der Eintrag von Schwermetallen (besonders aus der Luft, über Klärschlamm...), von Öl, Salzen und Säuren sowie von Pestiziden zerstört nicht nur die Mikroorganismen und belastet die Bodenfrüchte, sondern hat auch Auswirkungen auf zahlreiche Bodeneigenschaften.

Überdüngung: Der Einsatz von immer mehr mineralischem und organischem Dünger (Gülleentsorgung) hat zu einem deutlichen Anheben der Nährstoffversorgung unserer Acker- und Gartenböden geführt. Problematisch dabei ist, daß bei ungezieltem Düngen auch zuviel flüchtige Düngeelemente verabreicht werden, wobei die Mengen, die die Pflanzen nicht aufnehmen können, in der Regel ins Grundwasser ausgewaschen werden oder zur Eutrophierung von Oberflächengewässern führen (Nitrat-Problem).

Versalzung: Salzanreicherungen im Boden können natürliche Ursachen haben, wenn verdunstetes Wasser gelöste Mineralien an die Oberfläche transportiert und hier ablagert. Versalzung geschieht zunehmend aber aus künstlicher, vor allem falscher Bewässerung durch den Einsatz von oberflächlich aufgebrachtem Wasser (Oberflächen- oder Grundwasser), dessen gelöste Mineralien ebenfalls durch Verdunstung abgelagert werden. Versalzung bewirkt eine deutliche Veränderung der Bodenfruchtbarkeit, da nur sehr wenige Pflanzen salztolerant sind. Gegenwärtig sind schätzungsweise bereits 10% der versalzten Böden auf menschliches Wirken zurückzuführen. Die Nutzfläche, die gegenwärtig künstlich bewässert wird, liegt inzwischen weit über 250 Mio. ha, die Tendenz ist steigend. In Deutschland erfolgte Versalzung vor allem durch Streusalzeinsatz, der inzwischen reduziert wurde.

Versteppung: Versteppung resultiert aus der Austrocknung von Boden und hat sowohl natürliche wie auch menschlich bedingte Ursachen: Klimaveränderungen, Abholzung, die Austrocknung begünstigende Bewirtschaftungsmethoden... Derzeit breiten sich Steppen und Wüsten (als Extremform der Austrocknung) weltweit jährlich um etwa 6 Mio. ha aus.

b) Saurer Regen

Unsere hochtechnisierte mitteleuropäische Industriegesellschaft ist auf den Verbrauch von Energie angewiesen, die zu einem großen Teil aus der Verbrennung von fossilen Energieträgern gewonnen wird. Bei diesen Verbrennungsvorgängen werden Abgase frei (Tab. 4.2), die neben Anteilen an Schwermetallen erhebliche Luftbelastungen zur Folge haben. Hauptsächliche Schadstoffe sind dabei Schwefeldioxide, Stickoxide, Kohlenwasserstoffe, Kohlenmonooxide sowie die Schwermetalle Quecksilber, Cadmium, Blei, die teils trotz aufwendiger Filteranlagen weiterhin emittieren.

Primär-Energie	SO_2	NO_x	CO	C_xH_y
Kohle	x	x	x	x
Eröl	x	x	x	x
Erdgas		x	x	

Tabelle 4.2: Schadstoffgehalt der Energieträger

Die Bedeutung der Luftverschmutzung rechtfertigt auch im Zusammenhang mit dem Thema Boden eine nähere Betrachtung von Schadstoffen mit bodenrelevanter Wirkung. Andere Schadstoffe sowie direkte gesundheitliche Auswirkungen auf den menschlichen Organismus sind wichtige Aspekte, bleiben im Rahmen dieser Arbeit aber ebenso unberücksichtigt wie z. B. die Ozonschichtzerstörung oder der Treibhauseffekt. Als primäre Folge der Luftverschmutzung wird ausschließlich der „saure Regen" behandelt. Eine Rolle dabei spielen:

Stäube

Sie entstehen bei allen Verbrennungsprozessen. Zwar werden in Großanlagen Grobstäube heute bis zu 99% durch Filter erfaßt, doch emittieren Feinstäube weiterhin nahezu ungehindert. Bodenbelastende Wirkung geht vor allem von den Elementen Blei, Vanadium, Beryllium, Quecksilber und Cadmium aus, die als Niederschlag den Boden erreichen.

Schwefeloxide

Kohle und Erdöl enthalten bis 4 % Schwefel, der beim Verbrennen zu Schwefeldioxid (SO_2) oxidiert und als wichtigster Luftschadstoff gesehen werden muß. In Gegenwart von Sonnenlicht und Luftfeuchtigkeit oxidiert SO_2 zu schwefeliger Säure (H_2SO_3) und Schwefelsäure (H_2SO_4). Als Bestandteil des „sauren Regens" gelangen die Verbindungen in den Boden.

Stickoxide

Stickoxide entstehen beim Verbrennen mit hohen Temperaturen als Reaktion des Luftstickstoffes mit dem Luftsauerstoff sowohl in Kraftwerken und in Kfz-Motoren als auch in geringerem Umfang in Hausbrandanlagen. Zudem werden die in den Brennstoffen schon enthaltenen Stickstoffverbindungen in Stickoxide umgesetzt. Aus dem zunächst entstehenden Stickstoffmonooxid (NO) wird in der Atmosphäre schnell das Stickstoffdioxid (NO_2), das weiteren Reaktionsverläufen ausgesetzt sein kann, wobei schließlich auch HNO_3, salpetrige Säure, entsteht.

Die atmosphärisch gebildeten Säuren sowie die Stäube werden mit den Niederschlägen als „saurer Regen" wieder der Erde zugeführt. Bedeutsam für die daraus resultierenden Belastungen ist aber nicht die Menge der emittierten Schadstoffe, sondern die Immissionen, die den Boden wieder erreichen. Dank einer „Ideologie der hohen Schornsteine" wurde eine sehr großräumige Verteilung der Schadstoffe erreicht, die zur Folge hat, daß viele Immissionen in Gebieten niedergehen, die kaum Emissionen haben, wie Südnorwegen oder Mittelfinnland. Die Immissionswirkung läßt sich in zweierlei Hinsicht verdeutlichen:

1. Direkte Schädigung der Immissionsempfänger

Hier ist einmal die aggressive Reaktion des „sauren Regens" auf Gebäude zu nennen, deren Zersetzung dadurch beschleunigt wird. Gleichzeitig sind auch die Assimilationsorgane der Blattoberflächen von Pflanzen diesen Zersetzungsprozessen ausgesetzt, was zu höheren Verdunstungsraten der Pflanzen führt, deren Schutzeinrichtungen geschwächt sind. In Oberflächengewässer immittierender „saurer Regen" verringert zunehmend den pH-Wert des Wassers, was schließlich zur Unbewohnbarkeit für aquatische Lebensformen führen muß, etwa, wenn Niederschlagswerte von pH 4 gemessen werden, wie bereits 1980 in Deutschland.

2. Indirekte Schädigung der Immissionsempfänger

Aus sauren Niederschlägen stammende Säuren akkumulieren schließlich. Sie wirken zum einen zerstörend auf das Bodenleben ein, verändern andererseits auch den pH-Wert des Bodens mit Auswirkungen auf die Bodeneigenschaften, etwa dem Absinken des Nährstoffgehalts oder einer gestörten Nährstoffaufnahme. Schließlich greifen sie auch die Feinwurzelsysteme der Pflanzen, speziell der Bäume an, die als weitere Folge leichter von Zersetzern (vor allem von Pilzen) angegriffen werden können. Bezeichnend ist, daß der Beitrag zur Bodenversauerung durch „sauren Regen" im Wald deutlich höher ist als auf Ackerböden.

4.2.4 Bodenschutz

Bodenfruchtbarkeit steht in engem Zusammenhang mit der Bodenbeschaffenheit, d.h. den Bodeneigenschaften. Im vorhergegangenen Abschnitt wurden zahlreiche negative Einwirkungen auf das Bodengefüge angesprochen. Deshalb soll sich der folgende Teil mit Maßnahmen befassen, die positiv auf den Boden einwirken - also Grundzügen einer Bodenpflege, ohne hier eine erschöpfende Behandlung des Themas vornehmen zu können. Dabei sollen die möglichen Pflegemaßnahmen nach Bodenbearbeitung und Düngung getrennt betrachtet werden.

a) Bodenpflegemaßnahmen

Unter Bodenpflegemaßnahmen sollen all die Bodenbearbeitungsweisen verstanden werden, die für den Boden positive Ausgangsstrukturen schaffen.

Bodenschonende Bearbeitung

Die Entwicklung von Böden verläuft im bearbeiteten wie im unbearbeiteten Zustand weiter, wobei natürliche und vom Menschen bedingte Einwirkungen greifen: Zerstörung von Bodenstrukturen durch Auswaschung, Verschlämmung, Verkrustung, Verdichtung (vor allem auch die Unterbodenverdichtung durch Pflügen) mit negativen Auswirkungen auf das Bodenleben sind mögliche Folgen.

Diese Folgen zu beseitigen oder zu minimieren ist ein althergebrachtes Ziel landwirtschaftlichen Bemühens, das heute (nicht nur in der „Alternativen Landwirtschaft") wieder zunehmend entdeckt und zu erreichen versucht werden muß.

Solche Pflegemaßnahmen sind z.B. möglichst langes Abdecken des Bodens mit Mulchmaterial oder Zwischenfruchtanbau, warten auf den richtigen Bearbeitungszeitpunkt mit ausreichender Abtrocknung der Böden, die Wahl ausreichend großer Maschinen mit möglichst breiten Reifen, evtl. Tieflockerung, nicht Tiefpflügung, Ausnutzung der Frostwirkung zur Neuschaffung eines Krümelgefüges, Verzicht auf Pflügearbeiten, dafür Bodenlockerung.

Verminderung der Schadstoffbelastung

Vor allem über die Luft erfolgt seit fortschreitender Industrialisierung ein immer stärkerer Eintrag an Dünge-, aber auch an Schadstoffen in gasförmiger, flüssiger und fester Form. Dazu kommen seit der „Industrialisierung der Landwirtschaft" große Mengen Spritz- sowie Düngemittelrückstände und aus der

Klärschlammverwendung weitere Belastungen, besonders durch Schwermetalle, Säuren, Salze.

Dabei ist festzustellen, daß organische Schadstoffe (Chlorkohlenwasserstoffe...) durch Mikroorganismen (nach bisherigem Wissensstand) höchstens teilweise und dann auch nur sehr langsam, abgebaut werden können. Noch schlechter sieht es bezüglich der Schwermetallrückstände aus; sie reichern sich auf Dauer im Boden und in den Pflanzen an. Salze und Säuren schließlich lassen sich teilweise neutralisieren, andere werden ausgewaschen und gelangen dann oftmals ins Grundwasser. Über die unterschiedlichen Nahrungsketten erreichen diese Verunreinigungen schließlich den menschlichen Organismus.

Grundsätzlich muß zu diesem höchst komplexen und auch schwerwiegenden Problemfeld gesagt werden, daß eigentlich alle Risiken einer Schadstoffbelastung außerhalb der ohnehin nicht mehr steuerbaren Immissionen unterbleiben müßten, sollen weitere Belastungen für den Boden und damit für uns selbst vermieden werden.

Während Wasser und Luft direkt oder indirekt noch über den Boden gereinigt werden können, sammeln sich letztlich alle Schadstoffe im Boden an. Die Anreicherungen führen über einen belasteten zu einem giftigen und schließlich toten Boden.

In welchem Umfang allein über unserem Land Schadstoffe in den Boden eingetragen werden, zeigt die folgende knappe und vereinfachte Darstellung nach BRUCKER (Tabelle 4.3).

Immissionsbelastungen, BRD (alte Bundesländer)	
Organische Verbindungen	1 600 000 t/a
Chlorkohlenwasserstoffe	200 000 t/a
Blei	5 600 t/a
Cadmium	235 t/a
NO_2	3 100 000 t/a
SO_2	3 000 000 t/a
Staub	700 000 t/a
Streusalz	800 000 t/a
Pestizide	31 500 t/a

Tabelle 4.3: Schadstoffbelastung des Bodens

Regulierung des Wasserhaushaltes

Der Zusammenhang zwischen Bodengefüge, Wasser- und Lufthaushalt wurde bereits ausführlich dargestellt. Zur Vernässung neigende Böden müssen entsprechend bearbeitet werden, wozu Drainagemaßnahmen ebenso beitragen können wie eine möglichst lange Bedeckung der Bodenoberfläche. Daraus ergibt sich letztlich eine gut belebte Bodensubstanz, die ausreichend viele Poren und Gangstrukturen mit positiven Auswirkungen auf den Wasserhaushalt aufweist.

Verminderung der Erosion

Den Erosionskräften kann gezielt entgegengewirkt werden, wenn man die oben genannten Faktoren minimiert bzw. ausschaltet. Dazu gehören als Maßnahmen

- die Feldbestellung quer zum Hang, um die Erosionsflä-chen zu verkürzen (querpflügen, Erosionsschutzstreifen pflanzen),
- erosionshemmende Fruchtfolgen mit Sorten, die den Boden länger bedeckt halten sowie Winterbestellung anstatt Sommerbestellung vornehmen,
- das Belassen von Ernterückständen auf erosionsgefährdeten Flächen (Mulchwirkung).

Förderung des Bodenlebens

Neben dem Erhalt eines porenreichen Krümelgefüges stellt die ausreichende Humusversorgung einen weiteren wesentlichen Aspekt bei der Bodenpflege dar. Verglichen mit Wiesenboden ist Ackerboden wesentlich humusärmer, Restgehalte von 1,8% bis 2,5 % sind durchschnittlich. Die Mehrung des Humusgehalts geschieht vor allem durch das Einbringen organischer Substanzen wie Mist, Gründüngung, Ernterückständen in die Krume, wobei die verschiedenen Maßnahmen vom Effekt her nicht gleichwertig sind.

Am nachhaltigsten fördern große Wurzelmassen die Humusbildung, weshalb Grünland als Zwischenfrucht günstige Auswirkungen zeigt. Stallmist enthält bereits ca. 40 % Dauerhumus, Ernterückstände sind oftmals leicht zersetzbare Stoffe mit schnell abbaubaren Nährstoffen. Ziel der Maßnahmen muß die Förderung des Bodenlebens sein, um dessen Aktivität zu erhöhen. Hierzu ist eine stete Zufuhr organischer Stoffe als Nahrung für die Bodenlebewesen notwendig, damit möglichst viel Dauerhumus entsteht.

b) Düngung

Zu den Wachstumsfaktoren der Pflanzen als unmittelbare Nutznießer des Bodens zählt neben der Versorgung mit Wasser und Kohlenstoffdioxid auch die Verfügbarkeit von Mineralstoffen. Sie werden über das Wurzelsystem aufgenommen Mineralstoffe sind in natürlichen Pflanzengesellschaften (auf Naturböden) aufgrund des Nährstoffkreislauf vorhanden, oder die Vegetation paßt sich eventuellen Wandlungen der Nährstoffsituation an.

Anders ist die Situation in Kulturböden, die in der Regel intensiv mit nur wenigen Kulturfrüchten bestellt werden. Hier ist eine natürliche Versorgung mit Mineralstoffen nicht mehr gegeben, so daß diese zugeführt werden müssen.

1. Mineralstoffe

Nach der benötigten Menge an Mineralstoffen ist eine Unterteilung in Hauptstoffe und Spurenelemente sinnvoll.

Hauptstoffe sind: Stickstoff (N), Phosphor (P), Kalium (K), Calcium (Ca), Magnesium (Mg), und Schwefel (S), wovon zumeist N, P und K zusätzlich zuzuführen sind, da sie nicht in ausreichender Menge zur Verfügung stehen.

Spurenelemente, von denen die Pflanzen nur geringe Mengen benötigen, sind: Eisen (Fe) sowie in geringsten Mengen Kupfer (Cu), Mangan (Mn), Zink (Zn), Bor (Bo), Molybdän (Mo), Natrium (Na).

2. Düngeregeln

Das Gesetz vom Minimum (J. v. LIEBIG, 1855)

Es besagt, daß das Wachstum einer Pflanze von dem notwendigen Wachstumsfaktor bestimmt wird, der ihr in der geringsten Menge zur Verfügung steht. Sehr bekannt ist in diesem Zusammenhang die Faßdarstellung (Abb. 4.4).

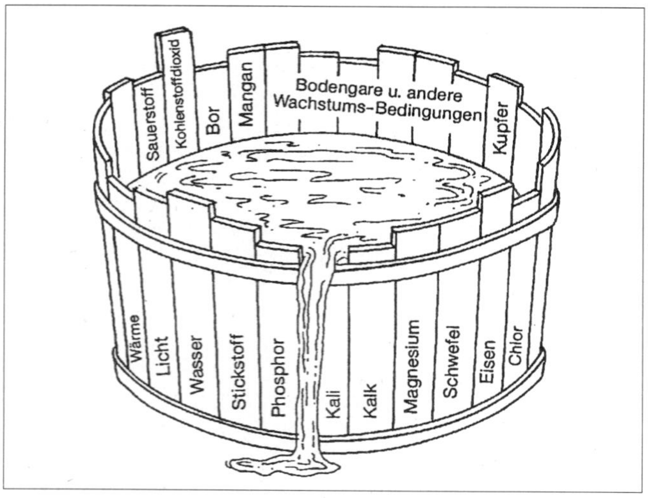

Abb. 4.4: Gesetz vom Minimum

Das Gesetz vom abnehmenden Ertragszuwachs (E.A. MITSCHERLICH):

Es besagt, daß sich mit steigenden Mengen an Mineralstoffen der Ertrag nicht ebenfalls linear steigern läßt. Vielmehr nimmt der Ertragszuwachs nach Überschreiten eines Maximums trotz weitersteigender Menge an Dünger (Abb. 4.5) wieder ab.

Besonders das Gesetz vom „abnehmenden Ertragszuwachs" gewinnt heute, mit zunehmend bewußterer Verwendung von Düngemitteln, an Gewicht. Genaue Dosierungen der tatsächlich fehlenden Nährstoffe haben danach den besten Produktionssteigerungserfolg.

Grundlage dafür sollten Bodenuntersuchungen sein. Eine Forderung, die auch schon in den dreißiger Jahren erhoben wurde. Denn jede über den Optimalpunkt hinausgehende Mineralstoffversorgung zeigt sowohl ökonomisch wie auch ökologisch ungünstige Auswirkungen; ab einem bestimmten Quantum tritt zum einen eine durchaus schädigende Wirkung für die Pflanzen auf, zum anderen werden Übermengen an Mineralstoffen durch Auswaschung zumeist ins Grundwasser eingetragen.

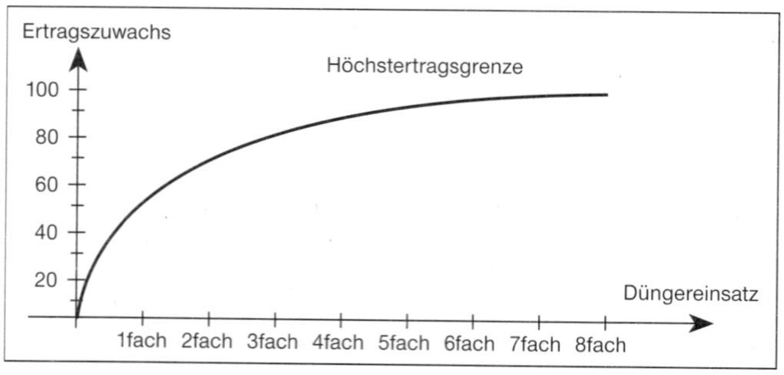

Abb. 4.5: Gesetz des abnehmenden Ertragszuwachses

3. Kalkung

Eine besondere Bedeutung für die Bodeneigenschaften kommt dem Kalkgehalt eines Bodens zu. Der Kalkgehalt muß nicht nur die zunehmende Versauerung des Bodens puffern („saurer Regen"). Es gilt auch Säureausscheidungen der Pflanzenwurzeln und der Abbauprozesse auszugleichen, um einen stets schwach sauren und damit für das Pflanzenwachstum optimalen pH-Wert zu erhalten. Ferner sorgt ein ausreichender Kalkgehalt für die Verfügbarkeit verschiedener Spurenelemente; er beeinflußt die Bodengefügestruktur günstig und wirkt fördernd auf die Lebensbedingungen der Bodenorganismen.

4.2.5 Bodenbearbeitung im Schulgarten

Aus den Aussagen für eine bodenschonende Landwirtschaft abgeleitet, lassen sich auch dem Schulgärtner einige grundlegende Hinweise für eine nachhaltige Bodenpflege geben:

1. Den Boden möglichst nicht umgraben, nur auflockern: Umgraben zerstört die Lebensräume der Mikroorganismen.
2. Die Oberfläche bedeckt halten: So bleibt der Boden länger feucht, die Schattengare wird gefördert, Mikroorganismen können überleben.
3. Zur Versorgung des Bodens mit organischem Material und mit Nährstoffen regelmäßig Kompost zuführen.
4. Fruchtwechsel und Mischkulturen anlegen: Die Nährstoffe werden nicht einseitig abgebaut, der Boden bleibt meist länger bedeckt...
5. Auf Schadstoffeintrag (Pestizide) im Hausgarten ganz verzichten, zumal im Hausgartenbereich keine Erwerbswirtschaft praktiziert wird, und so auch keine Höchsterträge erzielt werden müssen.
6. Bei der Bodenbearbeitung die Witterung beachten: Nasse Böden verdichten leicht.
7. Die Oberfläche krümelig halten: Reduzierung des Wasserverlustes durch Unterbrechung der Kapillarwirkung.

Die Maßnahmen sollen den Boden schützen, so daß seine Fruchtbarkeit länger erhalten bleibt und die Bodenorganismen ihre Aufgaben erfüllen können.

4.3 Arbeitsmaterial

4.3.1 Lehrerinformationen zu den Versuchen

Die nachfolgend vorgeschlagenen Versuche sind der Bodenchemie zuzuordnen und können teilweise von den Schülern/Schülerinnen allein durchgeführt werden.

„Bodengefährung durch Wassererosion"

Es gilt hier, erosionshemmende Faktoren zu erkennen, sowie zu vermitteln, daß Böden unterschiedlich stark der Erosion ausgesetzt sind.

Bei dem Versuch wird deutlich, wie anfällig unbedeckter Boden für den Wasserabtrag (Wassererosion) ist. Bei sehr lockeren oder trockenen, unbewachsenen Substraten kann es zum Abtrag eines großen Teils oder der gesamten Menge des Kisteninhaltes (erdrutschartig) kommen; dieses Phänomen kann durchaus in die Betrachtungen einbezogen werden.

Wegen der relativ großen Verschmutzung des Vesuchsplatzes empfiehlt sich unbedingt eine Durchführung im Freien. Gartenbänke sind ideale Unterbauten für die Versuchsanordnung, die Plastikwannen können auf den Boden gestellt werden. Die Vorbereitung der Holzkisten erfordert kaum Aufwand. Eine Schmalseite jeder Kiste ist mit einem breiten V-Ausschnitt zu versehen (Rutschpassage), und die Pflege der eingesäten Kiste steht an; Getreide oder Grassamen eignen sich recht gut zur Aussaat. Die Aussaat ist einige Wochen vorher vorzunehmen, um eine gute Durchwurzelung gewährleistet zu bekommen. Eine hervorragende und zeitsparende Alternative stellt die Verwendung eines passend ausgestochenen Rasenstückes dar.

„Bodenveränderung bei Fremdstoffeinwirkung"

„Fremdstoffe" bewirken Änderungen des Bodenverhaltens. Das zeigt der Versuch mit einfachen Mitteln.

Die Absetzzeit der Feinteilchen (Ton) wird durch die Zugabe von Chemikalien deutlich verändert. Dies liegt an der Wirkung von Ionen, die eine Veränderung der Teilchengrößen herbeiführt. In unteren Klassenstufen kann der Aspekt der Ionen sicher umschrieben werden (Teilchenbegriff). Wesentlich ist die Änderung der Bodenstruktur, die durch die veränderte Absetzgeschwindigkeit verdeutlicht wird. Grundsätzlich sei gesagt, daß Tonteilchen immer negativ geladen sind.

Bei Waschmittelzugabe bleibt die Trübung des Wassers besonders lange erhalten, da die im Waschmittel enthaltenen Stoffe besonders destabilisierend auf die Tonteilchen wirken und diese zu Einzelkörnern zerlegen.

Über die schnellere Absetzwirkung bei Ca^{2+}-Zugabe kann ein Bezug zu der positiven Wirkung von Kalkdüngung auf das Krümelgefüge des Bodens hergestellt werden.

„Pufferwirkung der Böden"

Untersucht wird, wie Böden auf Säure reagieren.

Boden vermag innerhalb bestimmter Grenzen seinen Säuregrad selbst zu regulieren, d.h. den pH-Wert trotz Zuführung von sauer wirkenden H^+-bzw. basisch wirkenden OH^--Ionen konstant zu halten, um plötzliche pH-Schwankungen zu vermeiden, die für Pflanzen problematisch sein würden. Dadurch wird z.B. auch in den Boden eingebrachte Säure (saurer Regen) bis zu einem gewissen Grad ohne Auswirkungen gepuffert.

Die Pufferwirkungen der verschiedenen Stoffe (Kalk, Silikat, Aluminium, Eisen) ergänzen sich, wobei folgende Wirkungsbereiche gelten:
a) für Kalk bis pH 6,2 (es ist kein Kalk mehr vorhanden)
b) für Silikate pH 6,2 bis 5 (steigende Aluminiumauslösung)
c) für die „Aluminium-Austauschpufferung" bis pH 4,2
d) für Aluminium < pH 4,2
e) für Eisen < pH 3,8.

Dabei ist zu bedenken, daß die „Aluminium-Austauschpufferung" aus dem Boden wichtige Mineralstoffe (Calcium, Magnesium) auslöst, die den Pflanzen verloren gehen. Bei der Aluminium- und Eisenpufferung werden giftige Al^{3+}- und Fe^{3+}-Ionen freigesetzt, die als Zellgifte wirken, das Mikroleben des Bodens beeinträchtigen und ins Grundwasser gelangen.

„Bodenverunreinigung durch Öl"

Es soll die Wirkung von Mineralölen auf den Boden untersucht werden.

Unsere technisierte Welt schafft vielfache Gelegenheit, daß Boden und damit letzlich Wasser mit Mineralölprodukten in Berührung kommt, sowohl absichtlich wie auch unabsichtlich. Tagtägliche Ereignisse wie Tankwagenunfälle oder illegales Entsorgen zeigen dies ebenso wie die immer irgendwie tropfenden Motoren unserer Autos.

Mineralöle wirken jedoch in höchstem Maße belastend auf Wasser. Eine alte Faustregel besagt, daß ein einziger Tropfen Öl einen Liter Wasser für den menschlichen Verzehr unbrauchbar machen kann. Angesichts dieser enormen Wirkung von Mineralöl auf Wasser sollten die Schüler/Schülerinnen die Problematik verdeutlicht bekommen.

„Reinigungskraft des Bodens"

Es geht hier um ein Kennenlernen der natürlichen Reinigungskraft des Bodens (Filterwirkung).

Erdschichten wirken wie Filter; sie filtrieren vor allem Schwebeteilchen aus Flüssigkeiten, in geringerem Maße auch gelöste Stoffe. Diese verbleiben teilweise im Boden und belasten diesen, manche werden später wieder ausgeschwemmt.

Die Funktion der Filterwirkung wird vor allem bei der Trinkwasseraufbereitung (Querverbindung möglich) im großen Stil genutzt und zeigt die Bedeutung sauberen Bodens für die Grundwasserbildung.

„Auswaschen von Stoffen"

Es gilt zu erkennen, daß Wasser lösbare Stoffe auswaschen kann. Der Versuch kann mit Kochsalz als Beispiel problemlos durchgeführt werden.

Wasser vermag im Boden vorhandene lösbare Stoffe auszuschwemmen und im Sickerwasser mitzuführen (Grundwassereintrag). Auf diese Weise werden außer natürlich vorkommenden lösbaren Substanzen auch andere Stoffe wie Dünger, Streusalz oder Pestizide, Schwermetalle aus dem Boden dem Grundwasser zugeführt, was in einigen Gegenden bereits zu ernsthaften Trinkwasserproblemen geführt hat (Nitratbelastung, Schwermetalle, Pestizide...); Querverbindung zum Thema „Trinkwasserversorgung" sind sehr gut möglich und sinnvoll.

4.3.2 Lösungen zu den Arbeitsblättern

Die Arbeitsblattvorschläge dienen sowohl als Arbeitsgrundlage als auch zur Sicherung erarbeiteter Erkenntnisse.

Die Vorlagen greifen zunächst als Diagramm den Aspekt der Bodennutzung in Deutschland auf und befassen sich mit Nutzungsauswirkungen auf den Boden; dabei sollen den Schülerinnen und Schülern die Folgen unverantwortlichen Umgangs mit dem Gut „Boden", aber auch Möglichkeiten der Bodenpflege nahegebracht werden. Ferner erfolgt eine Auseinandersetzung mit der Funktion des Bodens als Wasserspeicher. Schließlich wird der wichtige Komplex der Düngung angesprochen und eine intensive Beschäftigung mit der Problematik des „sauren Regens“ bzw. des Phänomens der Bodenversauerung ermöglicht, um auch hier Zusammenhänge vereinfacht darstellen zu können.

Zu AB: **„Bodennutzung in der BRD“**

Bodennutzung in prozentualen Anteilen:
Landwirtschaft 54,5% – Wald 29,3% – Gebäude 5,8% – Verkehrswege 4,6% – Gewässer 2,2% – Industrieflächen 0,7% – Freizeit/Sport 0,6% – Sonstiges 2,3%

km^2- Angaben (gleiche Reihenfolge):
196200 – 105400 – 20880 – 16560 – 7920 – 2520 – 2160 – 8280

Forderung: Sparsamer Umgang mit dem nicht vermehrbaren Gut Boden.

Zu AB: **„Bodengefährdung - Bodenschutz“**

1. Bodengefährdung durch:
Verbauung/Versiegelung – Intensive Landwirtschaft – Überdüngung – Saurer Regen – Schwermetalleintrag
(2 Reihe): Erosion – Ablagerungen.

2. Folgen:
Verlust der Bodenfruchtbarkeit
Versauerung/Vergiftung
Abbau des Humusgehaltes
Zerstörung des Bodengefüges
Verlust an Feinboden
Verlust an Bodenleben

3. Bodenpflege durch:
a) Bodenschonende Bearbeitung
b) Minderung des Schadstoffeintrags
c) Förderung des Bodenlebens

4. Boden stellt die Grundlage unserer Ernährung dar.

zu AB: **„Wasserspeicher Boden“**

Oben links: Regen – Schnee – Hagel – Tau/Nebel
Oben rechs: Wolkenbildung – Verdunstung – Transpiration.
Mitte links: Oberflächenwasser – Oberflächenabfluß.
Mitte rechts: Sickerwasser – Haftwasser – Adsorptionswasser – Kapillarwasser
Unten: Grundwasserschicht.

Zu AB: **„Düngegesetze“**

1. Das Gesetz vom Minimum:
Das Pflanzenwachstum wird bestimmt durch den Faktor, der in der geringsten Menge vorliegt. Ein Ausgleich durch einen anderen Faktor ist nicht möglich.

2. Das Gesetz vom abnehmenden Ertragszuwachs:
Bei steigender Gabe eines Wachstumsfaktors steigt der Ertragszuwachs nicht gleichmäßig. Je näher der Ertrag dem Optimum kommt, um so kleiner wird der Zuwachs.

Zu AB: **„Nährstoffe der Pflanzen“**

Zu 1:
Kohlenstoffdioxid – Wasser – Wärme – Licht

Zu 2a:
Stickstoff – Phosphor – Kalium – Calcium – Magnesium – Schwefel –
zu 2b:
Bor – Natrium – Kupfer – Eisen – Mangan – Molybdän – Zink.

Zu 3.:
Links 1 – rechts 3
Links 2 – rechts 1
Links 3 – rechts 2
Links 4 – rechts 5
Links 5 – rechts 4

Zu AB: **„Bodenbelastung durch sauren Regen“**

Unbelastetes Regenwasser:
a) Auswaschung einzelner Nährstoffe ins Grundwasser.

Belastetes Regenwasser:
b) Steigende Auswaschung von Nährstoffen ins Grundwasser
c) Anreicherung von Schwermetallen und Aluminium im Boden
d) Auswaschung von Schwermetallen und Aluminium ins Grundwasser und Verlust der Pufferfähigkeit des Bodens.

Was man braucht

Vorbereitete Versuchsflächen: Holzkisten (Obstkisten mit V-Kerbe), davon eine mit unbepflanztem Erdsubstrat, eine andere gut durchwurzelt (Getreide- oder Grassaat rechtzeitig vornehmen), Plastikwannen je Versuchsfläche, Gießkanne (3 l je Versuchsfläche), Tisch oder Bank, Holzklötze oder Ziegelsteine zur Schrägstellung der Versuchsflächen

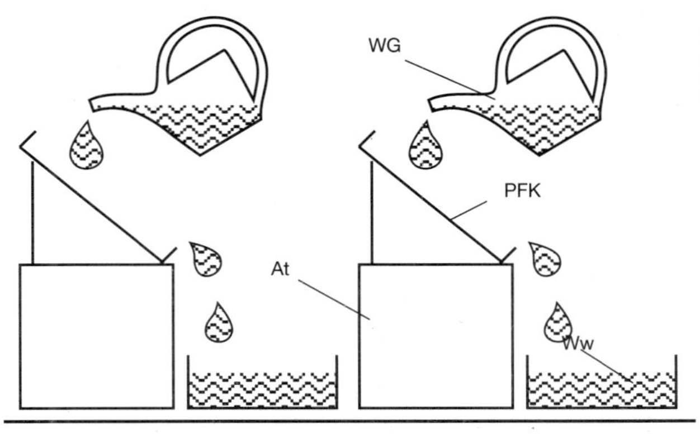

PFK = Pflanzenkiste mit verschiedenen Bodenproben; Ww = Wasserauffangwanne; WG = Wassergefäß; At = Arbeitstisch

Anleitung

1. Die vorhandenen Versuchsflächen mit ca. 30% Neigung so aufstellen, daß das Wasser nach unten in die Plastikwannen abfließen kann.
2. Plastikwannen unter die Kisten stellen.
3. Mittels Gießkanne über jede Versuchsfläche langsam die gleiche Wassermenge gießen, überschüssiges Wasser fließt in die Plastikwannen ab und kann evtl. auch mengenmäßig verglichen werden.
4. Vergleichende Beobachtung über das Verhalten der unbedeckten Erde und der bepflanzten Erde vornehmen.

Aufgaben

1. Notiere, welche Wassermenge jede Probefläche abgegeben hat.

   B1 = ______________ B2 = ______________ B3 = ______________

2. Welche Wirkung hatte das Wasser auf die verschiedenen Versuchsflächen?

   B1 = ______________________________

   B2 = ______________________________

   B3 = ______________________________

3. Versuche die Ursachen für die unterschiedliche Wirkung darzustellen.

   ____

   ____

   ____

4. Gib Ratschläge, wie Felder an Berghängen gesichert werden können.

   ____

   ____

   ____

   ____

ISBN 3-12-043120-6

Was man braucht

4 Stand- oder Meßzylinder, ersatzweise auch Einweckgläser (und Lineal); zerkleinerte tonreiche Bodenprobe; destilliertes Wasser, Deckel oder Abdeckglas, evtl. Stoppuhr, Wecker, 10 g Natriumchlorid, 10 g Waschmittel, 10 g Calciumchlorid

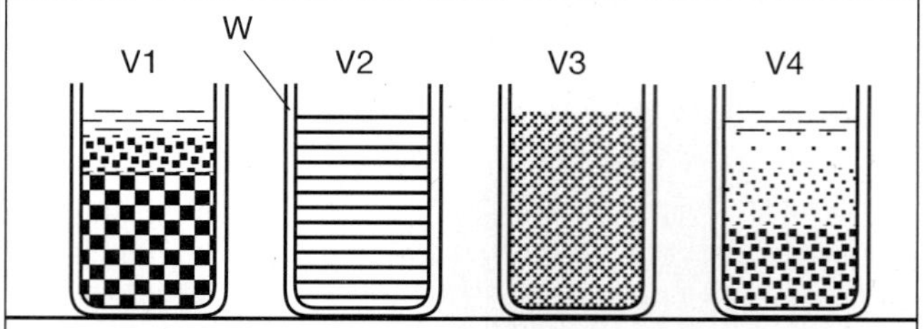

V1 = Probe mit Natriumchlorid; V2 = Probe mit Calciumchlorid; V3 = Probe mit Waschpulver; V4 = unbehandelte Probe; W = Weckkglas

Anleitung

1. Standzylinder (Einweckgläser) mit je etwa 10 g der zerkleinerten Bodenprobe füllen, destilliertes Wasser (ca. 100 ml) zugeben, Behälter verschließen.
2. Die Bodenproben durch kräftiges Schütteln (oder schnelles Umrühren) gut aufschwemmen, bis Boden und Wasser eine gleichmäßige Verteilung haben.
3. Gefäß 1 wird 10 g Natriumchlorid, Glas 2 wird 10 g Calciumchlorid, Glas 3 wird 10 g Waschpulver zugesetzt, Glas 4 bleibt frei von Zusätzen; (Beschriftung nicht vergessen).
4. Alle 4 Gläser noch einmal kräftig durchschütteln, um eine homogene Verteilung zu erreichen.
5. Die Meßgefäße absetzen und Meßzeiten (15-Minuten-Takt) festlegen.

Aufgaben

1. Erstelle eine Übersicht über das Absetzverhalten in den einzelnen Gefäßen (Dauer der Beobachtung mind. eine Stunde), und vergleiche die Ergebnisse.

Probe	mit Natriumzusatz	mit Calciumzusatz	mit Waschmittelzusatz	ohne Zusatz
nach 15 min				
nach 30 min				
nach 45 min				
nach 60 min				

2. Beobachte die Gläser eine Woche lang weiter, und notiere täglich einmal die Veränderungen. Halte die Beobachtungen in der Tabelle fest. Gegebenenfalls kann eine noch längere Beobachtung durchgeführt werden.

Probe	1. Tag	2. Tag	3. Tag	4. Tag	5. Tag
mit Na-Wasser					
mit Waschmittel					

3. Versuche das unterschiedliche Absetzverhalten zu erklären.

____

____

ISBN 3-12-043120-6

Was man braucht

Stativ mit Klemmvorrichtung, Tropftrichter, Becherglas, Watte, Bodenprobe (Kalkboden), 50 ml Salzsäure (0,1 M)

Anleitung

1. Stativ aufstellen.
2. Tropftrichter mit Watteschicht auslegen, dann zur Hälfte mit einer Bodenprobe auffüllen.
3. Tropftrichter in Klemmvorrichtung bringen und befestigen.
4. Leeres Becherglas unter den Tropftrichter stellen.
5. Säuregrad der Salzsäure (0,1 M) ermitteln (Indikatorpapier).
6. Mit Becherglas die 50 ml Salzsäure (0,1 M) über die Bodenprobe gießen.
7. Die abgetropfte, im unteren Becherglas aufgefangene Salzsäure erneut mit Indikatorpapier prüfen.

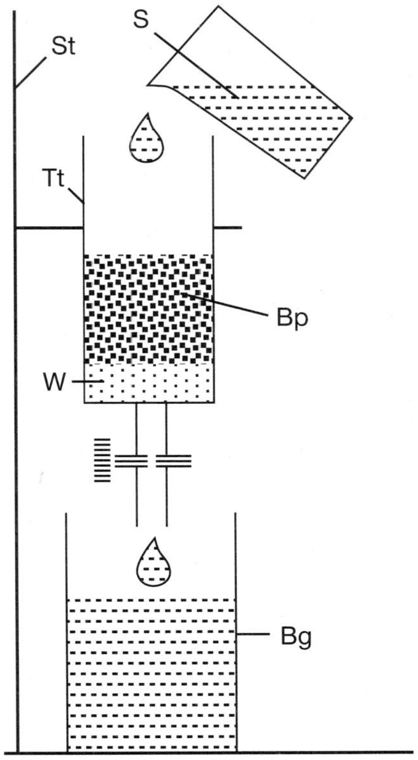

Bg = Becherglas; Tt = Tropftrichter; W = Watte; S = Säure; St = Stativ; Bp = Bodenprobe

Aufgaben

1. Vergleiche die pH-Werte vor und nach dem Versuch.

   Vor dem Versuch: ______________________

   Nach dem Versuch: ______________________

2. Wie sind die Meßergebnisse erklärbar?

   ____

   ____

   ____

   ____

   ____

3. Überlege, wie sich die Pufferwirkung auf die Böden auswirkt.

   ____

   ____

   ____

   ____

   ____

   ____

ISBN 3-12-043120-6

Was man braucht

Stativmaterial mit Klemmvorrichtung, Glasrohr mit passendem, durchbohrten Gummistopfen und Glasröhrchen, etwas Watte, Sand oder Erde, Petroleum oder Heizöl, 2 Bechergläser, Wasser

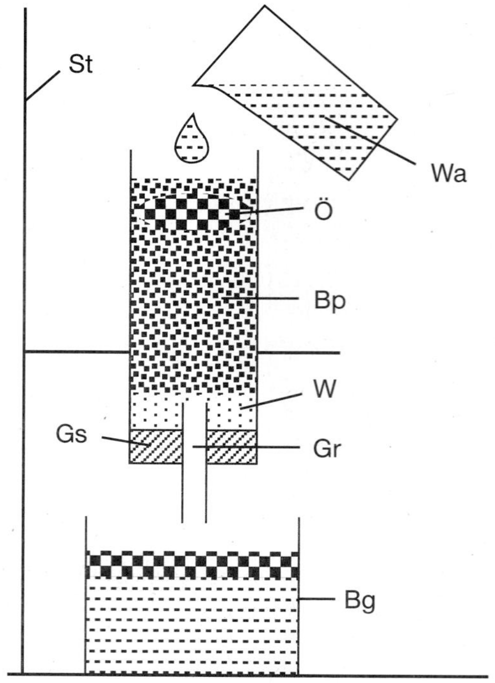

Bg = Becherglas; Gs = Gummistopfen;
W = Watte; Gr = Glasröhrchen; Wa = Wasser;
St = Stativ; Ö = Öl; Bp = Bodenprobe

Anleitung

1. Stativ aufstellen.
2. Glasrohr mit Gummistopfen und Glasröhrchen versehen.
3. Watteschicht einbringen, dann Erde (Sand) ins Glasrohr einfüllen.
4. Gefülltes Glasrohr ans Stativ bauen und Becherglas darunterstellen.
5. Auf die Sand-(Erde-)füllung etwa 10 bis 15 Tropfen Heizöl oder Petroleum tropfen.
6. Nach Versickern des Öls langsam etwa 500 ml Wasser auf die Bodenprobe gießen.
7. Durchfließendes Wasser mit zweitem Becherglas auffangen.

Aufgaben

1. Betrachte die Oberfläche des aufgefangenen Wassers im Licht. Rieche auch an dem Wasser. Beschreibe die Beobachtungen und den Geruchseindruck.

2. Ziehe aus dem Versuch Schlüsse für den täglichen Umgang mit Öl.

3. Sammle Zeitungsmeldungen von Ölunfällen oder Ölkatastrophen.

ISBN 3-12-043120-6

Was man braucht

2 Stativmaterial-Sätze mit Klemmvorrichtungen, 2 Glasrohre mit jeweils passenden Gummistopfen (durchbohrt) sowie 2 Glasröhrchen; (alternativ: 2 Blumentöpfe), 4 Bechergläser, etwas Watte oder Filterpapier, 2x 3/4 l destilliertes Wasser sowie etwa 15 g Salz, Erde oder Holzkohlepulver; Bunsenbrenner und Dreifuß

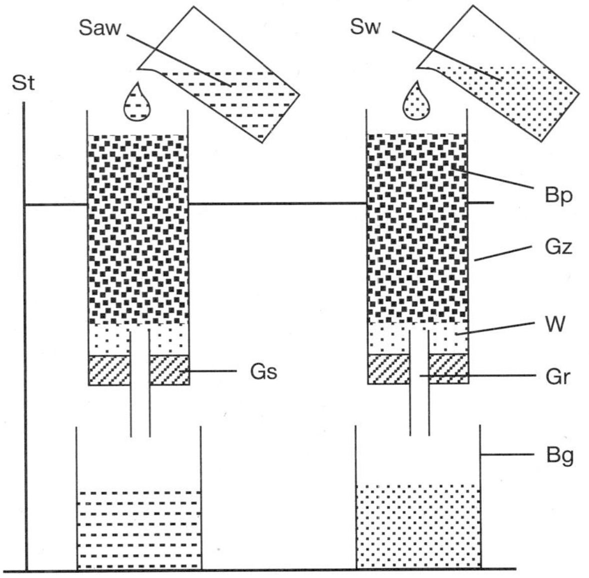

Bg = Becherglas; Saw = Salzwasser; Sw = Schmutzwasser; Bp = Bodenprobe; Gz = Glaszyinder; Gr = Glasröhrchen; Gs = Gummistopfen; W = Watte; St = Stativ

Anleitung

1. Stative aufbauen.
2. Beide Glasrohre mit Gummistopfen und Glasröhrchen versehen.
3. In beide Glasrohre dünne Watteschicht oder Filterpapier einlegen.
4. Beide Glasrohre mit Erde (Sand) auffüllen, Rohre in Klemmvorrichtungen montieren und je ein Becherglas unterstellen; (alternativ: 2 Blumentöpfe mit Erdsubstrat füllen und auf Bechergläser stellen).
5. Ein Becherglas mit Erde-(Holzkohlepulver-) Wassermischung ansetzen (Schmutzwasser, ca. 3/4 l), 3/4 l als Salzlösung ansetzen.
6. Die beiden Flüssigkeiten langsam zu etwa 2/3 durch die beiden Erdfilter gießen.
7. Das durchlaufende Wasser mit untergestellten Bechergläsern auffangen.

Aufgaben

1. Vergleiche die Wasserproben optisch vor/nach dem Durchlaufen durch den Bodenfilter.

2. Filtere evtl. das aufgefangene Wasser aus dem Salzwasserversuch noch einmal (Filterpapier), dann koste davon, und berichte. Alternativ: Verdunste das aufgefangene Salzwasser, und untersuche es auf Rückstände.

3. Vergleiche beide Versuchsergebnisse. Was kann aus den Ergebnissen abgeleitet werden?

4. Überlege, wo die Reinigungswirkung des Bodens eine große Rolle spielt.

ISBN 3-12-043120-6

Auswaschung von Stoffen

Was man braucht

Stativmaterial mit Klemmvorrichtung, Tropftrichter, 2 Bechergläser, Watte oder Filterpapier, Boden (Sand oder Erde), Kochsalz (ca. 5 g bis 10 g), 1/2 l Wasser, Bunsenbrenner und Dreifuß

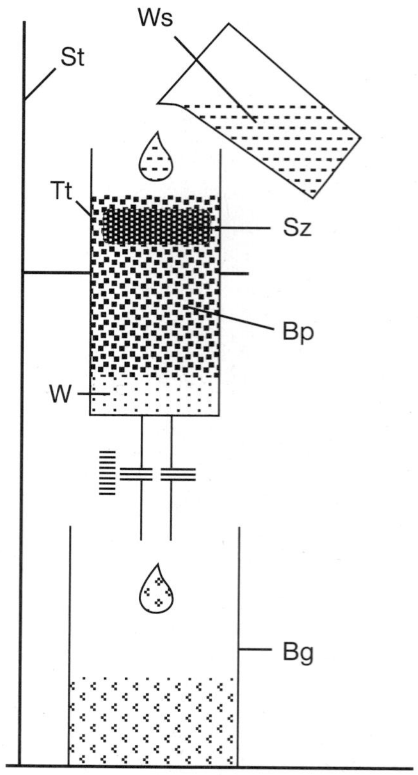

Bg = Becherglas; Tt = Tropftrichter; W = Watte; Ws = Wasser; Sz = Salz; St = Stativ; Bp = Bodenprobe

Anleitung

1. Stativmaterial aufbauen.
2. Tropftrichter mit Watteschicht oder Filterpapier ausstatten und Erde-(Sand-)füllung einbringen (bis ca. 5 cm unter Rand).
3. Salzschicht einbringen und diese mit weiterem Bodensubstrat abdecken.
4. Tropftrichter ans Stativ montieren und Becherglas darunterstellen.
5. Langsam das Wasser aus dem zweiten Becherglas durch die Bodenprobe sickern lassen und Sickerwasser auffangen.

Aufgaben

1. Mache eine Geschmacksprobe (Zunge); das aufgefangene Wasser kann zuvor noch gefiltert werden. Verdampfe das aufgefangene Wasser, und untersuche den Rückstand.

2. Das Wasser im Auffangbecher ist vergleichbar mit dem Grundwasser. Überlege, welche Bedeutung das Auswaschen von Stoffen durch den Boden auf das Grundwasser hat.

ISBN 3-12-043120-6

1. Schätze die Anteile der Bodennutzung, und ordne die prozentualen Angaben aus dem Kreisdiagramm den aufgeführten Nutzungsarten zu: Landwirtschaft, Wald, Gebäude, Verkehrswege, Gewässer, Industrie, Freizeit/Sport, Sonstiges. Beginne mit der Landwirtschaft.

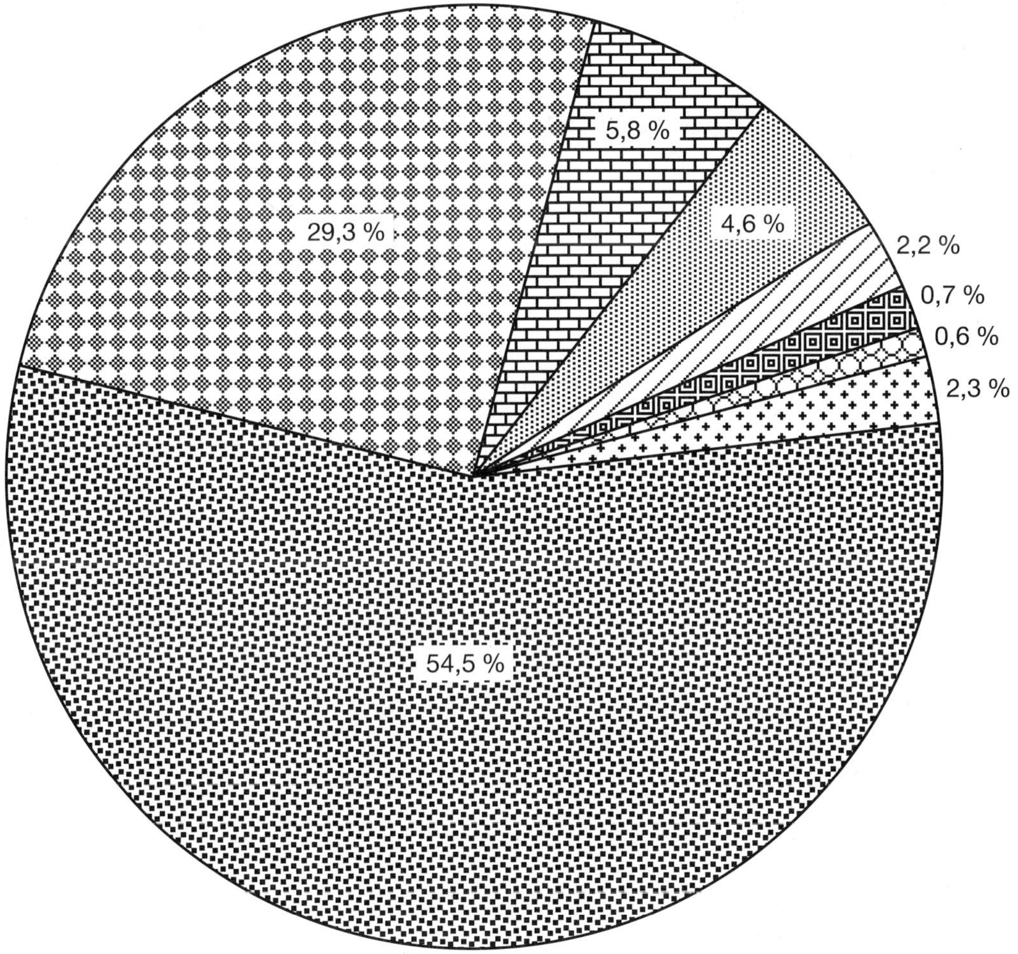

2. Die Gesamtfläche der Bundesrepublik Deutschland umfaßt ca. 360.000 km². Berechne die Nutzungsanteile in km² und setze sie in die Tabelle ein.

Flächennutzung	km²- Anteil
Landwirtschaft	
Wald	
Gebäude	
Verkehrswege	
Gewässer	
Industriefläche	
Freizeit/Sport	
Sonstiges	

Weitere Hinweise:

Der tägliche Bodenverbrauch in der Bundesrepublik beträgt gegenwärtig weit über 100 ha.
Der Anteil aller deutschen Naturschutzgebiete liegt unter 1% (in den einzelnen Kategorien enthalten).

Stelle eine Forderung für den Umgang mit Boden auf. ____________________

____

 ISBN 3-12-043120-6

1. Ermittle schädliche Einwirkungen aus der Umwelt sowie aus der Bodennutzung für den Boden. Trage sie bei Bodengefährdung ein.
2. Leite aus den schädlichen Einwirkungen Folgen für den Boden ab, und formuliere diese.
3. Überlege, welche drei Maßnahmen dazu geeignet sind, den Boden zu schützen.
4. Begründe, weshalb Bodenschutz wichtig ist.

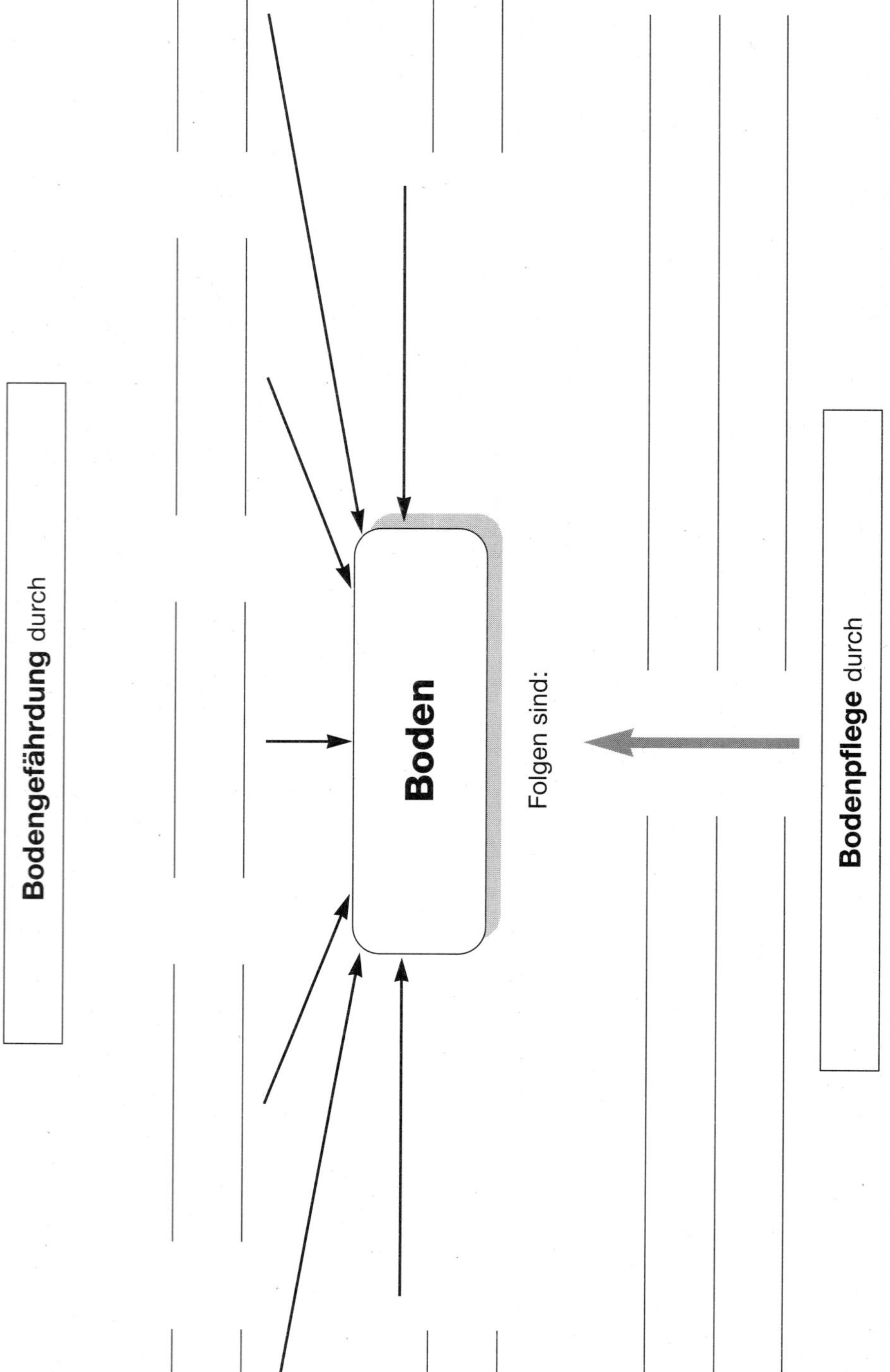

a

b

c

4.

ISBN 3-12-043120-6

Ergänze die schematische Darstellung.

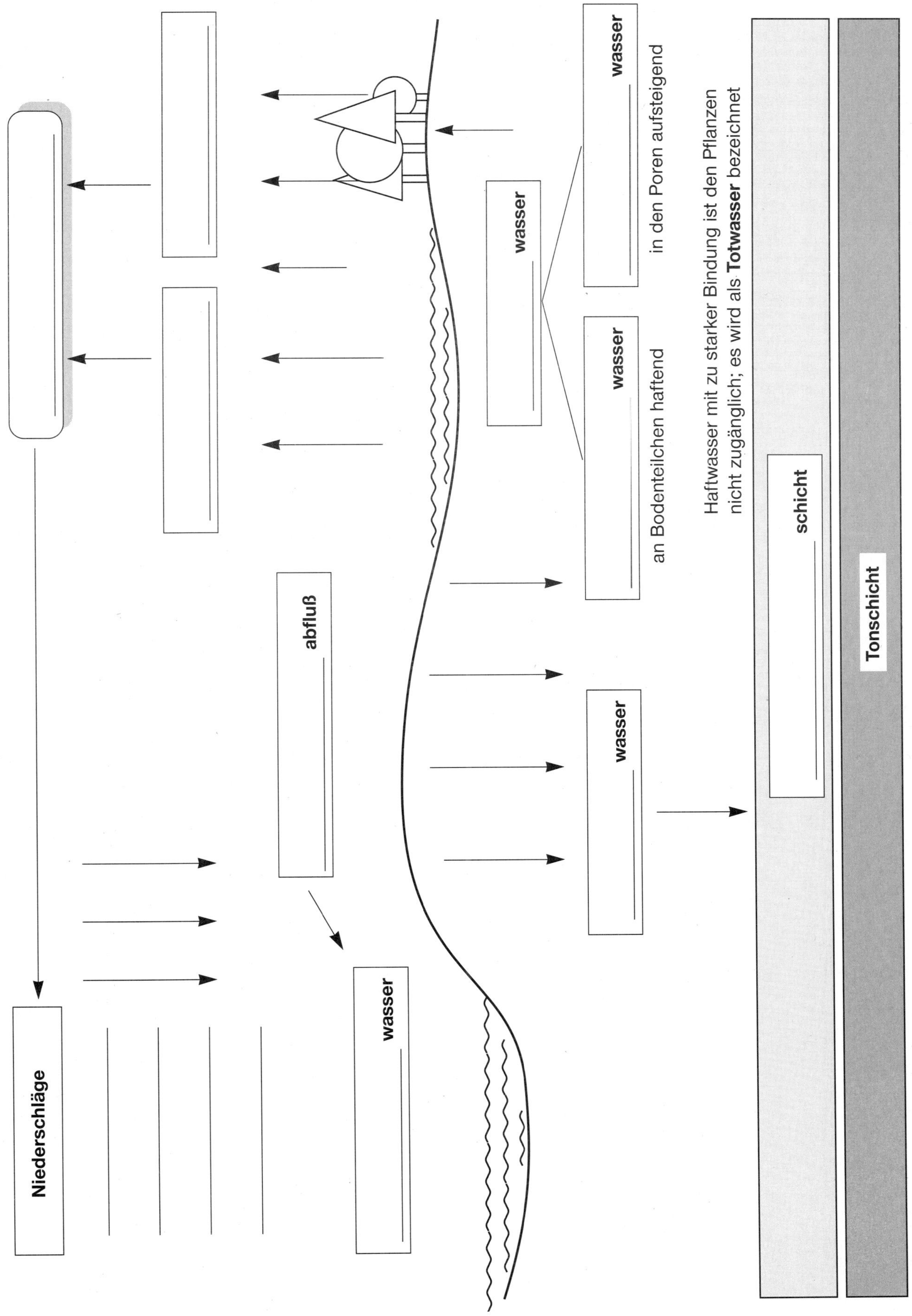

ISBN 3-12-043120-6

Pflanzenwachstum und Düngung unterliegen zwei grundlegenden Gesetzmäßigkeiten. Formuliere mit Hilfe der dargestellten Abbildungen diese zwei wichtigen Gesetze.

1. Das Gesetz vom Minimum

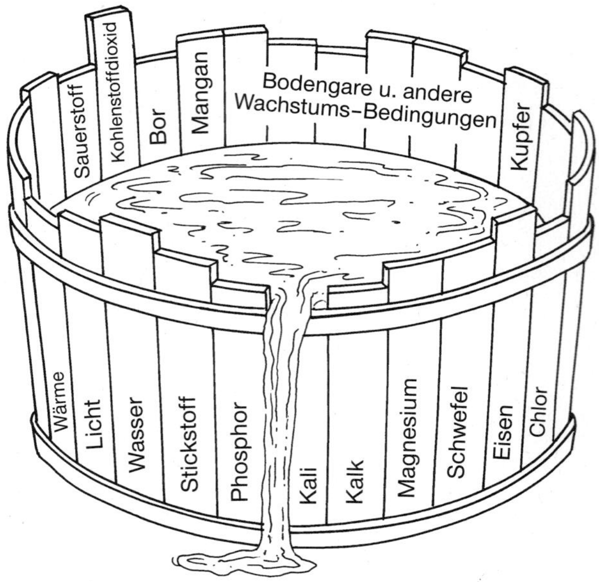

2. Das Gesetz vom sinkenden Ertragszuwachs

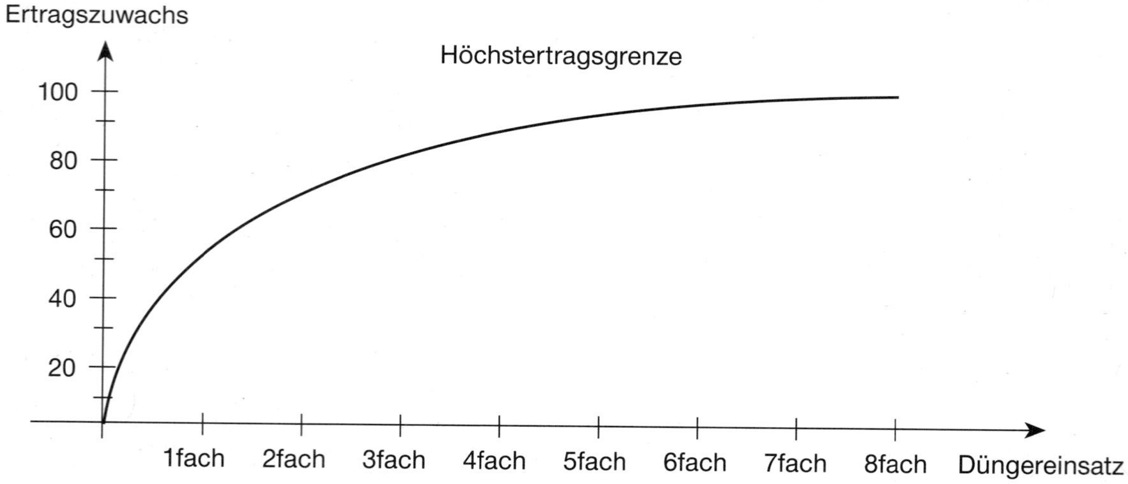

ISBN 3-12-043120-6

Pflanzen sind auf Wachstumsfaktoren und eine ausreichende Versorgung mit Spurenelementen angewiesen.

1. Nenne die Wachstumsfaktoren für Pflanzen.
2. Bestimme mit Hilfe der Abbildung Hauptnährstoffe eines fruchtbaren Bodens sowie die Spurenelemente, und markiere sie mit zwei verschiedenen Farben.

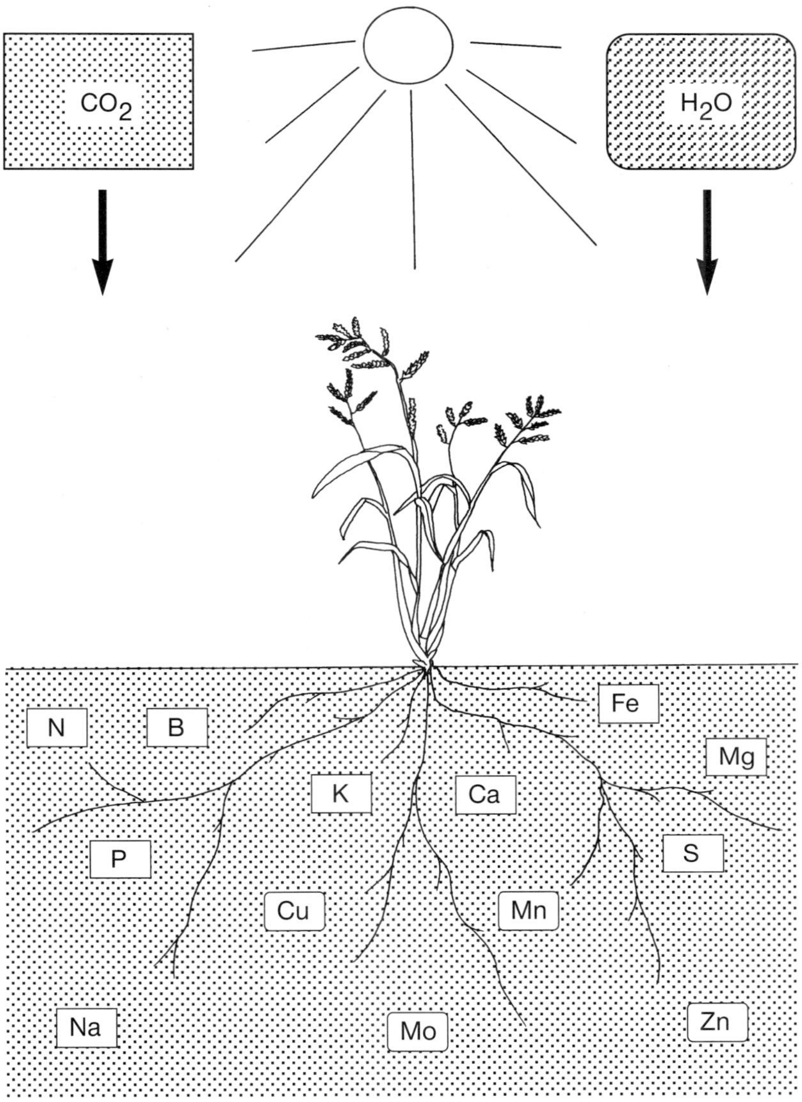

2.

1.) Wachstumsfaktoren sind:

2a) Hauptnährstoffe sind:

2b) Spurenelemente und Stoffe, die die Pflanzen nur in geringer Menge benötigt, sind:

3. Verbinde die Angaben **„Nährstoffangebot“** mit den Aussagen **„Auswirkungen auf Pflanzen“**.

akuter Mangel	wenig Ertrag, schlechte Qualität
Mangel	gutes Wachstum, hoher Ertrag
optimale Menge	deutliche Wachstumsstörungen, kaum Ertrag
Überangebot	Wachstum und Qualität schlecht, Tod möglich
zu großes Überangebot	Wachstum gut, Qualität schlecht

ISBN 3-12-043120-6

Vergleiche die unterschiedliche Einwirkung von unbelastetem und saurem Regen mit Schwermetallen auf die Reaktionen im Boden.

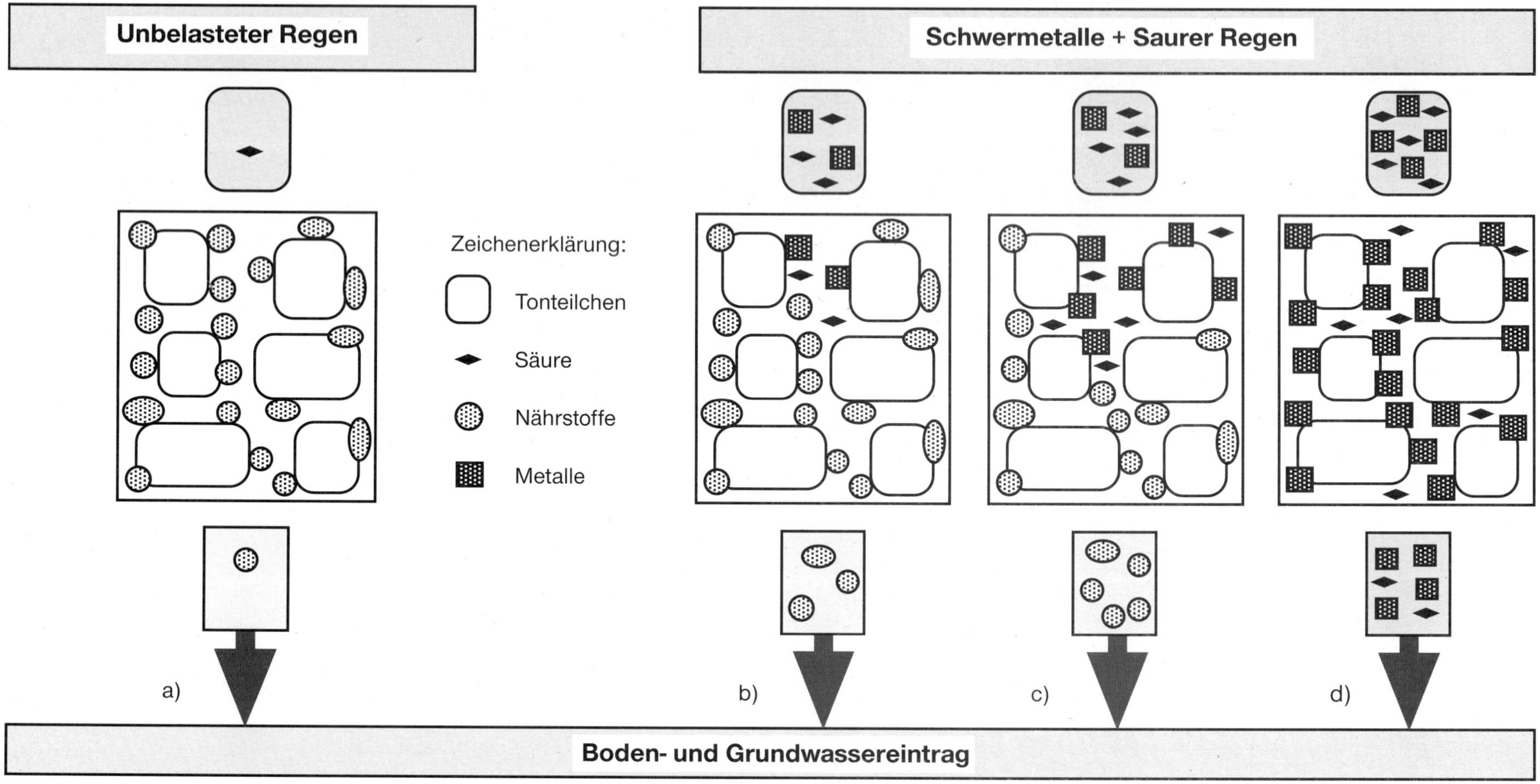

Welche Wirkung hat die zunehmende Belastung mit saurem Regen und Schwermetallen auf den Boden und das Grundwasser?

a) ______________________________

b) ______________________________

c) ______________________________

d) ______________________________

ISBN 3-12-043120-6

Kompost ist kein Abfall, sondern ein Recycleprodukt. Kompost wird als „schwarzes Gold“ des Gärtners bezeichnet. Kompost ist ein wertvolles Mittel zur Bodenverbesserung und verringert das Müllaufkommen. Kompost braucht eine gewisse Reifezeit sowie Pflege. Bei der Herstellung und Verwendung gibt es einige Grundregeln zu beachten.

Inhalt

5.1 Der Kompost und seine Pflege

Der Bedeutung nach, die der Boden für unsere Existenz hat, sollte eine intensive Bodenpflege im Hauptinteresse aller, zumindest aber der Bevölkerungsteile liegen, die den Boden zur Nahrungsmittelerzeugung bearbeiten. Dies ist allerdings nicht immer der Fall, und Bodenpflege wird mit zunehmenden technischen Möglichkeiten vermehrt vernachlässigt.

Im Gärtnerbereich, wo die Bodennutzung besonders intensiv ist, hat, anders als in der Landwirtschaft, die Bodenpflege eine gewisse Bedeutung beibehalten, und vor allem in den Privatgärten, frei vom Produktionszwang, ist wieder zunehmend Bereitschaft zu einer verantwortlichen Bodennutzung und Bodenpflege zu beobachten. Doch auch hier wirken noch viele Sünden nach, die aus den Versuchungen einer boomenden Agrochemie resultieren.

Als verbreiteste Möglichkeit der Bodenpflege kann die Kompostierung angesehen werden. Im nächsten Abschnitt soll daher diesem wichtigen Aspekt gärtnerischen Tuns kurz Rechnung getragen werden; weiterreichende Informationen können aus einschlägigen Werken gewonnen werden.

Kompost ist abgeleitet vom lat. composere (= zusammensetzen). Damit kommt zum Ausdruck, daß Kompost etwas „Zusammengesetztes" ist, nämlich das Verrottungsprodukt verschiedenster organischer Substanzen. Diese Verrottung erfolgt bei genügender Feuchtigkeit und Sauerstoffzufuhr unter Abgabe von Wärme und Beteiligung von Bakterien, Pilzen, Würmern sowie anderen Kleintieren. Dabei entstehen Ton-Humus-Komplexe, und schließlich erfolgt eine völlige Mineralisierung der Ausgangsmaterialien.

Der Kompostierungsvorgang unterscheidet sich grundlegend von der Fäulnis, die unter anaeroben Bedingungen erfolgt, wobei die Zersetzung hier nur unvollständig unter Freisetzung von Schwefelwasserstoffen und anderen giftigen Verbindungen geschieht. Fäulnis ist daher im Kompostierungsvorgang zu meiden. Der Rottevorgang läuft unter Hitzeentwicklung geruchsfrei ab, eine Geruchsbelästigung ist daher nicht gegeben, Kompost riecht wie Lauberde !

Für das Gelingen der Kompostierung sind trotz der Einfachheit des Vorganges einige Aspekte zu berücksichtigen, über die im nachfolgenden Abschnitt zusammenfassend gesprochen wird.

5.1.1 Platzwahl

Bedingungen, die an einen Kompostplatz zu stellen sind:

1. Der Platz soll schattig gelegen sein.
2. Der Platz soll leicht zugänglich sein.
3. Der Platz soll ausreichend groß sein.
4. Der Komposthaufen soll nicht zu hoch (max. 1 m), aber auch nicht zu klein sein (Austrocknungsgefahr).
5. Der ideale Komposthaufen ist mietenförmig aufgebaut; alle luftdurchlässigen Einfassungsmöglichkeiten (Latten,...) sind als Begrenzung möglich.
6. Der Komposthaufen muß Erdschluß haben (keine undurchlässigen Bodenflächen).
7. Der Kompost muß vor zuviel Nässe (Fäulnissgefahr) geschützt werden.

5.1.2 Aufbau eines Komposthaufens

Wie schon der Name sagt, ist eine Vielfalt an organischen Substanzen gefragt, die auf einem Komposthaufen verrotten sollen. Es ist darauf zu achten, daß nicht zu große Mengen gleichartiger „Abfälle" auf einmal auf einem Komposthaufen deponiert werden. Ideal ist ein schichtweiser Aufbau mit Wechsel zwischen nassen und trockenen Materialien.

Grundlage: Auf den gewachsenen Boden kommt eine Schicht groben Materials (Astschnitt, Staudenstengel...).

Es folgen nun Schichten aller im Garten (und Haushalt) anfallender organischer Substanzen.

Zwischendurch kann immer wieder eine dünne Lage alten Komposts oder Gartenerde eingestreut werden, außerdem sogenannte Kompostbeschleuniger wie Hornmehl, Kalkstickstoff, Tonminerale (Abb. 5.1).

Noch einmal: Niemals zu dicke Lagen gleichartigen Materials aufbringen, die Gefahr der Fäulnisbildung ist dann gegeben. Bei Rasenschnitt und Laub sollte nur angetrocknetes Material aufgebracht werden (nasses verklebt und fault leicht).

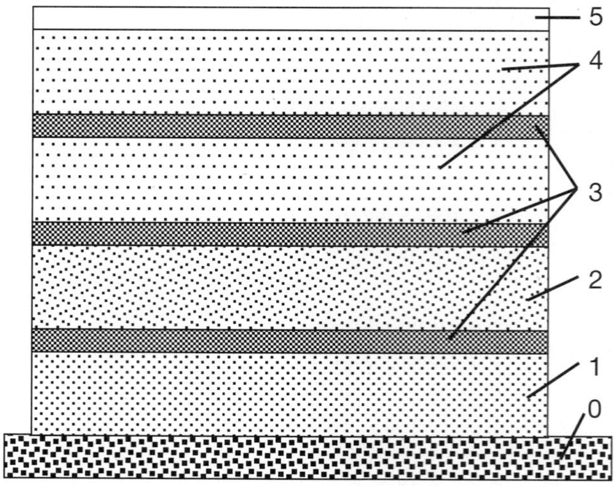

0 = gewachsener Boden; 1 = schwer verrottbares, grobes Material (Holz,Stengel,...), grob zerkleinert; 2 = festere Teile oder gemischtes Kompostgut; 3 = Zwischenablagen aus altem Kompost und/oder Kompostzusätzen; 4 = gemischtes Kompostgut in nicht zu starken Lagen; 5 = ggf. Abdeckung (Rasenstücke, Erde,...)

Abb. 5.1: Aufbau eines Komposthaufens (Schema)

5.1.3 Kompostbehälter

Über die Art des Kompostbehälters gibt es unterschiedliche Auffassungen, doch sind unabhängig vom Material einige Grundüberlegungen entscheidend.

Geeignet sind freiliegende Kompostmieten. Sie sind ideal wegen der guten, auf allen Seiten gleichen Luftzufuhr, erfordern aber einen größeren Platz; ebenso verwendbar sind käuflich erwerbbare oder selbst herstellbare Behälter. Dabei sind sowohl offene Formen wie geschlossene Schnellkomposter in Verwendung.

Als Baumaterial sind eigentlich alle Stoffe brauchbar, sofern damit luftdurchlässige Wände, d.h. ausreichend große Öffnungen, herstellbar sind. Das häufigste Baumaterial stellt noch immer Holz dar, wobei sowohl starke Bretter als auch Rundhölzer zur Verwendung kommen (imprägniertes Holz ist zweifelsfrei deutlich haltbarer; auf entsprechende Imprägnierstoffe sollte geachtet werden). Auf Lücke gesetzt ist ausreichend seitlicher Luftzutritt gewährleistet.

In Anlehnung an die Holzbauweise sind heute auch Recycel-Kunststoff-Bretter als Kompostbehälter erhältlich. Aber auch Baustahl-Gewebe-Matten mit entsprechender Fixierung können als Kompostbehälter aufgestellt werden.

Wesentlich kostenintensiver sind die heute oft angebotenen, geschlossenen Behälter, die als Schnellkomposter bezeichnet werden. Seitliche Löcher gewährleisten auch hier den Luftzutritt. Neben einem etwas schnelleren Rotteablauf werden sie teils auch als optisch ansprechender bezeichnet; sie erlauben wegen ihrer Bauweise zumeist eine bequeme Kompostentnahme von unten durch eine türartige Öffnung (Abb. 5.2).

Absolut ungeeignet sind alle Behälter mit geschlossenem Boden ohne Luftzugang, beispielsweise Mülltonnen oder betonierte Behältnisse. Die Verrottung kann hier nicht oder nur ungenügend erfolgen.

5.1.4 Was nicht auf den Kompost gehört

Nicht alle organischen Stoffe und schon gar nicht anorganischen Abfälle gehören auf den Kompost. Fleisch und andere Speisereste können auf offenen Kompostanlagen Ratten anlocken, gespritzte Obstschalen belasten den Kompost mit Giftstoffen.

Pflanzenteile, die von Krankheiten befallen sind, sollten ebenfalls nicht auf den Kompost gebracht werden, denn selbst wenn der Rottevorgang relativ große Hitze entwickelt, können die Krankheitserreger u.U. nicht abgetötet werden. Dagegen ist es unbedenklich, Samen zu kompostieren, die beim Rottevorgang normalerweise die Keimfähigkeit verlieren. Zeitungspapier kann vereinzelt mit eingebracht werden, Kaffeefiltertüten stellen kein Problem dar. Buntbedruckte Papiere aber sollten unbedingt ferngehalten werden (Schwermetalle).

5.1.5 Kompostpflege

Vom Ansetzen eines Komposthaufens bis zur Gare (vgl. Seite 22) ist eine bestimmte Rottezeit erforderlich, die von den angesetzten Materialien und anderen Faktoren abhängt.

Der „Fachmann" pflegt deshalb seinen Kompost, d.h. er überwacht die wesentlichen Faktoren:

1. die Temperaturentwicklung (sehr heiße Anfangsphase, langsames Abkühlen),
2. den Feuchtigkeitsgrad (Gießen oder Abdecken je nach Bedarf),
3. die Luftzufuhr (gelegentlich in den Kompost hineinstechen, niemals eintreten, um mehr Material unterzubringen).

Ist der Kompost auf etwa 25°C heruntergekühlt (Kontrolle z.B. mit Steckthermometer), so wird oftmals der Komposthaufen umgesetzt, was aber nicht zwingend nötig ist, vor allem, wenn bereits beim Ansetzen alter Kompost mit eingebracht wurde. Umgesetzter Kompost, besonders bei großer Wärme, braucht Beschattung (Abdecken mit Laubschicht, alten Jutesäcken, Bepflanzung mit Kürbissen o.ä.)

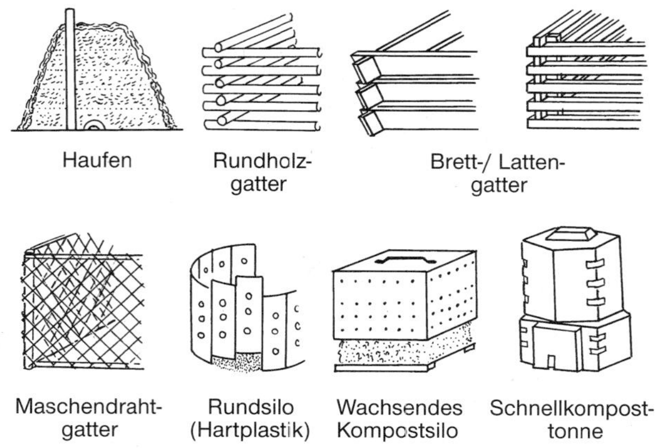

Abb. 5.2: Verschiedene Kompostbehälter

5.2 Die Verwendung von Kompost

Kompost als „schwarzes Gold des Gärtners" bietet vielfältige Vorteile, die alle im Sinne der Bodenpflege wirken.

5.2.1 Verwendungsmöglichkeiten

Kompost kann vom halbverrotteten Zustand bis zur vollständig umgebauten Komposterde verwendet werden. Dabei ist eine oberflächliche Anwendung besonders bei weniger verrottetem Kompost sinnvoller („Eingegrabener Kompost stirbt", so ein Gärtnersprichwort), ein leichtes Einarbeiten ist günstig. Die wertvollsten Stoffe enthält halbverrotteter Kompost, mit zunehmender Verrottung verliert er durch fortschreitende Oxidationsvorgänge verfügbare Wirkstoffe.

Kompost kann auf Beeten ebenso wie auf Baumscheiben oder unter Sträuchern zur Anwendung kommen. Gesiebter Kompost kann dünn auch auf Rasenflächen gestreut werden. Bei Zimmerpflanzenkulturen dient Kompost selbstverständlich als Zumischgut für Blumenerde.

Sicherlich ist die Verwendung von Kompost zur Bodenverbesserung eine deutlich bessere Alternative als die Torfverwendung. Diese Erkenntnis kann nicht oft genug betont werden, denn trotz vieler Aufklärungsarbeit ist der Kauf von Gartentorf noch immer weit verbreitet, und nahezu alle Gartenerden, die käuflich erwerbbar sind, sind auf Torfbasis hergestellt.

5.2.2 Vorteile der Kompostverwendung

1. Komposterde fördert das Pflanzenwachstum durch enthaltene Düngestoffe (ca. 0,5% Stickstoff; 0,2% Phosphor; 0,5% Kali und andere Spurenelemente). Dadurch wird Entscheidendes für die Gesunderhaltung der Pflanzen getan, was sich beispielsweise auch in einer größeren Resistenz gegenüber Krankheits- und Schädlingserreger äußert.

2. Kompost fördert das Bodenleben und somit die Bodengare (vgl. Seite 22) z.B. durch die Begünstigung der Regenwürmer und anderer Bodenorganismen, für die Kompost Nahrung bedeutet.

3. Aufgebrachter Rohkompost als „Mulchschicht" spart nicht nur Gießwasser, vielmehr schützt er den Boden vor Erosion ebenso wie vor Verkrustung und fördert die Schattengare.

4. Kompostieren bewirkt eine deutliche Verminderung der Müllmengen und gleichzeitig eine sinnvolle Verwertung bzw. Rückführung organischer Stoffe in den Naturkreislauf.

Nicht umsonst zahlen heute bereits viele Kommunen an ihre Bürger Zuschüsse zur Beschaffung von Kompostbehältern oder führen sogenannte „Grüne Tonnen" ein, um kompostierbare Abfälle einer zentralen Kompostieranlage zuzuführen.

In diesem Zusammenhang sei auch an die organischen Abfälle wie Obstreste, Kaffeesatz usw. erinnert, die täglich in einer Schule anfallen. Diese können leicht einer Schulkompostanlage zugeführt werden. Über einen entsprechenden Schülerdienst und die Einführung „grüner Tonnen" läßt sich dies recht wirksam bewerkstelligen, wobei gleichzeitig die Schülermitverantwortung gefördert werden kann.

5.3 Arbeitsmaterial

5.3.1 Lehrerinformationen zu den Versuchen

Die Versuchsvorschläge befassen sich sowohl mit dem Kompostiervorgang wie mit der Bodenfruchtbarkeit.

"Rottevorgang"

Der Langzeitversuch soll die unterschiedliche Rottedauer verschiedener Stoffe demonstrieren.

Nötig ist ein schattiger Platz, an dem kleinere Grabarbeiten vorgenommen werden können, um die Rottebehälter mit Erdschluß einzugraben, etwa im Schulgartenbereich. Eventuell sollte eine Drahtgitter-Abdeckung angebracht werden, um die eingegrabenen Rottebehälter nicht zu Tierfallen werden zu lassen; der Rand des Rottebehälters sollte zudem etwa 5 cm über der Bodenoberkante liegen. Ein Beobachten über mindestens ein halbes Jahr ist notwenig.

Als Rottebehälter können z.B. Zehn-Liter-Pflanzschalen aus Plastik verwendet werden, die in Gartenbaubetrieben erhältlich sind. Vor dem Eingraben sind die Böden der Behälter zu entfernen und seitlich zahlreiche Löcher anzubringen.

Die Verwendung auch von nichtorganischem Material ist sinnvoll, um deren schlechte oder ausbleibende Verrottung zu demonstrieren. Der Versuch ist als Schülerversuch möglich.

"Bodenfruchtbarkeit"

Der Versuch soll aufzeigen, daß Kompost gute Wachstumsbedingungen schafft.

Nötig ist ein heller Platz im Klassenzimmer und ausreichend viel Zeit zur Versuchsdurchführung (etwa drei bis vier Wochen). Zur Durchführung eignen sich am besten in kleinen Töpfchen vorgezogene Pflanzensetzlinge (z. B. Bohnen), wobei für die Eigenanzucht etwa drei Wochen Vorlaufzeit nötig sind.

Die Setzlinge werden mit Topfballen (günstig für schnelles Weiterwachsen) in die zu untersuchenden Bodensubstrate eingepflanzt. Die Pflanzgefäße sollten groß genug (Durchmesser etwa 20 cm) gewählt werden, um auch für längere Pflege ausreichend Platz zu bieten. Die Pflanzen können nach Abschluß der Versuche in den Schulgarten überführt, Schülern und Schülerinnen zur Weiterpflege übergeben oder als Zimmerpflanzen weitergezogen werden. Düngegaben unterbleiben während der Versuchsdauer. Querverbindungen zum Sachunterricht (Blumenpflege, Keimversuche,..) sind gut herstellbar, vor allem, wenn die verwendeten Setzlinge selbst herangezogen wurden.

5.3.2 Lösungen zu den Arbeitsblättern

Die Arbeitsblattvorschläge behandeln einerseits die möglichen Fraktionen des Kompostes und beschäftigen sich andererseits mit dem Verlauf des Rottevorganges sowie dessen Bedeutung.

Durch Vergrößerung der Kompostelemente (s. Arbeitsblattvorschlag „Was gehört auf den Kompost") lassen sich auch Poster oder Wandzeitungen herstellen.

Zu AB: **„Was gehört auf den Kompost"**

1. Kompostgut (unterstrichenes Material ungeeignet), im Uhrzeigersinn von oben links:
Mist – Asche – Stroh – Kaffeesatz – <u>dickes</u> <u>Holz</u> – <u>Plastik</u> – Eierschalen – Federn, Haare – Heckenschnitt – <u>Glas</u> – <u>Metalle</u> – Gemüsereste – Obstreste – Laub – <u>Steine</u> – Rasenschnitt

2. Schichtenweiser Aufbau – Kompostmaterial gut mischen – Lagen nicht verdichten

Zu AB: **„Wie Kompost entsteht"**

1. Bilder-Beschreibung (links oben beginnend):
a: Bakterien erzeugen Temperaturen bis 60°C, die Keime und Samen abtöten.
b: Pilze durchziehen das Kompostgut und wandeln es um; Temperaturen bis 35°C.
c: Kleinsttiere wie Asseln, Milben und Springschwänze zerkleinern das Material; Temperaturen bis 20°C.
d: Regenwürmer verbinden organische und anorganische Stoffe.

2. Durch Kleinstlebewesen werden organische Stoffe in anorganische umgewandelt und wieder dem Nährstoffkreislauf zugeführt. Kompostierung verringert das Müllaufkommen.

3. Nur unbehandelte organische Stoffe verwenden – keine Speisereste – Sauerstoffzufuhr ermöglichen – Bodenschluß – Schutz vor zuviel Nässe und Austrocknung.

5.3.3 Erläuterungen zum „Kompostspiel"

Um das Thema Kompost auch spielerisch angehen zu können, wurde ein „Kompostspiel" als Würfelspiel-Vorlage mit allen notwendigen Bestandteilen aufgenommen.

Das Spiel umfaßt einen Spielplan als Kopiervorlage, der zum Spielgebrauch mindestens auf DIN-A 3 vergrößert werden sollte, eine Spielanleitung sowie kombinierte Frage-Antwort-Karten zum Ausschneiden.

Durch diese Vorgaben ist zum einen der Spielbetrieb gesichert, wenn die Schüler/Schülerinnen Würfel und Spielsteine bereithalten. Andererseits ist noch ausreichend Raum für die kindliche Kreativität gegeben, so daß beispielsweise im Kunstunterricht der Spielplan auf einen Karton geklebt, bemalt und weiter ausgestaltet werden kann.

Es hat sich im Spielbetrieb als sehr sinnvoll erwiesen, auch die Fragekarten auf Karton aufzukleben, ehe sie ausgeschnitten werden. Die Haltbarkeit und Verwendbarkeit steigt dadurch deutlich, besonders, wenn eine Laminierung vorgenommen wird. Zur raschen und sicheren Vollständigkeitskontrolle bietet sich eine Kennzeichnung der Karten durch Nummern bzw. Buchstaben auf der Rückseite an.

Was man braucht

Entsprechend der Zahl an Stoff-Fraktionen Rottebehälter (z.B. Pflanztöpfe aus Baumschulen, 10 l Fassungsvermögen); unterschiedliche Stoffe (Laub, Grasschnitt, Äste, Zitrus- und Südfrüchte-Schalen, Papier, Plastikbecher, Metall, Obstreste, Küchenabfälle ...); Schaufel, scharfes Messer oder Schere, wasserfesten Filzschreiber, Holzpflöcke, Papier, Klarsichtfolien, Nägel, Hammer, ggf. Drahtgeflecht

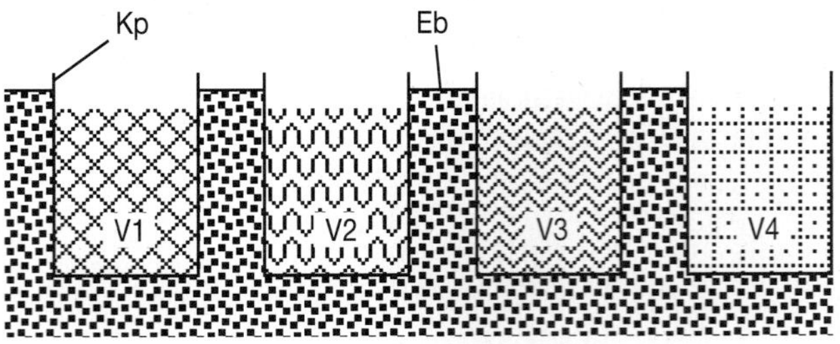

V1 bis V4 = verschiedene Versuchsmaterialien; Kp = Kompostbehälter, eingegraben; Eb = gewachsener Erdboden

Anleitung

a) Vorbereitung

1. Benötigte Anzahl von Löchern in den Boden graben (schattigen Platz auswählen).
2. Rottebehälter vorbereiten: Boden herausschneiden (Messer – Vorsicht), viele Löcher in die Seitenwände stechen.
3. Rottebehälter in die gegrabenen Löcher einsetzen und gut mit Erde hinterfüllen (5 cm Rand steht über).

b) Versuch

1. Die Rottebehälter mit den einzelnen Fraktionen auffüllen. (Einen Behälter mit Mischgut als Kontrollversuch ansetzen).
2. Die Behälter kennzeichnen: Pflock in den Boden schlagen, Versuche benennen, Papier in Klarsichthülle stecken und mit Nagel so am Pflock befestigen, daß die geschlossene Hüllenseite oben hängt).
3. Ggf. die Rottebehälter mit Drahtgeflecht abdecken (Gefahr der Bodenfalle für Kleintiere).
4. Beobachte den Rottevorgang regelmäßig einmal je Woche. Untersuche vorsichtig die Inhalte der Rottebehälter (mechanische Vermischungen sind zu vermeiden).

Aufgaben

1. Notiere Veränderungen, und erstelle ein Versuchsprotokoll. Mustervorschlag:
   Datum: Tag der Kontrolle
   Versuch 1: Festgestellter Zustand
   Versuch 2: Festgestellter Zustand

2. Lege nach Ablauf eines halben Jahres eine Tabelle über den Rottezustand der Materialien an. Muster:

Versuchsmaterial	Rottezustand
Grasschnitt	z.B. zersetzt, aber verfault
Laub	stark zersetzt ...

3. Leite aus dem Versuch Vorschläge für den Aufbau eines Komposthaufens ab.

____

____

ISBN 3-12-043120-6

Was man braucht

Vorgezogene Bohnenkeimlinge, Pflanzgefäße (gleiches Material) mit ca. 14 cm Durchmesser, wasserdichte Plastikwanne als Untersatz, Bambusstäbchen, Bast, Bodenarten: Sand, Lehm, Naturtorf, Kompost ..., Anzuchterde, kleine Anzuchttöpfe, Meterstab

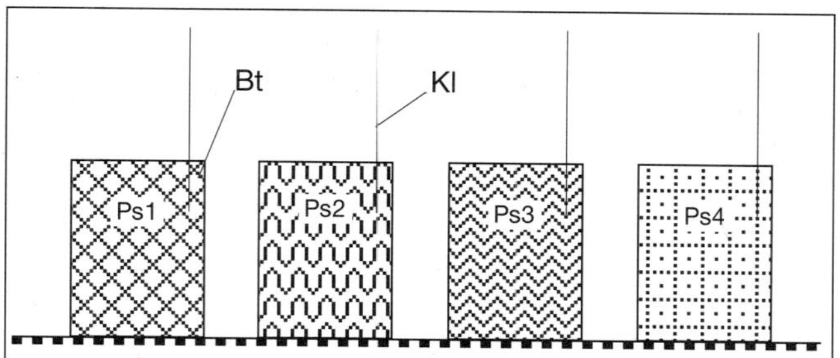

Ps1 bis Ps4 = verschiedene Pflanzsubstrate, Bt = Blumentopf (14cm), Kl = Kletterhilfe

Anleitung

a) Vorbereitung

1. In Anzuchterde Bohnenkerne in kleinen Anzuchttöpfen zum Keimen bringen und Jungpflanzen herziehen (heller Standort).

b) Versuch

1. Pflanztöpfe (14 cm) mit Bodenarten auffüllen.
2. Etwa gleich große Jungpflanzen in die vorbereiteten Pflanztöpfe einpflanzen (durch Aufstoßen des Topfes die Erde verdichten). Anfangshöhe der Jungpflanzen festhalten.
3. Bepflanzte Töpfe mit der Unterstellschale an einen hellen Platz stellen.
4. Pflanzen gut angießen.
5. Bambusstäbchen gut in die Töpfe einbringen.
6. Die Bohnen bei Bedarf an den Bambusstäben festbinden (Bast).

Aufgaben

1. Gieße die Pflanzen regelmäßig von unten (gleiche Wassermenge).
2. Miß die Pflanzen täglich mit dem Meterstab, und notiere die Ergebnisse in einer Tabelle. Muster:

Pflanzsubstrat	Datum	Gemessene Höhe (cm)	Zuwachs (cm)	Sonstige Beobachtungen
Sand				
Lehm				

3. Begründe die feststellbaren Ergebnisse.

____

____

4. Überlege, wie den zurückgebliebenen Pflanzen geholfen werden könnte.

____

____

5. Überlege, ob Torf im Garten nicht durch einen anderen Stoff ersetzt werden könnte.

____

 ISBN 3-12-043120-6

1. Beschrifte die abgebildeten Dinge, und streiche durch, was nicht auf den Kompost gehört.
2. Formuliere stichpunktartig drei Grundregeln für einen günstigen Kompostierungsablauf.

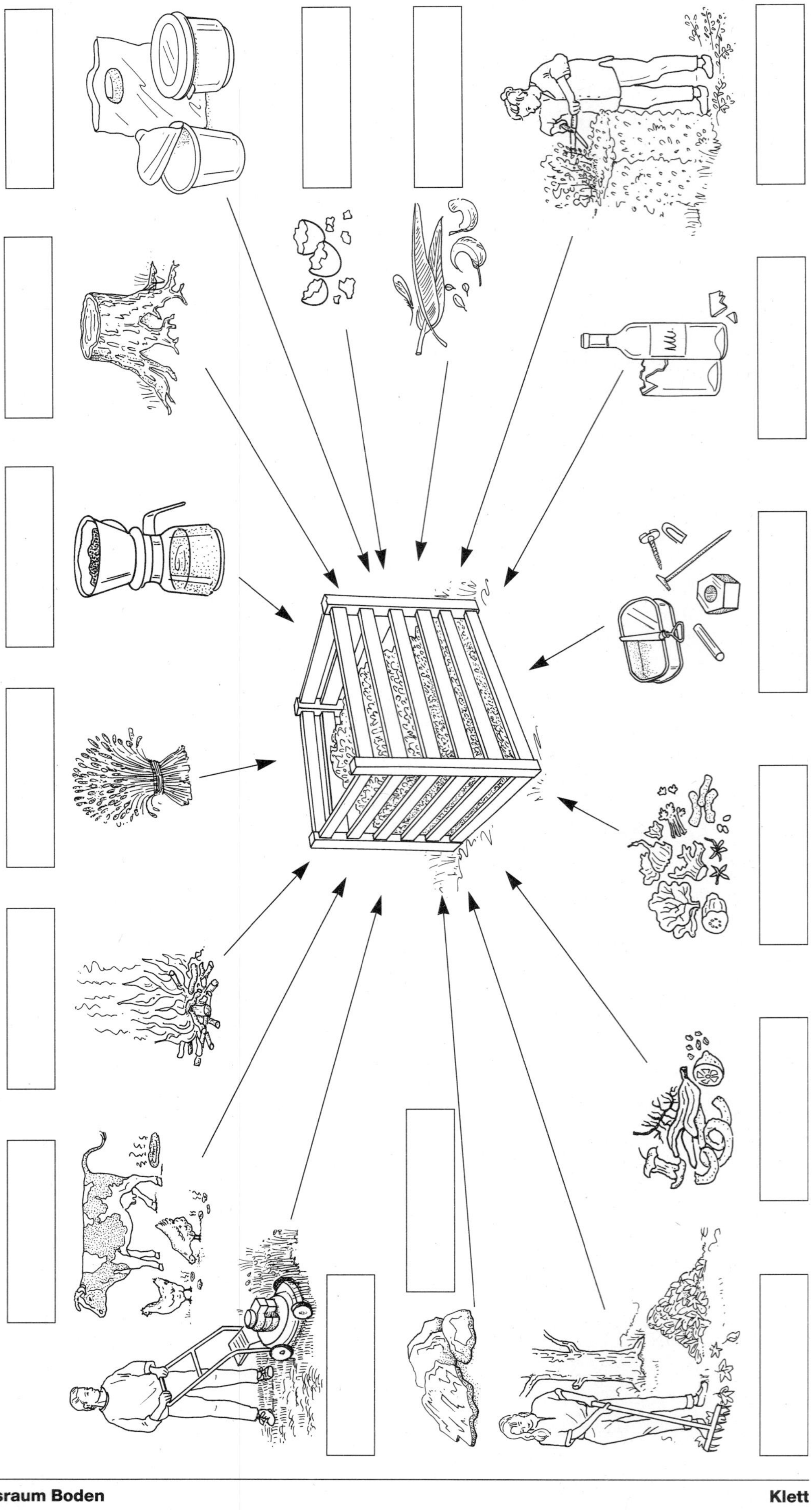

ISBN 3-12-043120-6

1. Beschrifte den Ablauf der Kompostentstehung vom Ausgangsmaterial bis zum Endprodukt.

2. Formuliere eine Aussage über die zentrale Bedeutung der Kompostierung für Natur und Umwelt.

Organische Abfälle

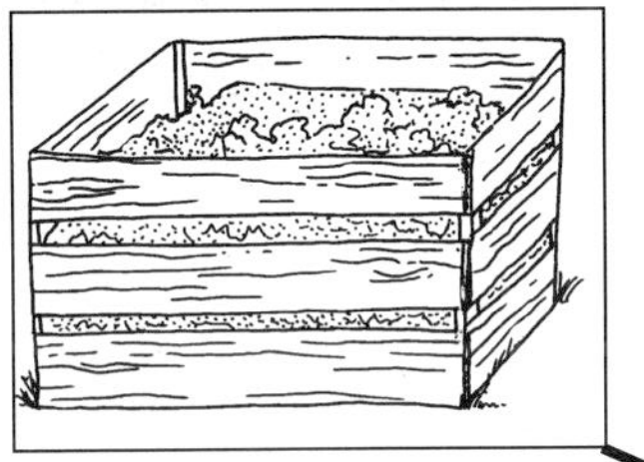

a)

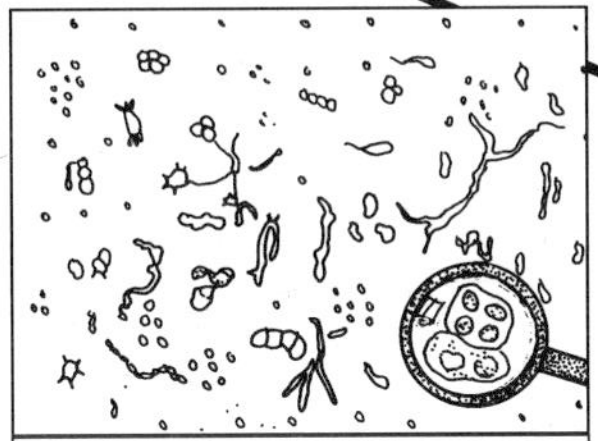

b)

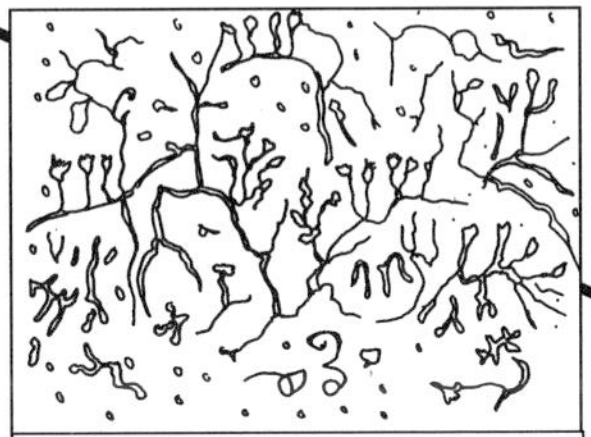

c)

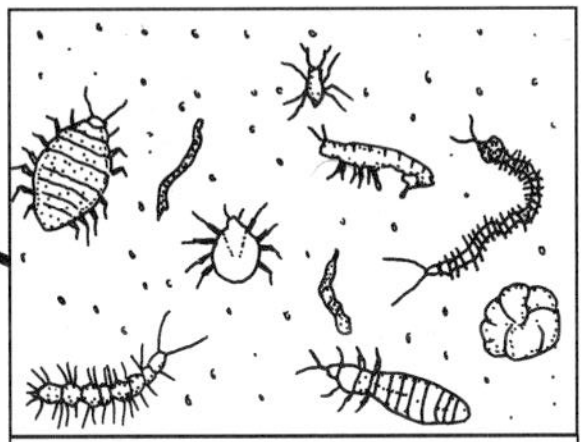

d)

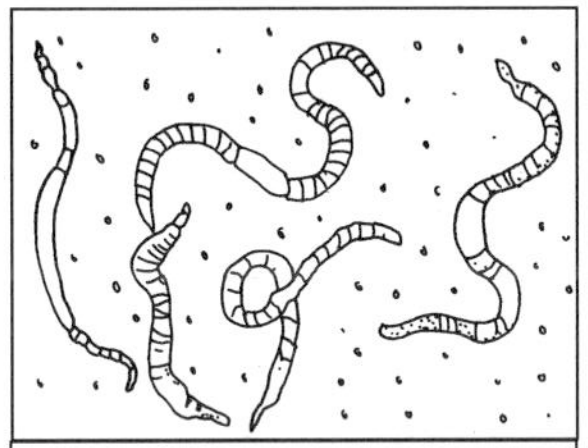

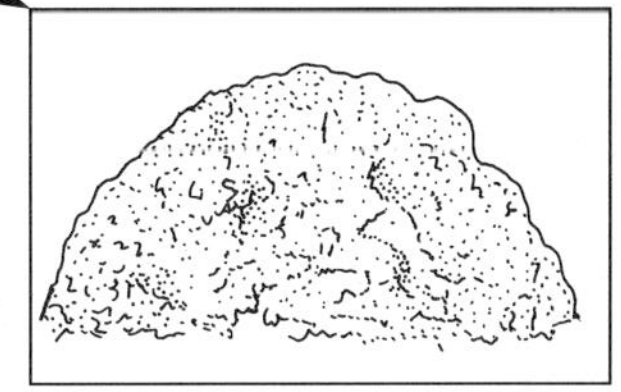

Kompost

3. Formuliere stichpunktartig fünf Grundsätze für einen erfolgreichen Kompostierungsvorgang.

ISBN 3-12-043120-6

Spielanleitung

Mitspieler: 2 bis 5 Spieler/innen

Material: 1 Würfel, verschiedenfarbige Spielfiguren (aus Mensch-ärgere-Dich-nicht), Spielplan, Ereigniskarten

Spielziel: Sieger/in ist, wer den Komposthaufen (= Ziel) als erster erreicht. Das Ziel kann nur mit der genauen Würfelaugenzahl erreicht werden!

Spielverlauf: Schwierige Fragen können je nach Alter der Spieler/innen auch ausgesondert werden und nur die leichten verbleiben im Spiel.
Jede/r Spieler/in hat vorab einen Probewurf. Es beginnt der/diejenige mit der geringsten Augenzahl. Der/die nächste im Uhrzeigersinn folgt, wenn der/die vorherige gezogen hat. Gezogen wird die Zahl der gewürfelten Augen. Doppelbelegungen eines Spielfeldes sind möglich. Figuren, die sich bereits auf einem Spielfeld befinden, werden nicht hinausgeworfen!

Sonderfelder: a) Abkürzungen und Umwege sind durch Pfeile markiert; sie können/müssen befolgt werden (Vereinbarung). Durch den Verzicht auf die Umwege kann die Spieldauer erheblich verkürzt werden; es kann aber auch nur auf die Rückumwege verzichtet werden.

b) + und -Felder geben die Zahl der Vorwärts- oder Rückwärtsbewegungen an, die man durch Erreichen eines der Felder vorzunehmen hat.

c) Ereignisfelder: Hier hat der/die linke Mitspieler/in eine Karte vom Stapel zu nehmen und dem/der Spieler/in das Ereignis oder die Fragestellung mitzuteilen. Nach der Beantwortung der Frage wird bei Bedarf die richtige Antwort noch einmal bekanntgegeben und in jedem Fall die mit der Frage bzw. Antwort verbundene Konsequenz. Diese ist zu befolgen.

d) Mülltonnen: Spieler/innen, die diese Felder erreichen, müssen 1 x aussetzen, da sie ihr Kompostgut in die Mülltonne leeren.

Ausnahme: Der Besitz eines Jokers kann vor negativen Folgen einmal schützen. Der gebrauchte Joker kommt nicht mehr ins laufende Spiel! (Spielerleichterung: 4 statt 2 Joker verwenden).

ISBN 3-12-043120-6

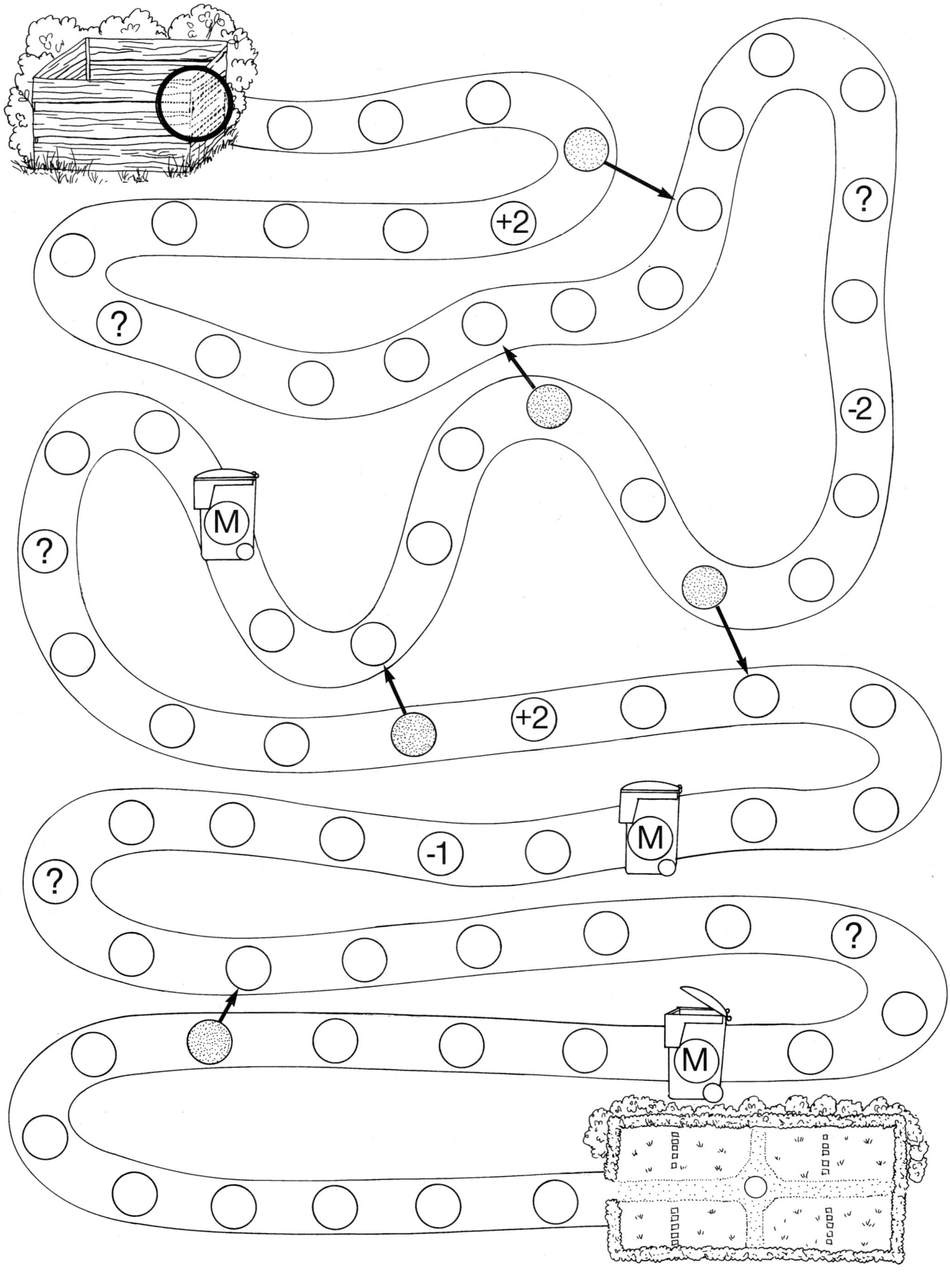

ISBN 3-12-043120-6

Klebe die Karten auf einen haltbaren Karton, und schneide sie sorgfältig aus.

Nenne 4 Dinge, die nicht auf einen Kompost gehören!

Steine, Fleischrest, Plastik, Metall, Glas, Porzellan, chemisch behandelte Abfälle, große Mengen nasser Rasenschnitt.

Richtig: Noch einmal würfeln!
Falsch: Einmal aussetzen!

Nenne 3 Organismen, die an der Kompostherstellung beteiligt sind!

Würmer, Asseln, Schnecken, Bakterien, Pilze, Springschwänze

Richtig: 5 Felder vorrücken!
Falsch: 5 Felder zurück!

Weshalb sollen Fleischreste nicht auf den Kompost gebracht werden?

Gefahr des Stinkens
Anlocken von Ratten ist dadurch möglich

Richtig: Noch einmal würfeln oder 4 Felder vorrücken!
Falsch: Einmal aussetzen!

Weshalb sollten Schalen von Zitrusfrüchten nicht unbedingt auf den Kompost kommen?

Sie sind meist stark gespritzt, die Rückstände können mit dem Kompost in den Boden kommen.

Richtig: 4 Felder vorrücken!
Falsch: 4 Felder zurück!

Welche Temperaturen können in einem Komposthaufen entstehen?

Während der Heißrotte bis zu 70°C

Richtig: Noch einmal würfeln!
Falsch: 4 Felder zurück oder einmal aussetzen!

Weshalb ist Kompost für den Boden wichtig und wertvoll? Nenne einen Vorteil!

Nahrung für die Bodenlebewesen – Zuführung von Nährstoffen – Düngung

Richtig: 5 Felder vorrücken!
Falsch: Zweimal aussetzen!

Weshalb müssen Kompostbehälter luftdurchlässig sein?

Die Kompost-Lebewesen brauchen Sauerstoff, ohne Sauerstoff würde der Kompost verfaulen.

Richtig: 6 Felder vorrücken!
Falsch: Einmal aussetzen!

Was kann auch in einem Schulhaus kompostiert werden? Nenne 2 Beispiele!

Abfälle aus dem Schulgarten : Obstreste aus der Pause – Kaffeesatz aus dem Lehrerzimmer

Richtig: 4 Felder weiter!
Falsch: 4 Felder zurück!

ISBN 3-12-043120-6

Klebe die Karten auf einen haltbaren Karton, und schneide sie sorgfältig aus.

Weshalb dürfen Kompostbehälter keinen geschlossen Boden haben?

Die Bodenlebewesen könnten nicht in den Komposthaufen eindringen.

Richtig: 5 Felder vorrücken!
Falsch: Einmal aussetzen!

Der Komposthaufen in eurem Garten steht ungeschützt in der prallen Sonne!

Leider Pech gehabt!

Setze zweimal aus!

Du hast aus Versehen gespritzte Obstschalen im Kompost-Eimer!

Leider Pech gehabt!

Setze einmal aus oder gehe 3 Felder zurück!

Plastik und Glas gehören nicht auf den Kompost!

Leider Pech gehabt!

Gehe zurück zur letzten Abfalltonne!

Das hast du falsch gemacht! Kompost wird nicht tief in die Beete eingegraben – nur oberflächlich eingearbeitet!

Leider Pech gehabt!

Gehe 4 Felder zurück!

Du hast in deinem Mülleimer viele Stoffe, die nicht auf den Kompost gehören!

Leider Pech gehabt!

Gehe zurück zum Ausgang, und beginne von vorne!

Du hast fleißig Kaffeesatz gesammelt - die Kompostwürmer freuen sich!

Gratuliere – so ein Glück!

Rücke 4 Felder vor!

Du hast dich gut um den Komposthaufen gekümmert! Nun kannst du den Kompost verwenden!

Gratuliere – so ein Glück!

Rücke 8 Felder vor!

ISBN 3-12-043120-6

Klebe die Karten auf einen haltbaren Karton, und schneide sie sorgfältig aus.

Du hast den halbverrotteten Kompost richtig als Mulchmaterial verwendet!

Gratuliere – so ein Glück!

Du darfst noch einmal würfeln!

In der Küche steht eine Biotonne, in der Komposstoffe gesammelt werden!

Gratuliere – so ein Glück!

Rücke 5 Felder vor, oder würfle noch einmal!

Weshalb darf Kompost nicht austrocknen?

Die Kompostlebewesen würden absterben – es würde kein Kompost entstehen können.

Richtig: Würfle noch einmal!
Falsch: Setze einmal aus!

An welcher Stelle im Garten wird der Kompostplatz am besten angelegt?

Im Halbschatten

Richtig: 3 Felder weiter!
Falsch: 4 Felder zurück!

Welchen Grund gibt es, Gartenabfälle nicht in den Mülleimer zu werfen?

Daraus kann Komposterde entstehen (oder) Verringerung der Müllmengen

Richtig: Noch einmal würfeln!
Falsch: Eine Runde aussetzen!

Viele Gemeinden oder Landkreise zahlen Zuschüsse für Kompostbehälter – Warum?

Damit noch mehr Leute kompostieren und die Müllmengen weniger werden

Richtig: 3 Felder vorrücken!
Falsch: 4 Felder zurück!

Mit dieser Karte kannst du einmal eine unangenehme Folge vermeiden!

Joker

Mit dieser Karte kannst du einmal eine unangenehme Folge vermeiden!

Joker

ISBN 3-12-043120-6

Klebe die Karten auf einen haltbaren Karton, und schneide sie sorgfältig aus.

Mit dieser Karte kannst du einmal eine unangenehme Folge vermeiden!

Joker

Mit dieser Karte kannst du einmal eine unangenehme Folge vermeiden!

Joker

Welchen früher beliebten Bodenstoff aus Mooren kann man durch Kompost ersetzen?

Torf

Richtig: 3 Felder weiter!
Falsch: Warte, bis dich jemand überholt oder einmal aussetzen!

Auf den Kompost kommen große Mengen nasser Rasen? Was geschieht?

Der Rasen wird verfaulen, es entsteht kein Kompost

Richtig: Würfle noch einmal!
Falsch: 4 Felder zurück!

Welche Farbe hat fertige Komposterde?

Sie ist schwarz!

Richtig: 2 Felder weiter!
Falsch: 4 Felder zurück!

Welchen Geruch hat fertige Komposterde?

Sie riecht wie Walderde!

Richtig: 3 Felder weiter!
Falsch: 3 Felder zurück!

Kompostmaterial kann auch direkt zur Beetanlage verwendet werden. Wo?

Als Hügelbeetmaterial

Richtig: 3 Felder weiter!
Falsch: 2 Felder zurück!

Welchen wertvollen Zusatz kann man Kompost geben?

Kleine Mengen Horn- oder Blutmehl, Kalk

Richtig: Würfle noch einmal!
Falsch: 4 Felder zurück!

ISBN 3-12-043120-6

Klebe die Karten auf einen haltbaren Karton, und schneide sie sorgfältig aus.

Wofür ist Kompost im Pflanzenbereich überhaupt gut?

Er düngt die Pflanzen

Richtig: Rücke 3 Felder vor!
Falsch: Du mußt 4 Felder zurück!

Was ist Kompost überhaupt?

Erde aus Pflanzenresten

Richtig: 3 Felder vorrücken!
Falsch: Einmal beim Würfeln aussetzen!

Woher kommen die Würmer und anderen Tiere im Kompost?

Aus dem Boden

Richtig: Noch einmal würfeln!
Falsch: Du mußt um 4 Felder zurück!

Frau Meier überlegt, ob sie den Kaffeesatz aus der Kaffeemaschine auf den Kompost bringen soll. Gib ihr einen Rat!

Kaffeesatz ist besonders gut für den Kompost

Richtig: 5 Felder vorrücken!
Falsch: Du mußt einmal aussetzen!

Familie Müllmeister wirft alle Küchenabfälle in die Mülltonne. Was sagst du Frau Müllmeister?

Aus Küchenabfällen entsteht auf dem Kompost neue Erde

Richtig: Du darfst noch einmal würfeln!
Falsch: Setze einmal mit dem Würfeln aus!

Herr Schlau meint es besonders gut – er stellt den Kompostbehälter in die Sonne! Was meinst du dazu?

Der Kompostbehälter gehört an einen schattigen Platz!

Richtig: Du darfst noch einmal würfeln!
Falsch: Setze einmal mit dem Würfeln aus!

Damit der Kompost nicht stinkt, möchte Herr Listig eine alte Plastikmülltonne mit Deckel als Kompostbehälter verwenden.
Entscheide, ob diese geeignet ist!

Nein! (Der Inhalt verfault)

Richtig: Du darfst 6 Felder vorrücken!
Falsch: Setze zweimal mit dem Würfeln aus!

Sollte man Eierschalen zerkleinern, ehe man sie auf den Kompost wirft?

Ja, sie verrotten schneller

Richtig: 3 Felder vorrücken!
Falsch: 3 Felder zurück!

ISBN 3-12-043120-6

Der Boden ist belebt. Die Vielzahl der Bodenlebewesen ist unvorstellbar groß. Bodenlebewesen erfüllen wichtige Aufgaben im Naturhaushalt. Bodenlebewesen können nach verschiedenen Gesichtspunkten eingeteilt werden. Das Vorhandensein auch kleinster Bodenlebewesen kann man nachweisen.

Inhalt

6.1 Bodenleben

Wie schon in Kapitel 3 angesprochen, besteht Boden nicht nur aus toter mineralischer und organischer Substanz (Humus) sowie Luft und Wasser. Als weiterer Bestandteil sind die zahlreichen lebenden Organismen zu sehen, für die Boden einen eigenen und oft den ausschließlichen Lebensraum darstellt.

Bodenlebewesen kommen in natürlichen Böden in einer so unglaublichen Vielfalt und Vielzahl vor, daß schon ein Kilogramm Bodenkrume weit mehr Organismen enthält als Menschen auf der Erde leben. Diese lebende organische Substanz (im Gegensatz zum toten Humus) wird, bezogen auf das Gewicht, als Biomasse bezeichnet, im Unterschied zur Individuenzahl, die die zahlenmäßige Präsenz erfaßt.

Die Bodenorganismen, die mit großer Mehrheit mikroskopisch klein sind, besiedeln weitgehend die wasser- bzw. luftgefüllten Hohlräume, also die Poren des Bodens. Vor allem die Oberflächen der Krümelstrukturen, bevorzugt in Wurzelnähe, bieten günstige Lebensmöglichkeiten.

Vereinfacht kann gesagt werden, daß nur etwa 50% bis 60% des Bodens aus fester Masse besteht, der Rest dagegen Porenvolumen mit Wasser- bzw. Luftfüllung ist, wobei bodenartenspezifisch Unterschiede gegeben sind.

Von dieser festen Bodenmasse wiederum sind etwa 93% bis 95% mineralischen Ursprungs, der Humusanteil liegt entsprechend etwa bei 5% bis 7%. Von der gesamten Humusmenge sind lediglich ca. 7% lebende Organismen, und dennoch kommt auf nur einen ha bei ca. 30 cm Krumentiefe eine Biomasse bis ca. zehn Tonnen zusammen (Abb. 6.1).

Freilich spielen bezüglich der Individuenzahl und Artenverteilung Faktoren wie Bodennutzung, Bodentyp und Bodenart eine entscheidende Rolle. Die Vielzahl und Vielfalt der Organismen ist in ungestörten Böden in den oberen Lagen deutlich höher und nimmt nach unten hin stetig ab, wobei hier die sauerstoffunabhängigeren Formen zunehmen.

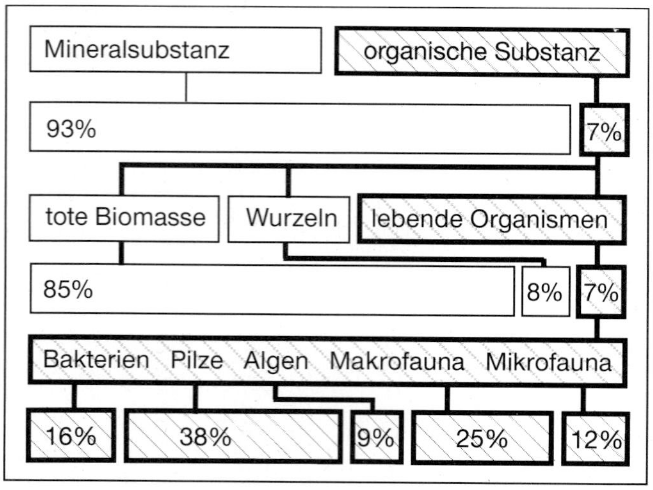

Abb. 6.1: Bodenzusammensetzung

Die Bodenorganismen können grundsätzlich unterschieden werden nach:

1. **Bodenflora:** Bodenorganismen des pflanzlichen Bereichs,
2. **Bodenfauna:** Bodenorganismen des tierischen Bereichs.

Dabei lassen sich die Organismen der Bodenfauna weiter unterscheiden nach der jeweiligen Nahrungsgrundlage, wobei von herbi- (Pflanzen), carni- (Fleisch) bzw. omnivoren (Allesfresser) Organismen zu sprechen wäre, die entweder als Primär- oder Sekundärreduzenten wirken.

Zunächst aber sei noch eine Übersicht (Tabelle 6.1) über die mögliche Menge an Bodenorganismen am Beispiel eines Wiesenbodens gegeben, wobei die Werte als Zirkaangaben zu verstehen sind. Auf einen Hektar hochgerechnet ergibt sich somit die beachtliche Menge von 10 t.

10 000 000 000 000	Bakterien	ca. 160 g/m^2
12 000 000 000	Pilze	ca. 380 g/m^2
1 000 000 000	Algen	ca. 90 g/m^2
600 000 000	Einzeller	ca. 115 g/m^2
1 800 000	Fadenwürmer	ca. 4 g/m^2
28 000	Springschwänze	ca. 11 g/m^2
18 000	Milben	ca. 10 g/m^2
10 000	Borstenwürmer	ca. 2 g/m^2
800	Käfer(-larven)	ca. 18 g/m^2
550	Tausendfüßer	ca. 20 g/m^2
320	Ameisen	ca. 2 g/m^2
300	Asseln	ca. 4 g/m^2
240	Fliegenlarven	ca. 26 g/m^2
230	Spinnen	ca. 2 g/m^2
130	Regenwürmer	ca. 145 g/m^2
50	Schnecken	ca. 25 g/m^2
	Gesamtbiomasse	ca. 1014 g/m^2

Tabelle 6.1: Übersicht über die Menge an Bodenorganismen

6.2 Der Kreislauf der Stoffe

Unser aller Existenz ist wie die jeglicher Materie auf Erden in ein Geflecht von Beziehungen eingewoben, die heute als Ökosysteme bezeichnet werden und global gültig sind.

Ein Ökosystem, das sich selbst erhält und trägt, ist stabil und autark; gestörte Ökosysteme sind labil und benötigen eine Stützung. Störungen eines Ökosystems kommen im allgemeinen von außerhalb des Systems.

Wesentlich für das Funktionieren eines Ökosystems ist, daß Kreisläufe entstehen, wobei die Wechselbeziehungen von biotischen und abiotischen Faktoren bestimmt werden. In diese vielfältigen Wechselbeziehungen und Kreisläufe wird die vorhandene Materie stets neu einbezogen.

Dabei können die sich in den verschiedenen Ökosystemen vollziehenden Kreisläufe sehr weitreichende Auswirkungen (Wasserkreislauf) haben oder auch lokal sehr eng begrenzt (Nährstoffkreislauf) sein. Von globaler Bedeutung und für uns existenziell ist der Stoffkreislauf. Hier wirken vier Bereiche zusammen, die diesen Kreislauf tragen. Diese sind:

1. Die abiotische Umwelt: Sie umfaßt Wasser, Mineralstoffe, im wesentlichen die Gase C, O, H, organische Stoffe, die Sonne als Energielieferanten.

2. Die Produzenten: Es sind dies die grünen Pflanzen zu Land und im Wasser, die für das gesamte System aufgrund ihrer Assimilationsfähigkeit die benötigte Biomasse als Nahrungsgrundlage liefern.

3. Die Konsumenten: Diese Ebene umfaßt zunächst die sich direkt von Pflanzen ernährenden Primärkonsumenten, seien es Mikroorganismen oder große Pflanzenfresser wie beispielsweise der Elefant. Sekundärkonsumenten sind die Fleischfresser, die indirekt von den Pflanzen Nutzen ziehen, indem sie Primärkonsumenten verzehren. Vielfach gibt es noch eine weitere, tertiäre Konsumentenebene, die vor allem große „Raubtiere" an der Spitze von Nahrungsketten umfaßt.

4. Die Reduzenten (Destruenten): Diesem Bereich sind all jene Lebensformen zuzurechnen, die organische Stoffe abgestorbener Organismen und deren Ausscheidungen als Zersetzer wieder in mineralische Ausgangsstoffe, Wasser und Kohlenstoffdioxid abbauen, um sie erneut dem Kreislauf zugänglich zu machen.

Reduzenten lassen sich nach der Art ihrer Ernährung unterscheiden in Abfallfresser (Würmer, Asseln...) und in Umwandler oder Mineralisierer, zu denen vor allem die Einzeller zu rechnen sind.

6.2.1 Abbau organischer Substanzen

Grundeigenschaft aller Lebewesen ist ihr Vermögen zu wachsen, sich zu vermehren und zu sterben. Dabei fallen lebenslang Stoffwechsel-Endprodukte sowie tierische oder pflanzliche Leichen an. Diese Stoffe müssen in einem geschlossenen Kreislaufsystem, wie es die Lebensvorgänge auf der Erde darstellen, immer wieder abgebaut, d.h. in ihre Bausteine zerlegt werden, um sie dem Kreislauf wieder zuführen zu können. Die Bodenorganismen als Träger dieser Aufgaben werden somit als Reduzenten (Destruenten) bezeichnet.

Diese Abbautätigkeit kann allerdings nur als Gemeinschaftsaufgabe der verschiedenen beteiligten Organismen geleistet werden, die nacheinander oder teils auch gleichzeitig wirksam werden. Die Stoffreduktion ist als sehr komplexer Vorgang anzusehen, der hier in einer vereinfachten Darstellung wiedergegeben werden soll (Abb. 6.2).

Vorhandene organische Reststoffe werden am Anfang des Abbauvorganges von Bakterien aufgeschlossen (Verrottung), ehe sie von größeren Bodentieren zerkleinert, d.h. gefressen und verdaut werden. Ihre Ausscheidungen wiederum stellen einen idealen Nährboden für Organismen der Bodenflora (Pilze, Bakterien) oder Nahrung für kotfressende Tiere dar, deren Enzyme nun auch die schwerer zersetzbaren Gewebeteile aufschließen.

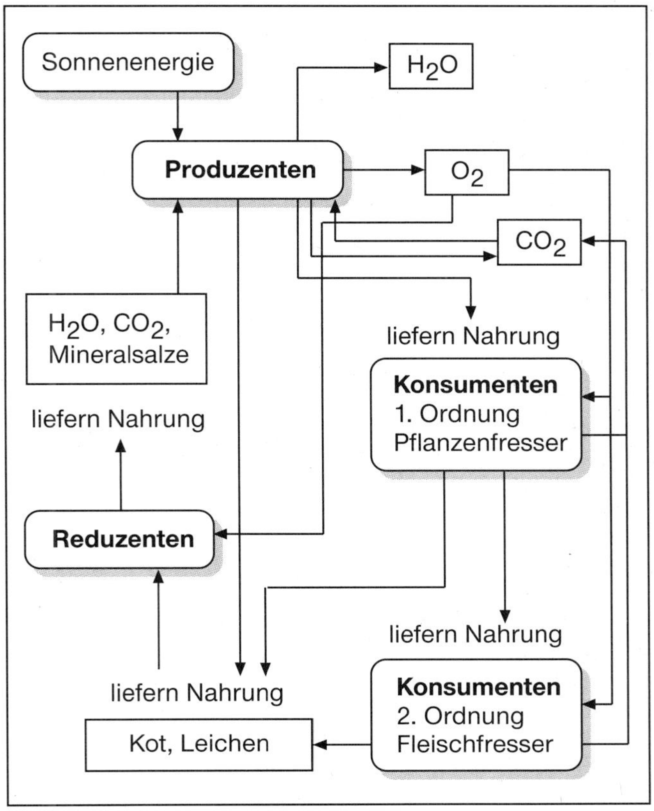

Abb. 6.2: Stoffkreislauf – Schema

Eine hier aufzustellende Nahrungskette umfaßt einen Mikrokosmos von Pflanzenfressern, Räubern und Kotfressern, deren Abbauprodukte schließlich von Bakterien und Pilzen in pflanzenverwertbare Stoffe zerlegt (d. h. mineralisiert) werden. Die Abbaugeschwindigkeit hängt dabei neben dem vorhandenen Verhältnis von Kohlenstoff: Stickstoff (Idealverhältnis 10:1) auch von der chemischen Zusammensetzung der abzubauenden Stoffe ab, wobei die Abbaubarkeit der Stoffe etwa so aussieht:

Zucker > Stärke > Eiweiß > Zellulose > Holzstoff (Lignin).

Während der größte Teil der Abbaustoffe mineralisiert wird, wird ein kleiner Teil in Form von Dauerhumus als Nährstoffreserve umgewandelt und bleibt dem Boden zunächst erhalten.

6.2.2 Stickstoffbindung

Neben der Mineralisierung der organischen Reststoffe, ohne die ein Weiterleben auf der Erde längst aufgehört hätte, ist eine kleine Gruppe von Bakterien in der Lage, Stickstoff aus der Atmosphäre zu binden, um ihn den Pflanzen zugänglich zu machen. Diese Knöllchenbakterien, die in Symbiose mit Leguminosenarten an den Wurzeln leben, vermögen beispielsweise pro ha bis zu 400 kg Stickstoff pro Jahr verfügbar zu machen.

6.2.3 Verbessernde Wirkung auf die Bodenstruktur

Die besondere Bedeutung der Bodenstruktur auf die Eigenschaft von Böden wurde bereits dargestellt. Zu einem wesentlichen Teil sind die Bodenorganismen an der Schaffung einer optimalen Bodenstruktur beteiligt:

a) Bodenlockerung

Verschiedene Vertreter vor allem der Makrofauna vermögen durch ihre wühlende Lebensweise den Boden zu lockern und zu mischen. Neben einigen Vertretern der Säuger sowie der Insektenwelt (Ameisen, Käferlarven, Maulwurfsgrille) sind hier vor allem die Regenwürmer zu nennen. Besonders sie schaffen durch ihre grabende Tätigkeit in Massen Gänge und Hohlräume im Boden; diese stehen für die Wasserführung, die Belüftung und als Wurzelraum sowie als idealer Lebensraum für weitere Bodenorganismen zur Verfügung.

b) Stabilisierung von Bodenteilchen

Verkettete Bodenteilchen wirken sich stabilisierend auf das Bodengefüge aus. Diese Verkettung wird weitgehend durch die Verdauungstätigkeit von Bodenorganismen bewirkt. Ihre Ausscheidungen führen zu einer Verkittung kleinster Teilchen mittels Schleim, wodurch eine ideale Krümelstruktur des Bodens entsteht.

Verstärkt wird dieser Verkittungseffekt durch die sogenannte Lebendverdauung: Hyphen (Myzel) der Pilze durchdringen die Bodenkrümel und halten sie zusätzlich fest.

6.3 Bodenorganismen

Für unsere Darstellung der Bodenorganismen wurde eine Einteilung nach der Größe vorgenommen, da dieses Kriterium für Schüler und Schülerinnen am leichtesten nachvollziehbar sein dürfte.

Auf Grund der Größenangabe ist eine Unterscheidung der Bodenorganismen möglich nach
- Mikro-,
- Meso-,
- Makro-,
- Megaorganismen.

Dabei wären dem Mikrobereich jene Lebewesen zuzuordnen, die nur mit Hilfe optischer Geräte für unser Auge wahrnehmbar werden (etwa Einzeller), den Makrobereich umfassen dagegen Organismen, die mit bloßem Auge sowohl gut sichtbar als auch betrachtbar sind (etwa ab Ameisengröße), während dem Megabereich hauptsächlich die Kleinsäugerwelt des Bodens zuzurechnen ist.

Mesoorganismen sollen bei dieser Einteilung den Übergang vom Mikro- zum Makrobereich besetzen. Es sind dies im wesentlichen also Organismen, die mit bloßem Auge gerade noch wahrgenommen, aber nicht mehr betrachtet werden können. Dabei ergeben sich im Bereich von Mikro- und Mesofauna einige Überschneidungen.

Die Organismen des Mega-, Makro- und Mesobereichs können ausschließlich der Bodenfauna, die Mikroorganismen jedoch teils der Bodenflora, teils der Bodenfauna zugeordnet werden. Insgesamt übertrifft die Individuenzahl der Bodenflora die der Bodenfauna um ein Vielfaches, auch stellt die Bodenflora im Vergleich zu den Organismen der Bodenfauna den größeren Anteil an Biomasse, wie Abb. 6.3 zeigt.

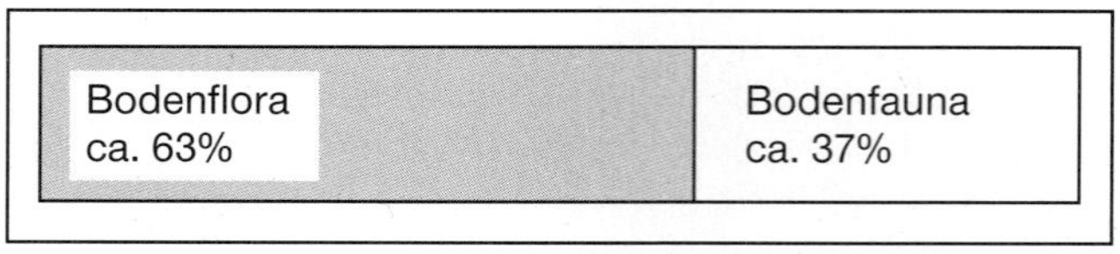

Abb. 6.3: Gewichtsverteilung (Biomasse, Ackerkrume)

6.3.1 Megafauna

Diese Gruppe umfaßt Säuger, die periodisch (Mäuse, Hamster, Kaninchen, Dachs, Fuchs) oder quasi permanent (Maulwurf) im Boden leben und durch ihre Wühltätigkeit nicht zu unterschätzende Mengen von Bodenmaterial bewegen und durchmischen. Darüber hinaus dienen ihre Exkremente verschiedenen Sekundärzersetzern als Nahrungsquelle.

Als quasi permanentem Bodenbewohner kommt unter den genannten Arten zweifellos dem Maulwurf eine herausragende Rolle zu, weshalb er als Vertreter der Gruppe auch exemplarisch vorgestellt werden soll.

Der Maulwurf (*Talpa europaea*)

Der Maulwurf gehört zur Ordnung Insektenfresser und bewohnt in fünf Unterarten nahezu ganz Europa. Mit einer Gesamtlänge von 14 cm bis 16 cm und ca. 3 cm Schwanz und einem walzenförmigen Körper mit strichlosem, schwärzlichen Pelz ist er hervorragend an seine unterirdische Lebensweise angepaßt (Abb. 6.4).

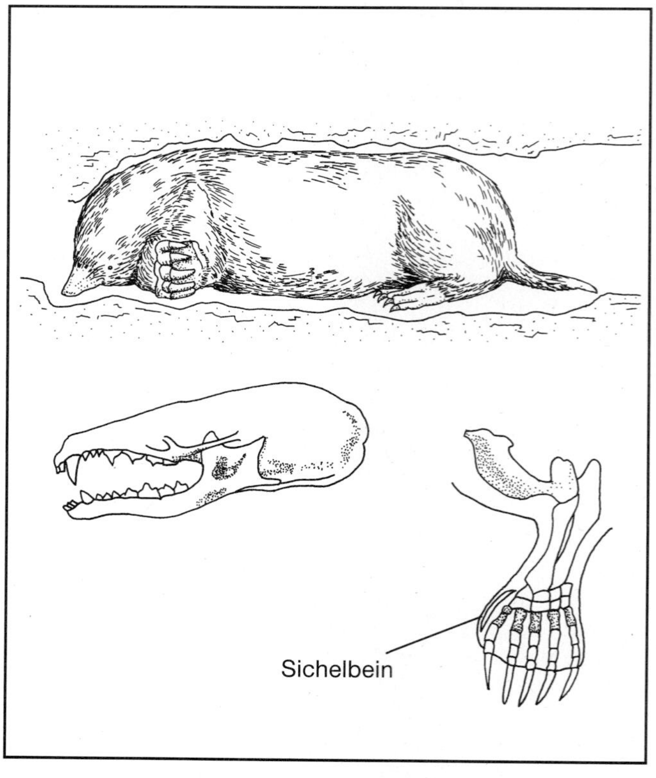

Abb 6.4: Maulwurf (Schädel, Grabfuß)

Im Boden legt er sich ein weitverzweigtes Gangsystem mit diversen Zweckbestimmungen (Wohnkessel, Jagd- und Fluchtgänge, Vorratskammer...) an. Praktisch sein ganzes Leben verbringt der extreme Einzelgänger unter der Erde.

Die grabende Lebensweise ermöglichen vor allem die kräftigen, kurzen und zu regelrechten Grabschaufeln ausgebildeten Vorderbeine, die neben den fünf Fingern zur Verbreiterung der Hand ein Sichelbein aufweisen. Damit wird die Erde losgeschaufelt und nach hinten geräumt. Von hier schieben die scharrenden, ebenfalls durch kleine Sichelbeine verbreiterten Hinterbeine die Erde hinter das Tier. Im lockeren Erdreich vermag auch der kegelförmige Kopf (Abb. 6.4) dank einer knorpelverstärkten Nasenspitze das Graben zu unterstützen. In härterem Boden wird der Kopf dagegen eingezogen, um die Nase zu schützen.

Die Erdmenge, die der Maulwurf bewegt, ist recht beachtlich. Sie stammt teilweise aus größerer Tiefe, ist kleinteilig und wird, wenn sich zu viel lockeres Material angesammelt hat, als Maulwurfshügel an die Oberfläche geschoben. Der Maulwurf trägt so erheblich zur Bodendurchmischung bei.

Die nackte Nasenrüsselspitze besitzt einen sehr empfindlichen Tastsinn. Weitere Leitsinne sind ein vorzügliches Gehör sowie ein höchst ausgeprägter Geruchssinn. Die kleinen Augen und Ohren ohne Ohrmuscheln sind tief im samtartigen Pelz verborgen; dieser nimmt weder Erdkrümel noch Feuchtigkeit auf.

Als rein carnivores Tier sucht der Maulwurf seine Jagdgänge beständig nach Freßbarem ab. Dazu läuft er täglich 4 bis 5 mal etwa im Abstand von drei bis vier Stunden durch das verzweigte Gangsystem.

Auf seiner Speiseliste stehen Regenwürmer und alle anderen Tiere, die er zu überwältigen in der Lage ist. Darunter sind auch recht wehrhafte, die von dem angriffslustigen Maulwurf ohne Zögern angefallen werden, wie Spitzmäuse oder Mäuse.

Selbst Blindschleichen, Eidechsen sowie junge Schlangen, die in seine Gänge geraten, werden als Beute betrachtet und angegriffen. Nachts auch oberirdisch jagend, greifen Maulwürfe Schnecken, Frösche und bodenbrütende Nestjunge von bodenbrütenden Vögeln auf.

Wie bei allen Insektenfressern ist auch beim Maulwurf aufgrund seines hohen Stoffumsatzes der Nahrungsbedarf sehr groß. Er benötigt täglich mindestens das Eigengewicht an Nahrung, doch kann auch die doppelte Menge mühelos verdaut werden. In „guten Zeiten" legen Maulwürfe regelrechte Vorratskammern mit durch Bisse gelähmten Regenwürmern an, die in die Hunderte gehen können. Ein Winterschlaf wird nicht gehalten, während der kalten Jahreszeit aber wird das Jagdrevier tiefer gelegt.

Die Vermehrung erfolgt durch recht kleine, etwa feuerbohnengroße Junge (drei bis fünf pro Wurf; Mai bis Juli) in einem besonders angelegten Wurfkessel. Bereits nach etwa fünf Wochen sind die Nesthocker so gut wie erwachsen und selbständig, so daß sie aus dem Revierbereich der Mutter vertrieben werden.

Zu den zahlreichen Feinden des Maulwurfs zählen vor allem: Wiesel, Greifvögel, Rabenvögel, Storch, Eulen sowie der Fuchs. Vor menschlichen Nachstellungen ist er dagegen heute sicherer als früher, als der Maulwurf von Maulwurfjägern energisch verfolgt wurde, weil sie ihn als Schädling betrachteten und sich durch den Verkauf des zeitweise begehrten Pelzes ein Zubrot verdienten.

6.3.2 Makrofauna

Die Organismen der Makrofauna sind zwar ohne optische Hilfsmittel wahrnehmbar, dennoch sind sie allesamt Winzlinge unter den Tieren. Die eindeutig größten Vertreter der Gruppe sind die Regenwürmer. Die Makroorganismen sind partielle oder permanente Bodenbewohner, die außer durch ihre aktive Wühl- und Grabtätigkeit weitgehend als Reduzenten wirken.

Ihr Lebensraum ist vor allem die Bodenauflage sowie die obere Krumenschicht, wohin sie sich aktiv Zugang verschaffen (graben) oder vorhandene Systeme nutzen. Wegen der überaus großen Artenfülle können hier nur überblicksweise wesentliche Vertreter dargestellt werden (Abb. 6.5).

Es sind dies Arten der Stämme
- Plattwürmer (*Plathelminthes*)
- Ringelwürmer *(Annelida)*
- Gliederfüßer *(Arthropoda)* mit den
  - Spinnentieren
  - Tausendfüßern
  - Krebsen
  - Insekten
- Weichtiere (*Mollusca*).

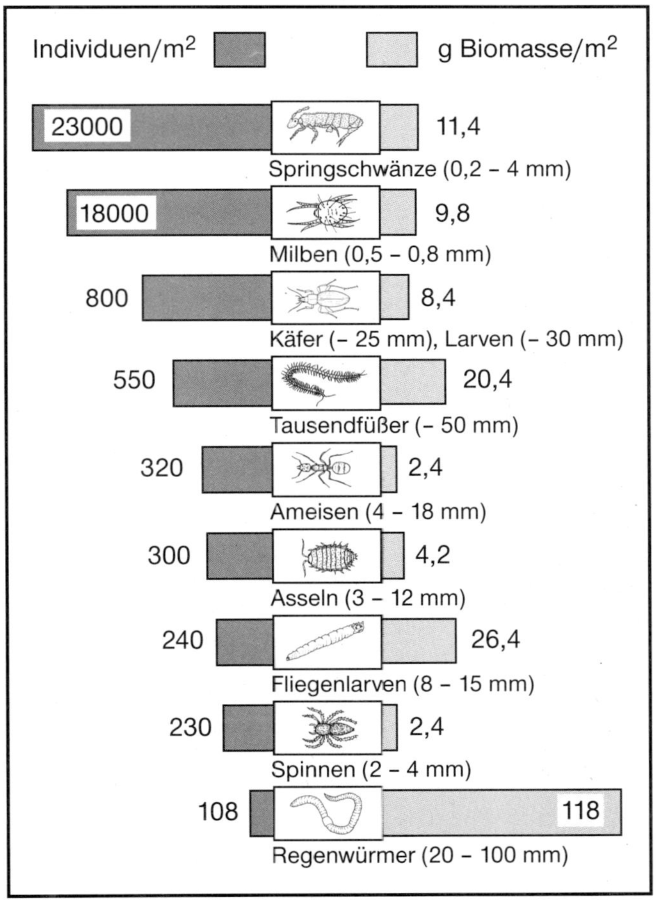

Abb. 6.5: Organismen im Wiesenboden (Übersicht)

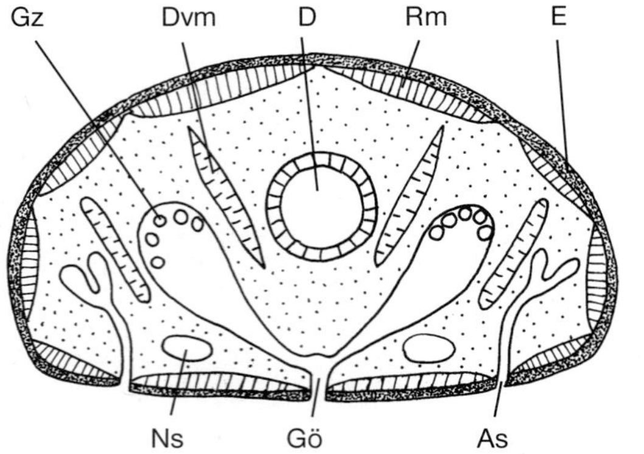

As = Ausscheidungsöffnung; D = Darm;
Dvm= Dorsoventralmuskel; E = Epidermis;
Gz = Geschlechtszellen; Ns = Nervensystem;
Gö = Geschlechtsöffnung; Rm = Ringmuskel

Abb. 6.6: Körperschnitt eines Plattwurms

Die Plattwürmer (*Plathelminthes*)

Die Plattwürmer als einfachster Wurm-Stamm umfassen die freilebenden Strudelwürmer (*Turbellarien*) sowie die parasitären Saugwürmer (*Trematoden*) und Bandwürmer (*Cestoden*). Als bodenlebendes Beispiel sei exemplarisch die Landplanarie (*Turbellaria*) angesprochen (Abb. 6.6).

Diese Tiere mit nacktschneckenähnlichem Habitus leben bevorzugt im Laubwald und dort besonders gerne unter Steinen, Totholz oder Baumstümpfen sowie im Fallaub. Sie ernähren sich carnivor von Asseln, Insekten und Schnecken, so daß sie lediglich indirekt über ihre Exkremente an der Bodenbildung beteiligt sind.

Die Ringelwürmer (*Annelida*)

Ringelwürmer sind die am höchsten organisierten Würmer. Sie zeichnen sich durch eine Segmentgliederung des Körpers aus, nach der sich auch die Gliederung der inneren Organsysteme wiederholt. Als Körperhülle dient ein Hautmuskelschlauch aus Längs- und Ringmuskeln, die Außenschicht bildet eine Cuticula, die mit Cuticularborsten versehen ist, nach denen der Stamm unterteilt wird in Viel- und Wenigborstern sowie „Borstenlosen" (Egeln).

Zu diesem höchst interessanten Stamm gehören nicht nur die allseits bekannten Regenwürmer, von denen noch gesondert zu sprechen sein wird, sondern auch die gerade einmal 5 mm bis 35 mm messenden *Enchyträen*, die sowohl in Blumentöpfen wie im Kompost nachgewiesen werden können. Zu ihrer Betrachtung aber braucht man bereits optische Hilfsmittel, um an der Ringelung die Verwandtschaft zu den Regenwürmern zu erkennen. Um sie zu erbeuten, ist eine Trennung mittels konzentrierter Kochsalzlösung geeignet, wobei die spezifisch leichten Tierchen an der Oberfläche bleiben, wogegen die anderen Teilchen absinken.

Besonders aber den Regenwürmern aus der Gruppe der Wenigborster kommt im Zusammenhang mit der Bodenbildung eine herausragende Bedeutung zu, auf die bereits DARWIN hinwies. Deshalb wird der Regenwurm auch hier eine ausführliche Darstellung erfahren.

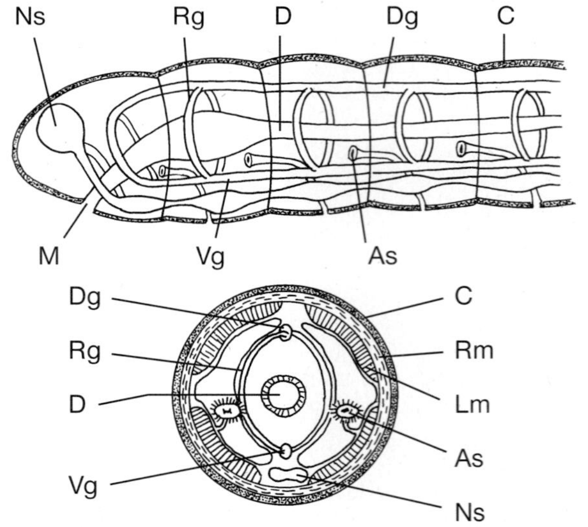

As = Ausscheidungsorgan; Lm = Längsmuskel;
Dg = Dorsalgefäß; M = Mund; C = Cuticula;
Ns = Nervensystem; Rg = Ringgefäß; D = Darm;
Rm = Ringmuskel; Vg = Ventralgefäß

Abb. 6.7: Regenwurm, Querschnitt

Ihre Verwandtschaft umfaßt mehrere Familien mit allein in Deutschland 35 vertretenen Arten, die sich nach der Lage des „Gürtels", des Clitellums, der Lage der Geschlechtsöffnungen, den bevorzugten Aufenthaltsplätzen sowie der maximalen Größe und auch der Farbe unterscheiden lassen. Die größte einheimische Art, *Lumbricus terrestris*, Tauwurm oder Gemeiner Regenwurm kann eine Länge bis 30 cm erreichen, *L. rubellus* etwa 15 cm, *L. castaneus* sowie *Eiseniella tetraedra* etwa 5 cm und der dunkelviolette *L. foetida*, Stinkender Regenwurm (Kompostwurm) etwa 13 cm, um einige häufige Arten zu nennen. In Australien lebt eine Art mit bis zu 3 m Länge und 3 cm Durchmesser.

Dem Regenwurm ist wie allen Vertretern dieses Stammes eine homonome segmentale Körpergliederung eigen. Das Nervensystem (Ganglien), als Strickleitersystem ausgebildet, der Verdauungstrakt, der im letzten Segment endet, sowie das geschlossene Butgefäßsystem mit Ringgefäßen durchziehen alle Segmente (Abb. 6.7).

Die Körperhöhle ist ebenfalls segmental gegliedert. Den einzelnen Segmentabschnitten sind paarig Exkretionsorgane, die frei in den Segmenthohlräumen beginnen, zugehörig sowie Geschlechtsorgane, die bei diesen höheren Formen bereits eigene, auf wenige Segmente beschränkte Ausführungsgänge besitzen; ansonsten werden sie über die Exkretionsorgane abgeleitet, die im nachfolgenden Segment austreten. Die im ganzen Körper gleiche Segmentgliederung weicht nur im Kopfabschnitt von diesem Bauplan ab, da hier außer dem Mund noch andere Organe angelegt sind (Sinnesorgane).

Der typische, aus Längs- und Ringmuskeln aufgebaute Hautmuskelschlauch trägt je Segment vier kurze Paare von feinen Chitinborsten, die den Tieren im Boden eine Verankerung ermöglichen.

Im Winter ziehen sich die Regenwürmer vor dem Frost in tiefere Erdschichten zurück, die bis zu zwei Meter reichen kön-

-nen. Ungünstige Bedingungen wie Kälte und teils auch Trockenheit überstehen sie, indem sie sich in schleimausgekleideten Hohlräumen zusammenballen und in eine Art Starrezustand verfallen. Den Boden verlassen die gegen UV-Strahlen empfindlichen Tiere eigentlich nur, wenn sie durch starke Erschütterung herausgetrieben werden oder bei anhaltendem Regen in Atemnot geraten.

Wird Nahrung von der Oberfläche aufgenommen, so bleibt das Hinterende des Wurmes stets, mit den Borsten verankert, im Boden, während der „Mund“ saugend Pflanzenteile festhält, die dann in die Gänge gezogen werden.

Überragende Bedeutung kommt den Regenwürmern durch ihre „wühlende“ Tätigkeit in zweifacher Hinsicht zu. Sie können sich buchstäblich durch den Boden fressen, wobei sie aus der aufgenommenen Substanz die organischen Bestandteile verdauen. Die mineralischen Teile werden mit organischen Verdauungsrückständen angereichert und innig vermischt bzw. verbunden und als Wurmhäufchen ausgeschieden, die eine stabile Krümelstruktur besitzen. Diese Ausscheidungen stellen ihrerseits die Nahrungsgrundlage für verschiedene Kotfresser dar, da noch ein sehr hoher prozentualer Anteil (bis 90%) an verwertbaren Stoffen darin enthalten ist.

Regenwürmer ernähren sich aber auch von teilzersetzten Pflanzenrückständen, die sie nachts von der Oberfläche in ihre Wohnröhren ziehen und mit zunehmender Zersetzung auffressen. So können pro Jahr zusätzlich etwa 2 t/ha organische Substanz in den Boden eingebracht werden. Das Gewicht der Wurmhäufchen kann auf Wiesenboden bis zu 4 kg/m^2/Jahr betragen, was bedeutet, daß etwa 40 t/ha Erde von den Würmern durchmischt und bewegt werden.

Neben dieser bodenbildenden Funktion schaffen Regenwürmer (im gesunden Ackerboden können bis zu 100 000 Individuen pro ha leben) günstige Situationen für andere Organismen, da sie durch ihre tiefreichenden Gangsysteme den Luft- und Wasserzutritt erleichtern. Erhöhte Sauerstoffversorgung bewirkt eine gute Durchlüftung, die aeroben Bodenorganismen zugute kommt. So werden die Mineralisierungsprozesse und damit die Bodenfruchtbarkeit positiv beeinflußt.

Des weiteren ermöglichen die zahlreichen Wurmgänge, es können abhängig von der Bodennutzung 200 bis 1000 pro m^2 sein, eine beträchtliche Erhöhung (bis zum Zehnfachen) der Wasseraufnahmekapazität. Ohne diese hohe Aufnahmefähigkeit hätten die Niederschläge eine ungleich stärker erodierende Wirkung und kämen nur zu einem kleinen Teil dem Boden und somit dem Grundwasser zugute. Allerdings können Regenwürmer bei anhaltendem Regen in ihren gefluteten Gängen ertrinken, wenn sie diese nicht schnell genug verlassen.

Deshalb findet man sie bei starken oder langanhaltenden Regenfällen oft massenhaft an der Oberfläche, wo sie völlig ungeschützt sind.

Schließlich stellen die Wurmgänge einen idealen Lebensraum für andere Bodenorganismen dar. Sie werden darüber hinaus von den Wurzeln der Pflanzen genutzt, wegen der, die Wurmgangwand stabilisierenden, fruchtbaren Wurmerde .

Erschütterungen sind eine Möglichkeit, Regenwürmer zum Verlassen des Bodens zu bewegen, etwa durch einen in den Boden getriebenen Pflock. In seiner Umgebung tauchen meist recht bald Regenwürmer an der Oberfläche auf, wenn kräftig auf den Pflock geschlagen wird (Versuchsmöglichkeit).

Die Gliederfüßer (*Arthropoda*)

Die Gliederfüßer stellen mit 3/4 aller uns heute bekannten Tierarten den wohl erfolgreichsten Entwicklungszweig des tierischen Lebens dar. Entsprechend groß ist daher das Formenspektrum. Unter dem Begriff Gliederfüßer vereint man allgemein die sich entwicklungsgeschichtlich sehr nahe stehenden Insekten und Tausendfüßer sowie die Krebse und Spinnen.

Heute sieht man die Gliederfüßer als die entwicklungsgeschichtliche Weiterentwicklung der Anneliden, mit denen sie in der segmentalen Gliederung sowie im Bau und der Lage verschiedener Organe übereinstimmen. Im Einzelfall aber weisen die Gliederfüßer in der Ausformung durchaus starke Abweichungen auf (z. B. offene Blutgefäße, geschlossene Geschlechtsdrüsen, ungleich organisierte Segmente, chitinhaltiges Außenskelett, gegliederte Extremitäten).

Die den Kopf der Gliedertiere bildenden Segmente sind zu einer Kapsel verschmolzen, so daß nur noch die Zahl der Kopfextremitätenpaare die Zahl der ursprünglichen Segmente anzeigt. Das Vorhandensein eines harten Außenskeletts ermöglicht einerseits eine differenziertere Ausbildung des Körpers, stellt andererseits aber eine deutliche Einschränkung der Wachstumsmöglichkeiten dar, so daß Häutungen notwendig werden. Die Gelenke der Extremitäten bilden dünne Chitinhäutchen, die Atmung ist als Tracheenatmung ausgebildet, die Fortpflanzung erfolgt zumeist über Larvenstadien mit Verwandlung(en), der Gesichtssinn umfaßt komplexe Facetten- und/oder Einzelaugen.

Vertreter der Gliedertiere sind allgemein recht leicht verfügbar. Da es Schülern und Schülerinnen mittels geeigneter Bestimmungshilfen auch möglich ist, zumindest die Familienzugehörigkeit der Tiere feststellen zu können, sei auf diese Tiergruppe etwas ausführlicher eingegangen. Dabei wird neben den typischen Baumerkmalen besonders ihre Bedeutung für die Bodenbildung hervorgehoben.

Zur genaueren Darstellung der Vielgestaltigkeit der Gliedertiere sind hier mehrere Abbildungen aufgenommen. Außerdem werden später als Arbeitsmaterial Beispiele einfacher Bestimmungshilfen gegeben, um Lehrer wie Schüler/Schülerinnen beim Bestimmen zu unterstützen.

a) Spinnentiere (*Arachnida*)

Spinnentiere besitzen im Unterschied zu den anderen Gliederfüßern einen fest verschmolzenen Kopf-Brustbereich (Cephalothorax), der aus ursprünglich sechs Segmenten entstand. Die ersten beiden Segmentextremitäten wurden dabei zu Mundwerkzeugen mit Scheren oder Zangen umgebildet, das Fühlerpaar fehlt, die übrigen vier Extremitätenpaare sind Laufbeine geblieben. Das Abdomen besteht in der Regel aus zwölf Segmenten, die bei echten Spinnen ungegliedert sind, so daß sie einen zweigeteilten Leib aufweisen.

Bei den Skorpionen und Milben weicht dieser Bauplan etwas ab. So ist bei den Skorpionen die Abdomengliederung erhalten geblieben, während bei den winzigen, meist zur Mesofau-

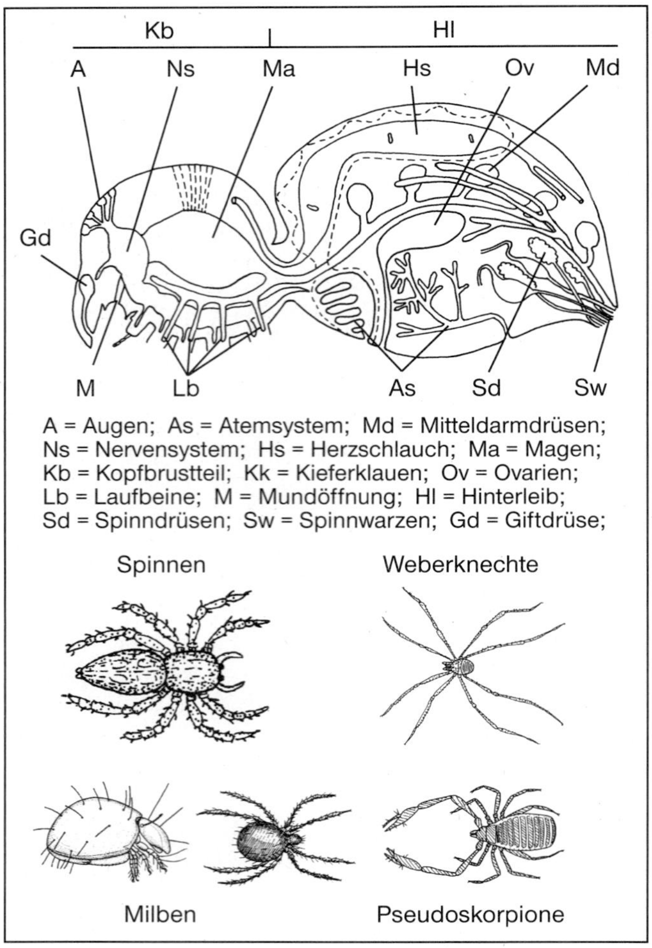

Abb. 6.8: Spinnentiere

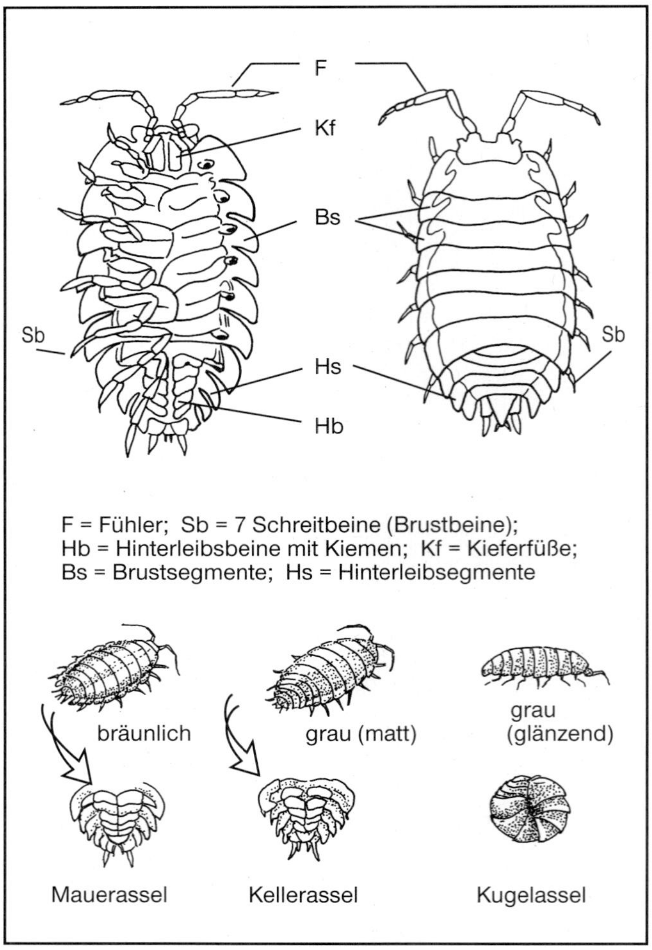

Abb. 6.9: Asseln

na zählenden Milben der gesamte Körper sackartig ungegliedert ist und aus einem Stück zu bestehen scheint.

Spinnentiere leben in und am Boden überwiegend carnivor, verschiedene Milben auch von Pflanzenteilen. Wichtige heimische Vertreter sind die echten Spinnen, die Weberknechte, die Milben und Raubmilben sowie die Afterskorpione (Abb.6.8).

b) Krebstiere (*Crustacea*)

Krebse sind eigentlich kiemenatmende Meerestiere. Daß auch die weitverbreiteten Asseln zu den landlebenden Krebsformen zählen, ist selbst heute noch nicht allen Menschen bewußt. Diese verwandtschaftliche Zugehörigkeit der Asseln ist auch der Grund für die heimliche, überwiegend nächtliche Lebensweise der Tierchen in feuchten Substraten (Mulm, unter Steinen, unter Rinde...), so daß die Kiemen vor dem Austrocknen geschützt sind; teils aber weisen landlebende Asseln regelrechte Lungen auf.

Äußerlich zeigen die Asseln eine deutliche Segmentierung. Ihre Krebsverwandtschaft ist ihnen allerdings nicht so ohne weiteres anzusehen. Erst eine Betrachtung der Unterseite zeigt die Beziehung zu den Krebsen auf, besonders, wenn ein Weibchen nach Krebsart ihre Brut unter dem Körper mit sich herumschleppt. Weitere Hinweise auf ihre Zugehörigkeit stellen die zahlreichen Kopfextremitäten dar (zwei Antennenpaare, davon ein Paar stark reduziert, vier Paar Mundwerkzeuge), acht Brustsegmente, wobei das erste mit dem Kopf verschmolzen ist und dessen Extremitäten als „Kieferfüße" ebenfalls bei der Nahrungsaufnahme Verwendung finden. So bleiben lediglich sieben Laufbeinpaare, mit denen recht rasche Bewegungen ausgeführt werden können. Der Hinterleibsabschnitt umfaßt weitere sechs Segmente mit blattförmig ausgebildeten Extremitäten in dachzeigelartiger Anordnung.

Die Rückenschilde sind breit, deutlich seitlich herausspringend und weisen eine artspezifische Form auf; die Einlagerung von Kalk in das Chitin bewirkt eine besondere Festigkeit. Durch Einrollen des Körpers können sie sich deshalb recht wirksam schützen (Abb. 6.9).

In Mitteleuropa leben etwa 40 Asselarten, die sich alle sehr ähneln, so daß eine Zuordnung zur Familie sofort möglich ist. Die bei uns recht häufigen Keller-, Mauer- und Rollasseln ernähren sich als wichtige Zersetzer vorwiegend von Pflanzenteilen und tragen somit maßgeblich zum Abbau organischer Substanzen bei.

c) Tausendfüßer (*Myriapoda*)

Die Myriapoden, die den hexapoden (sechsbeinigen) Insekten bereits sehr nahestehen, weisen im Bauplan zwar noch viele Gemeinsamkeiten mit den Anneliden auf, z. B. einen recht homonom gegliederten Körper mit je einem Beinpaar pro Segment, doch besitzen sie ein Paar Fühler sowie gegliederte Beine und einen gemeinsamen Bauplan verschiedener innerer Organe.

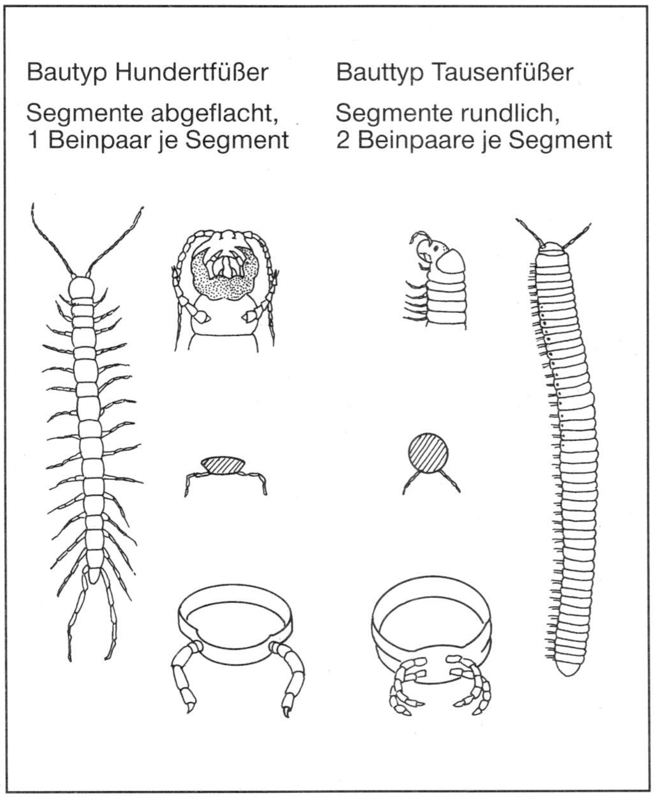

Abb. 6.10: Tausendfüßer

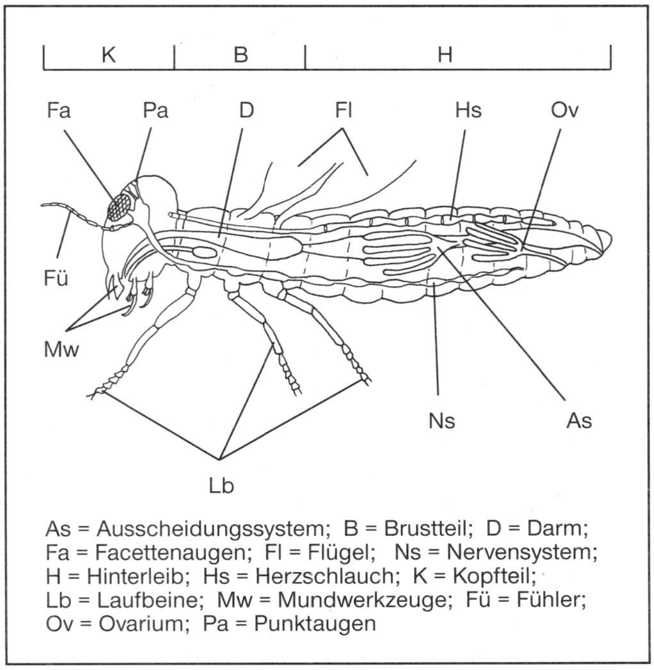

Abb. 6.11: Insektenbauplan

Innerhalb der Klasse sind entsprechend der Zahl der Extremitäten zwei Gruppen zu unterscheiden (Abb. 6.10)

- die mit einem Beinpaar je Segment ausgestatteten, sehr beweglichen **Hundertfüßer**, die ein räuberisches Leben unter Steinen/ Rinde /Laub führen (Steinkriecher, Erdläufer)
- die **diplopoden Tausendfüßer**, die je Segment zwei Beinpaare zu haben scheinen. Bei ihnen sind zwei Segmente zu einem verschmolzen, die Extremitätenzahl hat sich dabei aber erhalten.

Diese doppelfüßigen, hartschaligen, meist schwarzen und drehrunden Formen leben bevorzugt in lockeren Substraten und Fäulniszonen, wo sie als Humusbildner sehr aktiv sind und die Zersetzungsvorgänge wesentlich mittragen.

d) Insekten (*Hexapoda*)

Insekten sind die artenreichste Tiergruppe mit weltweit wohl eine Million bekannten Arten (allein in Deutschland etwa 30 000 Arten).

Hauptmerkmale der Insekten sind stets sechs Beine, ein dreigliedriger, heteronomer Körperbau (Abb. 6.11) mit

- dem Kopf: Er ist eine aus sechs Segmenten verschmolzene ungegliederte Kapsel. An die ursprünglichen Segmente erinnern lediglich noch vier Extremitätenpaare (drei Paar Mundwerkzeuge, ein Fühlerpaar). Hier sitzen auch ein Paar Facettenaugen sowie oft einzelne Punktaugen.
- dem Thorax: Er umfaßt drei meist gut sichtbare Segmente, die jeweils ein Beinpaar tragen und bei geflügelten Formen am zweiten und dritten Segment je ein Flügelpaar.
- dem Abdomen: Es ist der ursprünglich elf Segmente umfassende Hinterleib, dessen Segmentzahl durch Verschmelzung oder Reduktion meist geringer ist. Das Außenskelett ist ein harter, chitinhaltiger Panzer, Mundwerkzeuge und Beine sind spezialisiert, so daß viele Formen unterscheidbar sind. Die Entwicklung reicht von unvollständiger bis zur vollständigen Verwandlung.

Die Körperhöhle ist einheitlich, innere Organe sind

- ein weitverzweigtes Tracheensystem aus winzigen, luftführenden Kanälchen, die an der Körperoberfläche in Atemlöchern (Stigmen) enden
- ein in Vorder-, Mittel- und Enddarm gegliederter Verdauungstrakt; er beginnt mit der Mundhöhle und endet am After
- ein Strickleiternervensystem, das mit einem oberen und einem unteren Schlundknoten beginnt und sich als Bauchmark fortsetzt
- ein offenes, schlauchförmiges Herz
- paarige Geschlechtsdrüsen, die bei Männchen oft in eigenen Begattungsorganen enden.

Hinsichtlich der Ausbildung der Mundwerkzeuge können, abgeleitet von einer ursprünglich beißend-kauenden Form, sechs große Gruppen unterschieden werden, die der speziellen Nahrungsaufnahme entsprechen (Abb. 6.12, Seite 98))

- kauende Mundwerkzeuge: z. B. Schaben, Käfer
- leckend-saugende Mundwerkzeuge: z. B. Bienen
- saugende Mundwerkzeuge: z. B. Schmetterlinge
- stechend-blutsaugende Mundwerkzeuge: z. B. Mücken
- stechend-pflanzensaftsaugende Mundwerkzeuge: z. B. Wanzen
- saugend mit Rüsselpolster: z. B. Fliegen, die durch Speichelabsonderung die Nahrung vor der Aufnahme auflösen.

Bodenbiologisch relevante Insektenformen sind von den

- **urtümlichen Insekten:** Collembolen (Springschwänze) und Silberfischchen
- sogenannten **niederen Insekten** mit unvollständiger Verwandlung: Heuschrecken, Ohrwürmer, Fransenflügler, Wanzen, Zikaden

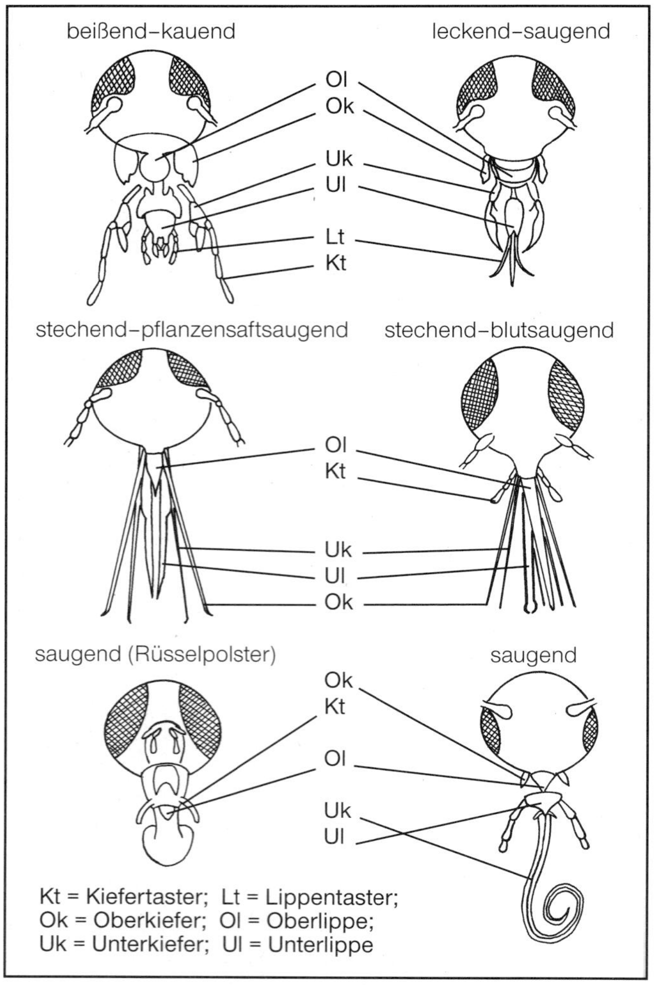

Abb. 6.12: Mundwerkzeuge von Insekten (Schema)

- **höheren Insekten** mit vollkommener Verwandlung: Käfer, Hautflügler (Bienenverwandte), Fliegen und Schmetterlinge. Vertreter dieser Arten sind zumindest als Larvenformen, teils auch als Imagi an der Bodenbildung beteiligt, teils auch räuberisch lebend (Laufkäfer, Raubwanzen...) für Sekundärzersetzer nützlich.

Als bodenbiologisch relevante höhere Insekten seien die Ameisen vorgestellt. Ihre Bedeutung beschränkt sich keinesfalls auf die Beseitigung von Schädlingen in Wald und Flur. Heute weiß man, daß viele Arten eine nicht zu unterschätzende Rolle als Durchlüfter und Zerkrümler des Bodens spielen.

Zusammen mit den Bienen und Wespen bilden die Ameisen die Ordnung Hautflügler (*Hymenoptera*), die etwa 270 000 Arten umfaßt. Sie zählen zu den am höchsten entwickelten Insekten und machen eine vollkommene Verwandlung (Holometabolie) durch. Ihre Größe reicht von 0,2 mm bis 5 cm, so daß der Ordnung die kleinsten bekannten Insektenarten überhaupt angehören. Viele Arten leben staatenbildend.

Kennzeichen der Hautflügler sind unterschiedlich große Vorder- und Hinterflügel (das hintere Flügelpaar ist deutlich kleiner ausgebildet), doch nicht alle Arten haben ständig Flügel. Außerdem weisen sie meist eine Wespentaille auf, da der Hinterleib gestielt von der Brust abgesetzt ist. Auch der Kopf ist mit einem „Hals" an der Brust angesetzt und deshalb sehr beweglich. Die Mundwerkzeuge sind meist beißend oder leckend, die Fühler fadenförmig.

Die Ameisen sind die wohl erfolgreichsten Vertreter der Hautflügler. Mit etwa 10 000 Arten haben sie sich jeden Lebensraum von ihrer tropischen Urheimat bis hin zu den Hochmooren, der Polarregion oder den Wüsten erobert.

Ihre Abstammung leitet man von Rollwespen-Formen ab, doch kennt man Ameisen fossil bereits aus der Kreidezeit; ihr Alter beträgt also etwa 100 Millionen Jahre. Heutige Ameisen erreichen Größen zwischen < 1 mm und 4 cm. Ursprüngliche Arten haben ihren Giftstachel behalten, bei höheren Arten ist er teilweise rückgebildet und durch andere chemische Abwehrwaffen ersetzt.

Ameisen leben sozial in Gesellschaften mit wenigen Dutzend Individuen bis zu Staaten von gut einer Million Mitgliedern. Lebensweise, Ernährung, Sozialgefüge und der Bau der Unterkünfte sind sehr unterschiedlich. Manche Arten sind „Haustierhalter", die ihr „Vieh", Blatt- oder Wurzelläuse, wie Stall- oder Weidetiere hegen, oder sie sind „Farmer", die weitverzweigte, riesige unterirdische Pilzkulturen unterhalten; andere sind seßhafte oder nomadisierende Jäger, die auch Treibjagden veranstalten; wieder andere sind regelrechte „Sklavenhalter".

Im Ameisenstaat bestehen deutliche Größenunterschiede zwischen riesigen Königinnen und winzigen Arbeiterinnen sowie Tieren mit vergrößerten Köpfen und Werkzeugen, die analog zu den Termiten als Soldaten fungieren.

Zu den heimischen Ameisenarten mit bodenbiologischer Relevanz gehört die Große Rote Waldameise.

Die Große Rote Waldameise (*Formica rufa rufa*)

Sie bewohnt in Mitteleuropa Laub- und Mischwald, wird etwa 6 mm bis 9 mm lang, bildet Staaten mit bis zu 500 000 Individuen und legt Wohnburgen an. Diese liegen oft unter einem Baumstumpf und können bis zu zwei Meter tief in den Boden vordringen. Dabei werden große Erdmengen bewegt, und es entsteht ein Gewirr von Gängen, Kammern und Luftschächten. Obenauf wird, besonders in schattigen Lagen, ein Berg von Nadeln gehäuft, der über 1,5 m hoch sein kann, gut vor Wettergewalten schützt und als „Sonnenkollektor" zum Einfangen möglichst großer Wärmemengen dient.

Wie bei allen staatenbildenden Insekten ist die Königin das Herz des Staates, das einzige befruchtete Weibchen, von dem alle Individuen des Staates abstammen. Als Eierproduzent sitzt die Königin, die bis zu zwanzig Jahre alt werden kann (gewöhnl. Arbeiterinnen werden maximal zehn Jahre alt), in der untersten Erdkammer des Baues.

Die Eier werden in gesonderte Brutkammern gebracht, wo die gänzlich hilflosen Larven schlüpfen. Ihnen wird nun eine regelrechte Brutpflege zuteil, indem sie von „Kindergärtnerinnen" und „Ammen" umsorgt werden. Diese schleppen die Maden u.a. auch in höhergelegene Kammern zum „Sonnenbaden", so daß ständig ein Transport von Eiern und Larven stattfindet. Auch die Puppen werden weiter umhegt, vor Unterkühlung oder Überhitzung geschützt (Abb. 6.13, S. 99).

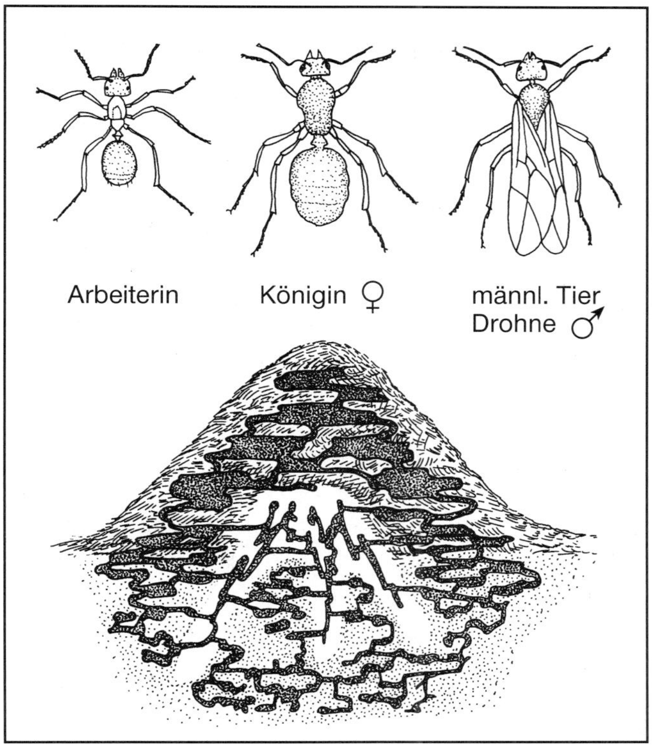

Abb. 6.13: Rote Waldameise (Formen, Bau)

Schließlich, wenn die Umwandlung vollzogen ist, werden die Jungameisen vorsichtig von ihren „Hebammen" aus den Puppengespinsten befreit, werden beleckt und gefüttert, ehe sie ihren Platz im Staat aktiv einnehmen.

Junge Arbeiterinnen kommen unbeflügelt zur Welt und verrichten nacheinander bestimmte „Innendienste", ehe sie schließlich im „Außendienst" beschäftigt sind. Hier arbeiten sie entweder als Sammler, Späher oder Jäger. Der Verteidigung des Baues dienen die erhalten gebliebenen Giftdrüsen, aus denen Ameisensäure gespritzt wird.

Geflügelte Männchen und junge Königinnen verlassen zur Schwarmzeit den Bau; die Männchen sterben nach der Begattung ab. Begattete Königinnen beginnen ganz allein mit dem Aufbau eines neuen Staates, indem sie zunächst eine kleine Erdhöhle beziehen und dort die erste Brut pflegen.

Nahe Verwandte der Großen Roten Waldameise sind die Mittlere und die Kleine Rote Waldameise sowie die räuberische Wiesenameise. Sie alle haben einen großen Nahrungsbedarf, so daß sie als Schädlingsbekämpfer eine bedeutende Rolle spielen und teilweise unter Naturschutz stehen.

Die Weichtiere *(Mollusca)*

Dieser Tierstamm umfaßt neben den ausschließlich aquatischen Muscheln und Kopffüßern (Tintenschnecken) auch die Schnecken. Von ihnen sind heute 90 000 Arten bekannt, die in drei Gruppen unterteilt werden. Hier sei ausschließlich über landlebende Schnecken gesprochen, von denen zahlreiche bodenbildend relevant sind.

Die Schnecken *(Gastropoda)*

Der Tierstamm der Weichtiere steht entwicklungsgeschichtlich ebenfalls den Anneliden nahe, auch wenn der Körper wie bei den Schnecken im allgemeinen ungegliedert ist und im wesentlichen aus vier Körperabschnitten besteht
- Kopf mit Mundregion (Raspelplättchen) und Sinnesorganen
- Fuß als unpaariges, muskulöses Bewegungsorgan;
- Eingeweidesack als dünnwandiges Rückenteil des Rumpfes, der die Eingeweide aufnimmt
- Mantelfalte, die die Mantelhöhle überdeckt, in die Enddarm, Nieren und Geschlechtsöffnung enden; sie umgibt den Körper dort, wo sich der Eingeweidesack vom Fuß abhebt.

An der Oberfläche von Mantelfalte und Eingeweidesack kann eine Kalkschale abgesondert werden, die bei den Schnecken das Schneckenhaus bildet, welches verschiedene Drehrichtungen aufweisen und sehr formenreich sein kann.

Die ursprünglich paarige, symmetrische Ausbildung der Organe ist bei den Schnecken oftmals verschwunden, so daß entsprechend nur eine Herzvorkammer, „Niere" bzw. Geschlechtsdrüse vorhanden ist, die sich bei Gehäuseschnecken spiralig im Eingeweidesack befinden (Abb. 6.14).

Das Herz liegt mit nur einer Vorkammer in einem eigenen Herzbeutel als zweiter Leibeshöhle, der Blutkreislauf ist offen; die Atmung erfolgt über Kiemen in der Mantelfalte oder eine aderdurchzogenen Haut bei lungenatmenden Schnecken. Im Herzbeutel beginnt das Nierenorgan.

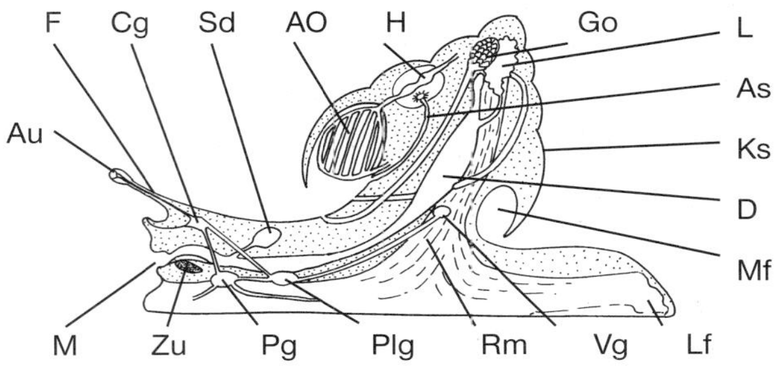

Au = Auge; AO = Atemorgan (Kiemen/Lunge); As = Ausscheidungsorgan; Cg = Cerebralganglion; D = Darm; F = Fühler; Go = Geschlechtsorgan; H = Herz; M = Mund; Mf = Mantelfalte; Ks = Kalkschale; L = Leber; Lf = Lauffuß; Plg = Pleuralganglion; Pg = Pedalganglion; Rm = Rückziehmuskel; Sd = Speicheldrüse; Vg = Visceralganglion; Zu = Zunge;

Abb. 6.14: Schnecke (Körperbau-Schema)

Der Darm ist gegliedert in Vorder-, Mittel- und Enddarm, wobei der Mitteldarm mit einem Organ, das der Leber entspricht, der Mitteldarmdrüse, verbunden ist.

Der Geschlechtsapparat steht meist mit einem Hilfsorgan zur Umhüllung der Eier in Verbindung, der männliche Geschlechtsapparat ist vielfach mit einem Begattungsapparat ausgestattet; Lungenschnecken sind in der Regel Zwitter, die sich gegenseitig befruchten.

Das Nervensystem besteht aus einem Cerebralganglion (Gehirn), welches mit den Sinnesorganen (Augen, Fühler,

Statocyste) verbunden ist sowie einem den Fußmuskel versorgenden Pedalganglion, einem Pleuralganglion, das den Mantelrand enerviert und dem Visceral- oder Eingeweideganglion.

Die landlebenden Schnecken gehören nahezu ausschließlich zu den Lungenschnecken, wobei zwischen Gehäuse- und Nacktschnecken zu unterscheiden ist; bei letzteren hat der Mantel die Schale überwachsen, und sie tragen unter der Haut aus einzelnen Kalkstückchen bestehende Schalenreste, das Haus fehlt. Die drüsenreiche Haut sondert reichlich Schleim ab, der die Schnecken einhüllt.

Die Bewegung der Schnecken erfolgt sprichwörtlich langsam durch wellenartiges Zusammenziehen der Sohlenlängsmuskulatur und Abscheiden einer Schleimbahn, auf der das Tier dahingleitet.

Die Bedeutung der Schnecken als Reduzenten ist sehr beträchtlich. Ihre Hauptnahrung stellen frische sowie abgestorbene Pflanzenteile aller Art, aber auch Aas und Kot dar; einige Arten leben räuberisch. Die Nahrungsaufnahme erfolgt durch eine mit vielen Zähnchen besetzte Raspelzunge. Schnecken erschließen die organischen Reste somit für Sekundärzersetzer, indem sie zunächst eine Zerkleinerung vornehmen. Die Vorliebe vieler Arten für zartes Grün rückt die Schnecken bei Gartenliebhabern allerdings oft in die Kategorie „Schädling".

Der bevorzugte Lebensraum der Schnecken sind schattige, feuchtere Plätze wie Laubstreu, Kompost, Totholz- und Steinhaufen, besonders in kalkhaltigem Gebiet. Verbreitete heimische Gehäuseschnecken sind die Schnirkelschnecken (Weinbergschnecke, Hainschnirkelschnecke, Bernsteinschnecke...); von den Nacktschnecken sind zu nennen die Wegschnecken, die in Größen von wenigen mm bis zu stattlichen 15 cm auftreten sowie die verschiedenen Egelschnecken.

Für viele Tiere stellen Schnecken einen wichtigen Bestandteil der Nahrung dar, einige Arten dienen selbst dem Menschen zum Verzehr.

6.3.3 Mesofauna

Diese „Übergangsgröße" umfaßt Organismen, die mit bloßem Auge gerade noch festgestellt werden können, deren Betrachtung aber ohne optische Hilfsmittel nicht mehr möglich ist. Von den bodenbildungsrelevanten Formen seien hier lediglich drei Vertreter der Fadenwürmer aufgeführt und kurz dargestellt; zu nennen wären aber auch verschiedene Arten der weit verbreiteten Springschwänze aus der Gruppe der Insekten.

Die Fadenwürmer (*Nemathelminthes*)

Diese typischen Wurmvertreter bevölkern das ihnen zusagende Lebenssubstrat zumeist in großen Mengen, gleich ob Erde, Wasser oder Faulstoffe. Die meisten dieser Arten sind Schmarotzer, die so gut wie jedes Lebewesen befallen, wie der Spulwurm, der weltweit etwa in jedem dritten Menschen vorkommt oder der Madenwurm in jedem vierten Kind. Viele Fadenwürmer sind Verursacher gefährlicher Krankheiten. Neben den eigentlichen Fadenwürmern werden auch die Rädertierchen zu den *Nemathelminthes* gestellt.

a) Nematoden

Hier seien als Vertreter der nicht parasitären Arten die omnivoren Landnematoden genannt, die alle sehr klein (unter 5 mm) sind und sich in feuchtem Erdreich aufhalten. Sie werden wegen ihrer schlängelnden Bewegung auch Älchen genannt und weisen eine drehrunde, meist fadenförmige Gestalt mit einem den ganzen Körper durchziehenden Darm auf. Sie treten auf der Erde, bevorzugt in feuchten Laubwaldböden, in solch großer Zahl auf, daß ihre Masse nach dem amerikanischen Nematodenforscher Cobb auch dann noch, sogar vom Mond aus, gesehen werden könnte, wenn die gesamte übrige Materie verschwunden wäre (Abb. 6.15).

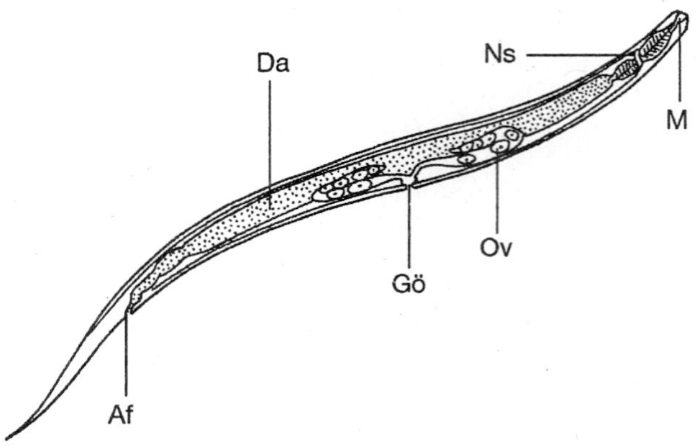

Af = After; D = Darm; Gö = Geschlechtsöffnung;
M = Mundöffnung; Ns = Nervensystem

Abb. 6.15: Nematode, Körperbau

Nematoden sind an der Zersetzung organischer Stoffe entsprechend stark beteiligt, wobei sie vor allem am Stickstoffumbau mitwirken. Ihre Nahrung besteht hauptsächlich aus Bakterien und Pilzen, so daß sie über ihre Exkremente zur Bodenbildung beitragen. Andere, parasitäre, Formen wirken dagegen als Pflanzenschädlinge, die erheblichen Schaden bei Kulturpflanzen verursachen können.

b) Rädertierchen (*Rotatoria*)

Diese zu den Fadenwürmern gestellten Organismen erinnern an verschiedene Wurmlarven. Mit einer maximalen Größe von knapp einem Millimeter gehören sie zu den allerkleinsten bekannten Vielzellern und weisen artspezifisch eine stets konstante Zellenzahl auf. Die nur Tausendstel Millimeter messenden Männchen sind sehr stark zurückentwickelt und weitgehend noch unbekannt.

Ca. 100 Arten von Rädertierchen leben in den kapillarwassergefüllten Bodenporen der obersten 5 cm Bodenkrume mit Hunderttausenden von Individuen pro Quadratmeter in unbehandeltem Boden. Sie können aber ebenso im Heuaufguß gefunden werden. Sie leben vor allem von Fäulnisstoffen und kleineren Organismen, die sie sich als Planktonstrudler mit einem Wimpernkranz einverleiben. Dieser kann auch zur Fortbewegung genutzt werden (Abb. 6.16).

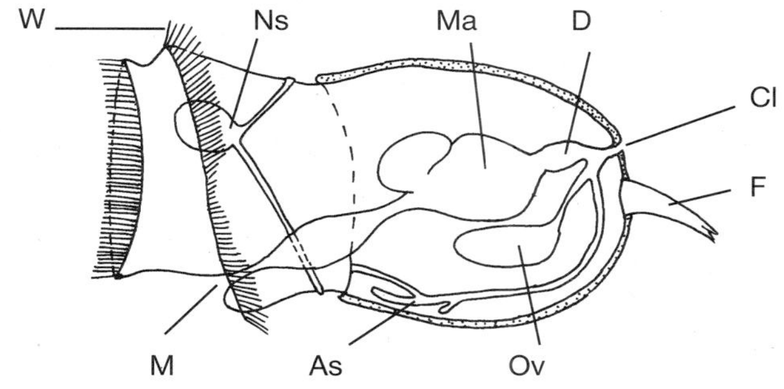

As = Ausscheidungsorgan; Cl = Cloake; D = Darm; F = Fuß; M = Mund; Ma = Magen; Ns = Nervensystem; Ov = Ovarium; W = Wimpern

Abb. 6.16: Rädertierchen, Körperbau

Bärtierchen

Die Bärtierchen werden heute als eigener Stamm in die Nähe der Anneliden gestellt und umfassen lediglich Winzlinge von knapp 1 mm Größe. Diese kriechen mit acht Stummelbeinchen durch ihren Lebensraum, Moose und Humusschichten und ernähren sich von Pflanzensäften oder mikroskopischen Organismen. Hitze, Kälte und Trockenheit überdauern sie als „Tönnchen" in einer Art Starrezustand, wobei sie auch Wasserverlust gut zu überstehen vermögen (Abb. 6.17).

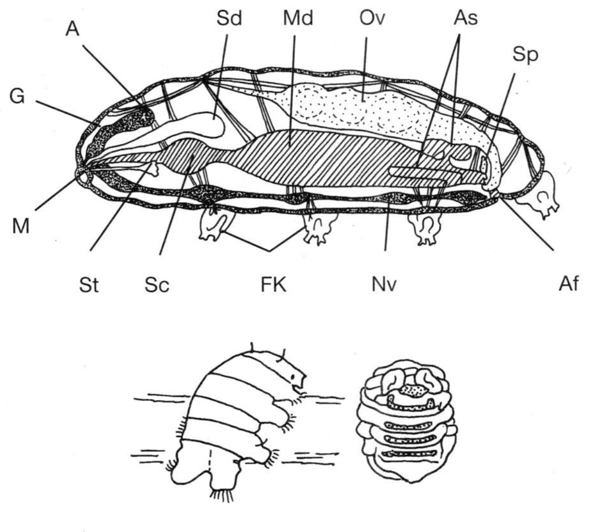

A = Auge; Af = After; As = Ausscheidungsorgan; FK = Füße mit Krallen; G = Gehirn; M = Mund; Md = Mitteldarm; Nv = Nervenbahn; Ov = Ovarium; Sc = Schlund; Sd = Speicheldrüse; Sp = Spermatasche; St = Stilett;

Abb. 6.17: Bärtierchen, Körperbau

6.3.4 Mikrofauna

Die Organismen dieser Größenordnung sind im wesentlichen Einzeller (Urtiere: Protozoen) und nur noch mit optischen Hilfsmitteln feststellbar. Viele dieser Lebensformen leben parasitär und verursachen teils schwere Krankheiten; alle sind ans Wasser gebunden.

Als Bodenorganismen leben sie ausschließlich aquatil in den Kapillarwasserporen der Bodenstrukturen, wobei sie die oberen 15 cm der Krume besiedeln und Temperaturen zwischen 15°C bis etwa 25 °C bevorzugen; bei Erwärmung über 40 °C sterben sie zumeist ab, was im Hochsommer bei ungeschützt daliegenden Ackerböden nicht selten ist. Allerdings können „schlechte Zeiten" der Trockenheit in Form von Dauerstadien relativ gut überstanden werden. Da sie vor allem von Bodenbakterien leben, ist ihr Vorkommen proportional zum Vorhandensein dieser Organismen.

Zu den bodenbewohnenden Mikrotieren können gezählt werden
- Geißeltierchen
- Amöben
- Sporentierchen (als ausschließliche Schmarotzer z. B. im Darm von Regenwürmern)
- Wimpertierchen (Abb.6.18).

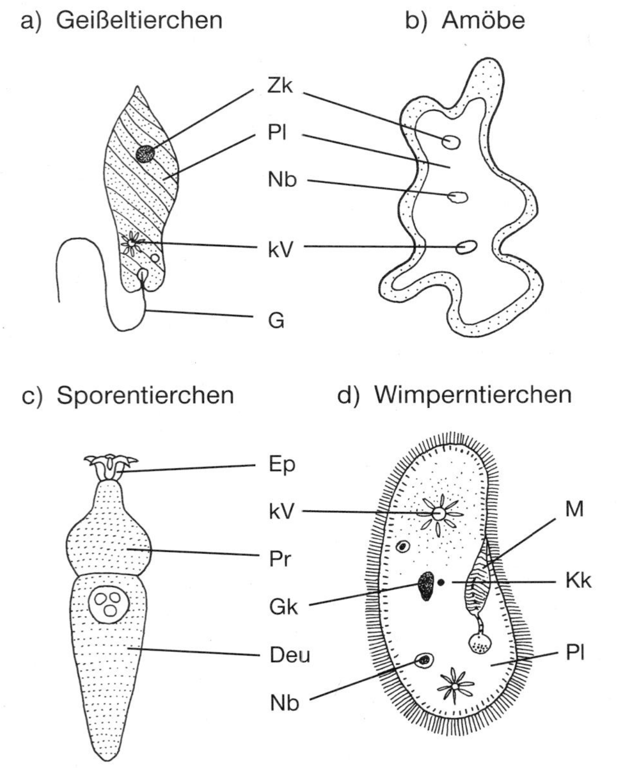

Deu = Deutomerit; Ep = Epimerit; G = Geisel; Gk = Großkern; Kk = Kleinkern; kV = Kontraktile Vakuole; M = Mundfeld; Nb = Nahrungsbläschen; Pl = Plasma; Pr = Protomerit; Zk = Zellkern

Abb. 6.18: Formen der Mikrofauna

All diesen Organismen ist gemeinsam, daß sie aus einem einzelligen, zuweilen mehrkernigen Plasmakörper bestehen, der alle notwendigen Lebensvorgänge auszuführen vermag, die bei mehrzelligen Organismen von spezialisierten Zellen oder

Organen vollbracht werden. Durch mannigfach differenzierte Cytoplasmaausbildung (Organellen) kann die dafür nötige hochkomplexe Struktur erreicht werden.

Vor allem bei den Wimpertierchen sind bereits deutliche Differenzierungen zu einzelnen Organellen sichtbar. Wimpertierchen werden deshalb oft nicht mehr als Einzeller klassifiziert, sondern in ein eigenes Unterreich der „Nichtzeller" eingeordnet, dessen einzige Klasse die der Wimpertierchen darstellt.

Die Bewegung der Mikroorganismen erfolgt allgemein durch Geißeln oder Scheinfüße aktiv oder durch Schweben passiv. Die Nahrungsaufnahme geschieht bei Parasiten resorbierend über die gesamte Zelloberfläche oder bei Nahrung in Form fester Stoffe an beliebiger Körperstelle, ebenso die Ausscheidung. Die bodenlebenden Formen der Protozoen sind überwiegend bakterienfressend.

Die Vermehrung erfolgt meist durch Zweiteilung, wobei der Teilung ein Anwachsen der Mutterzelle vorangeht. Neben dieser Form der Vermehrung gibt es auch die Knospung sowie ebenfalls eine geschlechtliche Vermehrung mit Zellkernaustausch; bei Wimpertierchen ist dies häufig der Fall.

Abschließend läßt sich bezüglich der tierischen Bodenorganismen feststellen, daß sie nicht alle die gleiche Wertigkeit hinsichtlich ihrer Funktionalität für den Boden aufweisen. Brucker (1988) nennt bis zu sechs unterschiedliche Funktionen, die ein Tier haben kann, so daß eine Rangliste erstellbar ist, bei der nach Kleber/Kleber (1994) unterschieden werden kann zwischen

- hochfunktionalen Tieren: Sie sind Pflanzenfresser und haben eine mehr oder minder starke Zerkleinerungs- und Durchmischungsleistung, desweiteren impfen sie organisches Abbaumaterial mit Mikroorganismen und bilden mehr oder weniger Humusstoffe. Zu nennen sind hier besonders Schnurfüßer, diverse Mückenlarven und Milben, Bandfüßer, Asseln.
- niedrigfunktionalen Tieren: Sie weisen geringere Zerkleinerungs- und/oder Durchmischungsleistungen auf. Zu ihnen werden verschiedene Hornmilben- und Springschwanzarten, Pilzmückenlarven und Saftkugler gestellt.
- Räubern: Hier sind vor allem Spinnen, Raubmilben, Erd- und Steinkriecher, aber auch diverse Springschwänze zugeordnet, die alle Sekundärzersetzer sind.

6.3.5 Mikroflora

Die bodenbewohnende Mikroflora umfaßt im wesentlichen Bakterien, Pilze und Algen von mikroskopischen Ausmaßen, aber schwindelerregenden Individuenzahlen und recht hohen Biomassenanteilen.

In den folgenden Abschnitten seien diese drei Organismenformen kurz charakterisiert und auf ihre bodenbiologische Bedeutung hin betrachtet. Generell kann festgestellt werden, daß die Lebensbedingungen dieser Organismen in naturbelassenen Böden besser als in bearbeiteten Böden sind. Pilze befinden sich in feuchteren, saureren Substraten den Bakterien gegenüber im Vorteil. Sie gedeihen eher in groben Humus, während Bakterien Mullhumus bevorzugen. Leichte Temperaturerhöhungen wirken sich positiv auf die Wachstums- und Vermehrungsprozesse aus.

Zu der Beziehung der Mikroorganismen beider Lebensformen (Flora, Fauna) zueinander kann gesagt werden, die Mikroflora dient der Mikrofauna einseitig als Nahrung; einzelne Tiere aber wirken durchaus bei der Verbreitung von Sporen mit.

Bakterien

Diese zu den einfachsten Lebensformen zählenden Organismen stellen individuenmäßig den Löwenanteil des gesamten Bodenlebens. Sie ernähren sich teils heterotroph, d.h. von organischem Material, teils autotroph als chemoautotrophe (Oxidations- und Reduktionsvorgänge als Energielieferant nützend), als photoautotrophe (assimilierend) oder als symbiontische Formen und bewirken im wesentlichen die Mineralisierung der organischen Stoffe (Abb. 6.19).

Dabei handelt es sich um die Umsetzung von Kohlenwasserstoffen in Kohlenstoffdioxid und Wasser ebenso wie um die Umwandlung organischer Stickstoffverbindungen. Entsprechend nutzen sie verschiedene Nahrungsquellen wie Zellulose, Pektine, Harnstoffe. Die Lebensansprüche der verschiedenen Arten sind unterschiedlich, wobei stickstoffbindende Formen einen gut mit Sauerstoff versorgten Boden benötigen, reduzierende Formen dagegen einen möglichst sauerstoffarmen Boden.

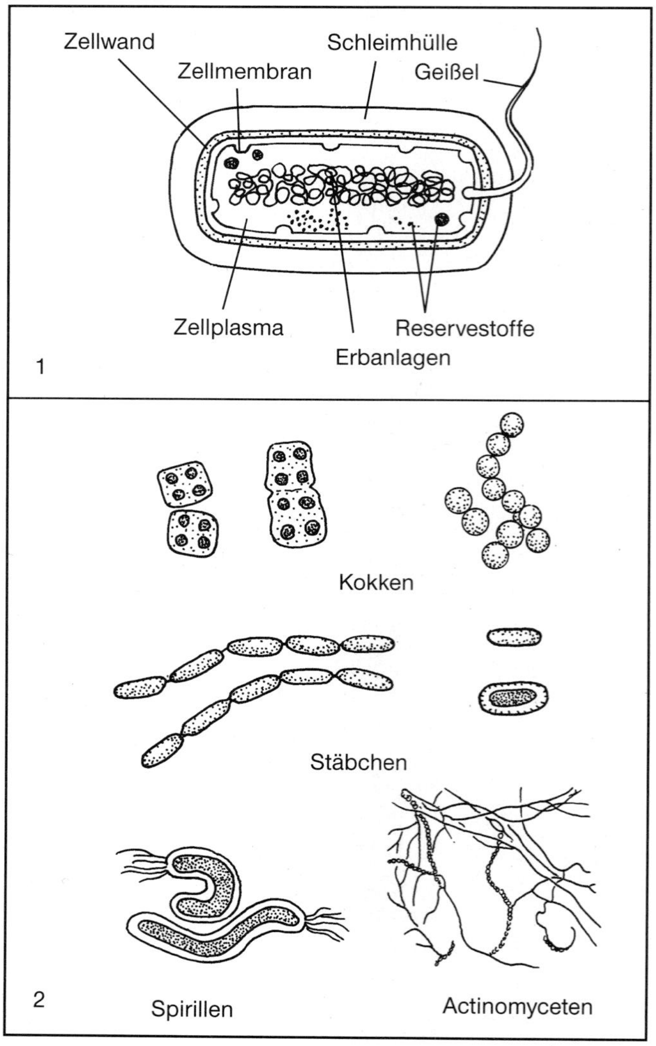

Abb. 6.19: 1 Bauplan Bakterium; 2 Bakterienformen

Auch die zu den Bakterien zählenden Strahlenpilze (Actinomyceten), die mäßig sauren, nicht zu feuchten Boden benötigen, sind wesentliche Humusbildner. Anders als die einzeln lebenden oder unverzweigte Ketten bildenden Bakterien, vermögen sich Strahlenpilze echt zu verzweigen und pilzmyzelartig zu wachsen. Andere Bakterienformen sind Schleimbakterien.

Pilze

Neben den uns allen bekannten Pilzen, deren Fruchtkörper viele Mitmenschen als Speise schätzen, enthält der Boden auch Miniaturformen der ohnehin ausschließlich unterirdisch wachsenden Pilze. Diese, der Mikroflora zuzurechnenden Kleinstpilze leisten, wie übrigens auch die bekannten Großformen, beim Abbau organischer Stoffe einen ganz wesentlichen Beitrag (Abb. 6.20).

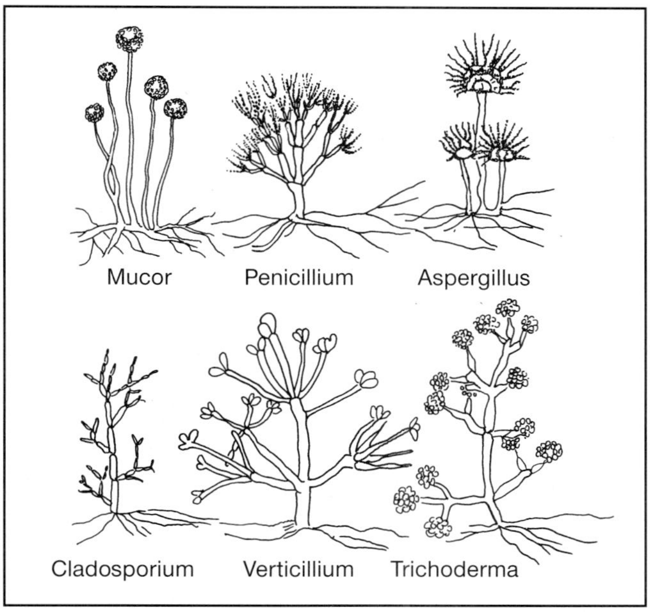

Abb. 6.20: Pilze

Sie durchwachsen, sich heterotroph ernährend, mit ihren silbrig glänzenden Myzelfäden organische Stoffe. Als aerobe Lebewesen bevorzugen sie gut durchlüftete, eher saure, humusreiche Substrate. Sie stellen u.a. wichtige Holzzersetzer dar.

Einzelne Arten gehen Symbiosen mit Wurzeln höherer Pflanzen ein, indem ihr Myzel die feinen Wurzeln umgibt und so die Wasser- und Nährstoffaufnahme fördert. Als Gegenleistung liefert die höhere Pflanze den Pilzen Kohlenhydrate zu deren Ernährung.

Andere Pilze bilden in Symbiose mit Algen die Flechten aus, indem sie eine lebenslange Verbindung eingehen und dadurch die wohl eigenartigsten niederen Pflanzen hervorbringen. Ausscheidungen der Pilze und Flechten vermögen auch Mineralien auszulösen.

Algen

Algen stellen eine sehr große Gruppe primitiver Pflanzen dar. Sie sind primär Wasserbewohner aller Gewässerarten, wobei ihre Größe von Riesenformen der Meeresalgen bis zu einzelligen Organismen reicht. Bei einer Existenz von etwa 1,5 Milliarden bis 2,5 Milliarden Jahren konnten sie sich so gut wie jeden Lebensraum, auch sehr extreme wie Gletschereis oder Thermalquellen, erobern.

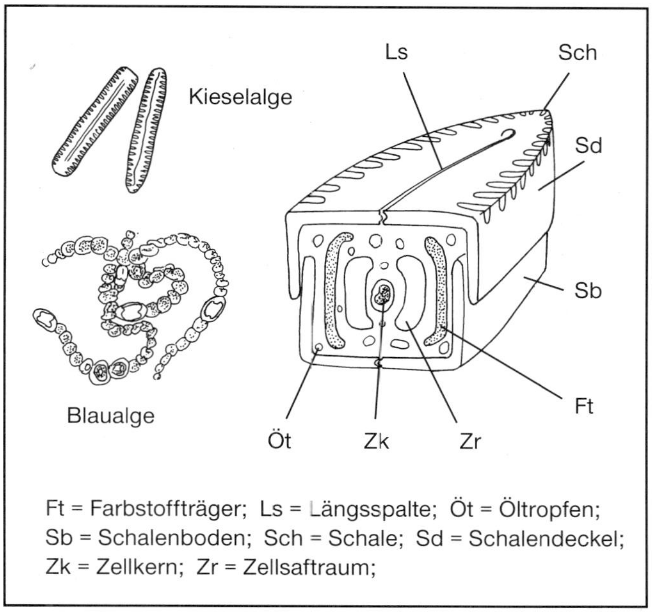

Abb. 6.21: Kieselalgen, Schema

Landlebende Algen, die assimilatorisch leben, besiedeln wegen des Lichtbedarfs die obere Bodenschicht. Da eine ausreichende Feuchtigkeitsversorgung Voraussetzung ist, werden Schattenlagen bevorzugt.

Bestimmte Arten der Grün- und Blaualgen (Abb. 6.21) sowie der zu den Algen zählenden Schleimpilze treten sowohl als einzellige wie fadenförmig mehrzellige Formen auf. Die bodenbildende Wirkung der Algen ist heute allerdings noch nicht völlig geklärt. Vermutlich dienen sie anderen Bodenbildnern als Nahrungsquelle, wodurch die in den Algen gebundenen Substanzen in den Boden eingebracht werden.

Einige Algenformen (Blaualgen) kommen als Symbionten in Flechten vor, da sie gasförmigen Stickstoff zu binden vermögen, andere überziehen Bodenkrümel mit einem winzigen Algenrasen von grünlicher Farbe (bisweilen auch anderer Farbtöne).

Von besonderem Interesse im Zusammenhang mit dem Boden sind sicherlich die eigenartigen Schleimpilze, die wegen bestimmter Baumerkmale den Algen zugeordnet werden. Die Schleimpilze bewohnen feuchte Wälder, wo sie auf Falllaub oder Totholz zumeist kräftig leuchtende, cremefarbige Substanzen bilden, die als Plasmodien bezeichnet werden und zellwandfreie Plasmaansammlungen ohne Blattgrün darstellen.

Die Zuordnung der Schleimpilze zum Pflanzenreich war lange umstritten, vermögen die Schleimpilze doch unter bestimmten Bedingungen sich amöbenartig fortzubewegen und organische Substanzen, die ihnen als Nahrung dienen, einzukapseln; die Ernährung der Schleimpilze ist saprophyt.

Bei Trockenheit verfestigen sich die Plasmodien und bilden zumeist kräftig leuchtende Fruchtkörper aus. Die abgegebenen Sporen werden vom Wind verbreitet und keimen bei genügender Feuchtigkeit. Es werden dabei zunächst begeißelte Einzeller gebildet, die später ihre Geisel verlieren, um sich nun amöbenartig zu bewegen. An eine paarweise geschlechtliche Vereinigung schließt sich die Zellteilung mit Ausbildung eines neuen Plasmodiums an.

6.4 Arbeitsmaterial

6.4.1 Lehrerinformationen zu den Versuchen

Die aufgeführten Versuche sollen ermutigen, sich auch mit den Bodenorganismen auseinanderzusetzen. Optische „Großgeräte" wie Mikroskope oder Binokulare sind hier sehr hilfreich, aber nicht immer notwendig; oft genügen gute Lupen oder Becherlupen. Gewisse Grundfertigkeiten im Umgang mit optischen Geräten sind auf jeden Fall nützlich.

„Nachweis von Bodenleben"

Es geht darum, den Schülern und Schülerinnen zu vermitteln, daß im Boden Lebewesen aktiv sind.

CO_2 als Gasaustauschprodukt reagiert mit $Ba(OH)_2$ zu Bariumcarbonat, das als weißlich trüber Niederschlag ausgefällt wird. Je schneller die Trübung erfolgt, um so reger ist das Bodenleben eines Bodens, da mehr CO_2 abgegeben wird.

Der Versuch kann im Freien durchgeführt werden, z.B. auf dem Rasen des Schulgeländes (Rasen sehr kurz schneiden), auf Blumenbeeterde, auf dem Kompost usw. Ältere Schüler/innen können den Versuch gut alleine durchführen; die Versuchsauswertung basiert dann ebenfalls auf den unterschiedlichen Zeitergebnissen.

„Mikroorganismen des Bodens"

Mit dem etwas aufwendigen Versuch können Mikroorganismen im Boden sichtbar gemacht werden.

Die Mikroorganismen des Bodens leben im unsichtbaren Flüssigkeitsfilm, der die Bodenteilchen überzieht, in den wassergefüllten Poren (aquatil) oder als größere Formen in den luftgefüllten, feuchten Bodenporen. In Trockenperioden bilden sie zumeist Dauerformen.

Zu den Lebewesen, die hier zu entdecken sind, gehören zur Mikrofauna zunächst einmal die verschiedenen Einzeller (Flagellaten, Amöben, Wimpertierchen,...), ferner mehrzellige Organismen wie Rädertierchen und Fadenwürmer. In den Bereich der Mesofauna gehören die Vertreter der Milben, Bärtierchen und Nematoden.

Durch Aufschwemmen oder den Ansatz eines Aufgusses kann man die Organismen der Mikrofauna der Betrachtung zugänglich machen, wenn man entsprechende optische Geräte zur Verfügung hat (Binokular, Mikroskop).

Auch wenn die Schülern/innen Grundkenntnisse im Mikroskopieren besitzen, werden diese Versuche recht (zeit)aufwendig sein, so daß sie sich nicht immer realisieren lassen. Andererseits dürfte diese Art der Entdeckung der Mikroorganismen die Schüler/innen stark ansprechen, so daß ein deutlicher Motivationsschub zu erwarten ist.

Auch wenn es sich bei diesen Lebensformen nicht um krankheitserregende Formen handelt, sollte man auf grundlegende Hygieneansprüche hinweisen.

„Kleinlebewesen des Bodens"

Ziel ist das Kennenlernen von Formen tierischer Kleinlebewesen der Oberbodenschichten.

Bodenproben aus verschiedenen Bodentiefen bzw. Standorten werden andersartige Kleintierformen aufweisen mit Unterschieden hinsichtlich der Artzusammensetzung wie auch der Menge.

Ein Auffinden von solchen Kleintierformen kann wegen der Winzigkeit der Arten nur mit entsprechenden Fangeinrichtungen erfolgversprechend sein; eine solche ist der BERLESE-Apparat. Man kann ihn ohne großen Aufwand mit verschiedenen Materialien nach dem stets gleichen Grundschema selbst erstellen (vgl. Anleitung und Skizze des Versuchsblattes).

Die Bodenkleinlebewesen sind im allgemeinen lichtscheu und feuchtigkeitsliebend, so daß sie vor Licht und Wärme einer Schreibtischlampe in tiefere Schichten fliehen; dabei geraten sie bis zu einem Sieb und fallen durch die Siebmaschen in ein Becherglas. Hier kann durch Exhaustor oder Pinsel eine Trennung unter verschiedenen Aspekten vorgenommen werden (auszählen, ordnen, bestimmen).

„Streubewohner"

Die Zielsetzung entspricht dem vorhergehenden Versuch.

Bodenlebewesen, auch der Makrofauna, kommen in sehr großer Vielfalt und teils riesiger Individuenzahl vor. Es ist somit möglich, sowohl qualitative wie auch quantitative Betrachtungen anzustellen: Ordnen nach dem Aussehen bzw. nach Arten, Zählen der Individuen je Probefläche usw. Andere Aspekte wären Bestimmungsübungen anhand mitgelieferter Literatur oder Arbeitshilfen (vgl. „Kennkarten").

Bei Bestimmungsarbeiten sollte von den Unterrichtenden bedacht werden, daß das Bestimmen mit „handelsüblicher" Fachliteratur im Normalfall eine Überforderung der Schüler und Schülerinnen darstellt, so daß man, außer in der Oberstufe der Gymnasien, mit wenig Erfolg rechnen kann. Einer Beschränkung auf einige wesentliche Vertreter und der Verwendung einfacher Bestimmungshilfen sollte daher unbedingt der Vorzug gegeben werden, auch wenn eine exakte Artenbestimmung damit kaum möglich ist. Die Erkennung einer Gattung oder Familie ist zumeist aber völlig ausreichend; für jüngere Schüler/innen genügt bereits die Bestimmung von Klassen.

Im Sinne einer verantwortungsvollen Betätigung ist es angeraten, darauf zu achten, daß nicht allzuviele der Tierchen beim Hantieren verenden. Arbeiten in greller Sonne sollte daher möglichst vermieden werden (Wahl der Untersuchungsorte).

Auch sollte Wert darauf gelegt werden, daß die Tiere nach der „Erforschung" wieder an der Entnahmestelle oder einem vergleichbaren Platz freigesetzt werden. Auch kleinsten Kreaturen gegenüber sollte möglichst viel an Rücksichtnahme im Sinne einer Wertvermittlung („Ehrfurcht vor dem Lebendigen") entgegengebracht werden!

„Wir betreuen ein Regenwurmglas"

In einem Langzeitversuch über drei bis vier Wochen kann die Bedeutung des Regenwurms im Kreislauf der Nährstoffe sichtbar gemacht werden (Mineralisierung des Bodens, Bodenlockerung, Bodendurchmischung). Dabei wird neben dem Beobachten als fachspezifische Arbeitsweise auch die Pflege von Tieren gefördert.

Hinweise für die Tierpflege

a) Fehler, die oft gemacht werden:

1. Die Bodendrainage wird vergessen, das Füllsubstrat kann verschlammen.
2. Geschädigte Regenwürmer werden eingesetzt – Gefahr des Absterbens der Würmer; gesunde Würmer suchen sich sofort einzugraben.
3. Das Wurmglas trocknet aus, da die Pflege wegen der „versteckten" Aufstellung oft vergessen wird (Langzeitversuch!).
4. Das Bodensubstrat wird zu naß gemacht – Verschlämmungsgefahr!
5. Zuviel Futter wird eingebracht – die Gefahr der Schimmelbildung ist groß!
6. Das Glas steht zu warm – stickige Luft entsteht; es kommt zu Schimmelbildung.

b) Futter

Regenwürmer fressen alle pflanzlichen Abfallstoffe aus Küche oder Garten, besonders, wenn sie bereits etwas zersetzt sind. Um für das Wurmglas Futter bereitzustellen, bedarf es keiner großen Aufwendungen; es genügen kleingeschnittene Obstschalen, Salatabfälle, Rasenschnitt, Kaffeesatz sowie Laub- und Strohstückchen. Das Futter wird als lockere Lage stets auf die obere Schicht des Wurmglases aufgebracht. Nur auf Schimmelbildung ist zu achten, deshalb nicht zuviel Futter einbringen.

Zur Ausweitung des Themas kann im Zusammenhang mit dem Wurmglas auch an die Einrichtung einer Wurmkiste gedacht werden.

6.4.2 Lösungen zu den Arbeitsblättern

Zu AB: **„Der Nährstoffkreislauf"**

1. Stoffkreisläufe (schematische Darstellung);
Wasserkreislauf:
(rechts oben) Niederschläge – (links oben) Wolkenbildung – (links darunter) Wasser
Nährstoffkreislauf:
Sonnenenergie – Grüne Pflanzen als Produzenten – Pflanzenfresser als (Primär)Konsumenten – Fleischfresser als (Sekundär) Konsumenten – Bodenlebewesen als Reduzenten – Mineralstoffe als Nahrung
Gaskreislauf:
Grüne Pflanzen ab: O_2; Bodenlebewesen ab: CO_2

2. Text:
a) Als Zersetzer (Reduzenten) führen sie die Mineralstoffe in den Nährstoffkreislauf zurück und machen sie für die Pflanzen verfügbar.

Zu AB: **„Bodenorganismen"**

1. Das Gewicht pro Hektar beträgt bis zu 10 Tonnen.
Organismen des Bodens: Bakterien, Pilze, Algen, Einzeller, Fadenwürmer, Springschwänze, Milben, Borstenwürmer, Käfer/Käferlarven, Tausendfüßer, Ameisen, Asseln, Fliegenlarven, Spinnen, Regenwürmer, Schnecken.

Zu AB: **„Der Maulwurf"**

1. Reihenfolge der Kennziffern von oben nach unten:
Anpassungen - 1 bis 9
Funktionen - 8, 3, 9, 5, 1, 7, 4, 6, 2

2. Verbinden der Teile
zu links 1 – rechts 2; zu links 2 – rechts 4
zu links 3 – rechts 1; zu links 4 – rechts 3

3. Sie durchmischen den Boden und beseitigen viele Gartenschädlinge.

Zu AB: **„Der Regenwurm (Körperbau)"**

1. Beschriftung der Abbildung, obere Reihe von links: Kopf – Gehirn – Schlund – Seitenherz – Rückengefäß – Segment – Ringgefäß
Untere Reihe:
Mund – Nervensystem – Bauchgefäß – Trennwand – Ausscheidungsorgan – Speiseröhre – Kropf – Muskelmagen

2. Kästchen – Ziffernfolge: 8, 5, 6, 7, 1, 3, 4, 2

Zu AB: **„Insekten"**

1. Kennzeichen:
Körperabschnitte: Kopf, Brust, Hinterleib
Kopfgliederung: Fühler, Mundwerkzeuge, Facettenaugen
Extremitätenzahl: 3 Beinpaare, 1 Fühlerpaar, bis 2 Flügelpaare

2. Benennung der Körperteile 1 bis 14:
Fühler, Facettenauge, Punktaugen, Gehirn, Magen - Darm, Flügelpaare, Herzschlauch, Mundwerkzeuge, Mundöffnung, Laufbeine, Nervensystem, Ausscheidungssystem, Ovarium

3. Farbgestaltung:
grün: 6, 10; violett: 13; rot: 8; orange: 14; gelb: 4,12

4. Bau des Beines (a bis e):
Hüfte, Schenkelring, Schenkel, Schiene, 5 Fußglieder

Zu AB: **„Die Rote Waldameise"**

1. Ameisen sind staatenbildende Insekten des Bodens.

2. Gesundheitspolizei, Schädlingsbekämpfung, Bodenlockerung

3. Arbeiterin – Königin – Drohne

4. Betrillern (Fühler)

5. Jagen – Sammeln.

6. von links oben beginnend:
4, 3, 2, 5, 4, 2, 4, 1, 7, 6, 4, 1, 8

Zu AB: **„Spinnentiere“**

1. Hauptmerkmale:
Zweigliedrig: Kopfbrust (Kb) – Hinterleib (Hl) – 4 Beinpaare

2. Körpergliederung (1 bis 15):
Punktaugen, Nervensystem, Magen, Herzschlauch, Mitteldarmdrüsen, Eierstock, Ausscheidungsorgan, Spinnwarzen, Giftdrüse, Kiefertaster, Kieferklaue, Mundöffnung, 4 Paar Laufbeine, Atemsystem, Spinndrüsen

3. blau: 14; gelb: 1,2; grau: 8, 15; grün: 3, 5; orange: 6; rot: 4; violett: 7

4. Spinnentiere, von links beginnend:
Spinne, Weberknechte, Milben, Afterskorpion.

Zu AB: **„Schnecken“**

1. Abb. oben links: Darm, Mitteldarmdrüse, Rückziehmuskel, Fuß, Ausscheidungsorgan
rechts: Herz, Schale, Atemhöhle, Mantel, Speicheldrüse, Auge, Fühler, Mundöffnung, Nervensystem
Abb. unten links: Zwitterdrüse, Spermatasche, Liebespfeilsack;
rechts: Zwittergang, Eiweißdrüse, Spermienleiter, Eileiter, Penis, Geschlechtsöffnung

2. Schneckenformen:
Nacktschnecken – Gehäuseschnecken.

Zu AB: **„Mikroorganismen“**

Amöbe, oben/ unten:
gegenwärtiges Vorderende/ gegenwärtiges Hinterende
von oben nach unten: Scheinfüßchen, Nahrungsbläschen, Kern, Nahrungsbläschen, Plasmarand, Pulsierendes Bläschen, Plasma, Nahrungsbläschen, Zellmembran

Wimpertierchen, von oben beginnend:
Wimpern, Trichozysten, Pulsierendes Bläschen, Nahrungbläschen, Großkern, Kleinkern, Mundfeld, Nahrungsbläschen, Mundtrichter, Bläschenabschnürung, Pulsierendes Bläschen, Zellafterbereich, Wimpern.

6.4.3 Erläuterungen zu der Bestimmungshilfe

Beim Umgang mit Bodenorganismen sind bestimmte Artenkenntnisse nötig, so daß auch Bestimmungsübungen vorgenommen werden müssen.

Das Bestimmen von Tieren bzw. Pflanzen zählt allerdings mit zu den schwierigsten Arbeiten im Biologie-Unterricht, da hierfür ein sehr exaktes Arbeiten, große Ausdauer sowie etliches Vorwissen erforderlich sind. Ferner ist auch der Umgang mit handelsüblichen Bestimmungsbüchern nicht ganz einfach; oft haben selbst Lehrer/innen damit ihre liebe Mühe. Deshalb ist die Verwendung vereinfachter Bestimmungshilfen sinnvoll, solange den Handelnden gesicherte Erfahrungen im Umgang mit Bestimmungsliteratur fehlt.

Die im Rahmen dieses Werkes angebotene, einfach zu handhabende Bestimmungshilfe soll den Benützern und Benützerinnen zumindest eine Grobbestimmung ermöglichen.

Den Bereich der Freiarbeit berücksichtigt vor allem das Angebot eines Bestimmungs-Quartetts. Das Spiel kann nach den herkömmlichen Quartettregeln einfach gespielt werden und will vor allem verwandtschaftliche Beziehungen verdeutlichen. Hier bleibt auch Platz zur kreativen Schülerselbsttätigkeit; die Kartenbilder können nach Vorlagen bemalt werden.

Eine weitere Handlungsmöglichkeit sei noch angeregt: Durch Verdopplung der Bestimmungskarten läßt sich leicht ein Arten-Memory herstellen, wodurch eine zusätzliche Gelegenheit zur spielerischen Auseinandersetzung gegeben ist, die von jüngeren Schülerinnen und Schülern sicher gerne angenommen wird.

Grundsätzlich aber sollten alle angebotenen Bilder der längeren Haltbarkeit und vor allem der besseren Verwendbarkeit wegen auf dünnen Karton aufgeklebt werden, ehe es ans Ausschneiden geht. Eine Laminierung vermag die Lebensdauer des Materials deutlich zu erhöhen.

Was man braucht

Einweckglas, Tondreieck, Pipette 5 ml, Petrischale 70 mm, evtl. Papp- oder Glasscheibe 70 mm, gesättigte $Ba(OH)_2$-Lösung, Stoppuhr, verschiedene Böden als Versuchsfläche (Kompost, Sand, Humus ...)

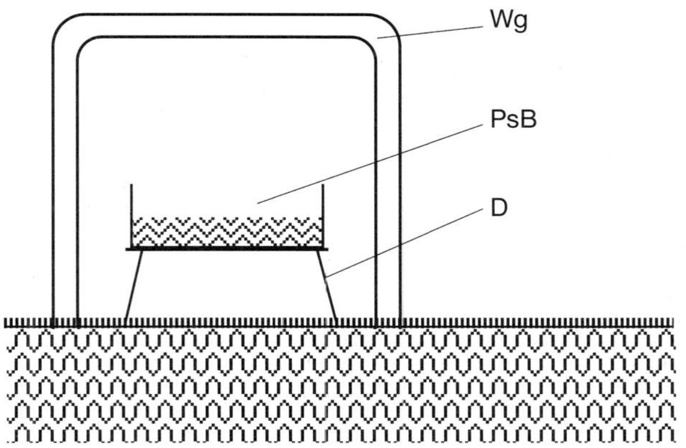

D=Drahtgestell; Wg=Weckglas;
PsB=Pertischale mit Barytlauge

Anleitung

1. Drahtenden der Tondreiecke zu Tischbeinchen biegen.
2. Tondreiecke so auf den ausgewählten Platz stellen, daß etwa 5 mm hohe Tischchen entstehen.
3. Papp- oder Glasscheibe als Auflage aufbringen und Petrischale aufsetzen.
4. Mittels Pipette 5 ml $Ba(OH)_2$-Lösung in die Petrischalen einbringen.
5. Sofort das Einweckglas darüberstülpen.
6. Mittels Stoppuhr die Dauer bis zur Veränderung der Chemikalienfarbe feststellen.
7. Den Versuch an anderen Bodenstellen wiederholen oder die Versuche parallel durchführen.

Aufgaben

1. Welche Veränderung der Chemikalienfarbe kannst du feststellen?

___

2. Vergleiche die einzelnen Versuchsergebnisse. Welche zeitlichen Unterschiede können dabei festgestellt werden?

Bodenprobe				
Zeit/Sekunden				

3. Wie sind die Unterschiede erklärbar? Folgender Hinweis hilft dir bei der Antwort:
CO_2 reagiert mit $Ba(OH)_2$ zu Bariumcarbonat, das als weißlich trüber Niederschlag ausgefällt wird.

___

___

___

___

___

ISBN 3-12-043120-6

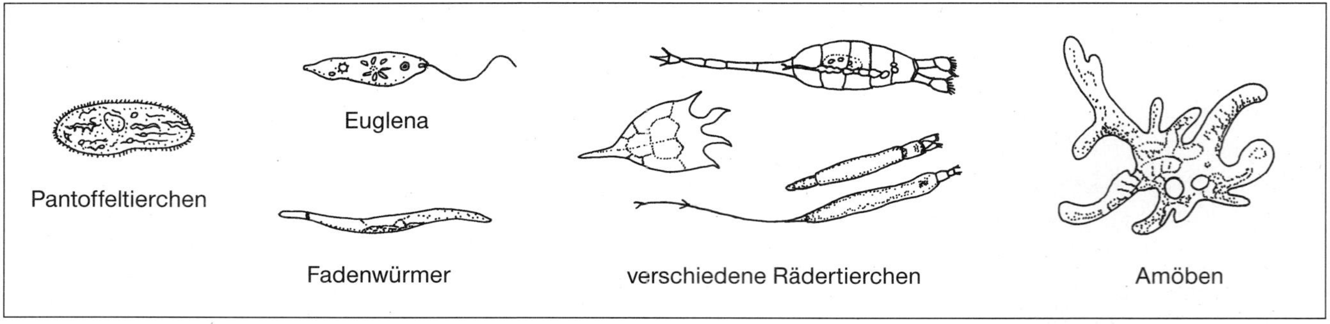

Was man braucht

Starke Lupe, Mikroskop oder Stereolupe; Bodenproben (erdfeucht!) Becher- oder Einweckgläser, Glasstab, Pipette, Objektträger oder Petrischalen, Deckgläschen

Anleitung

a) Bodenkrümel-Bewohner

1. Erdkrümel aus den erdfeuchten Bodenproben mit Wasser aufschlämmen.
2. Wassertropfen aus dieser Aufschlämmung mit Glasstab auf Objektträger oder Petrischale bringen.
3. Deckgläschen auf die Probe legen (vor Austrocknung schützen!).
4. Proben unter der Optik betrachten.

b) Aufgüsse

1. In Becherglas (Einweckglas) Bodenproben mit abgestandenem Wasser ansetzen und einige Tage stehenlassen.
2. Mit Pipette oder Glasstab etwas von der Aufgußflüssigkeit entnehmen und auf einen Objektträger überführen.
3. Deckgläschen auf die Proben legen (vor Austrocknung schützen!).
4. Betrachtung mittels der Optik.

Aufgaben

1. Untersuche die Proben jeweils danach, ob du etwas Lebendes entdecken kannst. Notiere auf einem Blatt deine Funde.
2. Betrachte die entdeckten Lebewesen, und versuche, sie zu skizzieren (Umrisse).
3. Versuche, die entdeckten Lebewesen zu bestimmen (vgl. auch mit den Quartettkarten).

ISBN 3-12-043120-6

Was man braucht

Schachtel (ca. 15 cm hoch, Grundfläche etwa 10 cm^2), Becherglas, Trichter, weitmaschiges Sieb (max. 5 mm Maschenweite), Karton oder Tonpapier, Klebeband, Schreibtischlampe, Becherlupen oder Lupen (optimal: Binokular), Bestimmungshilfen, Streu- u. Oberbodenproben aus verschiedenen Bodentiefen oder von verschiedenen Standorten (vor Austrocknung schützen bis zur Verwendung!), Haarpinsel, Petrischale(n), wenn sortiert werden soll

Berlese- Apparat

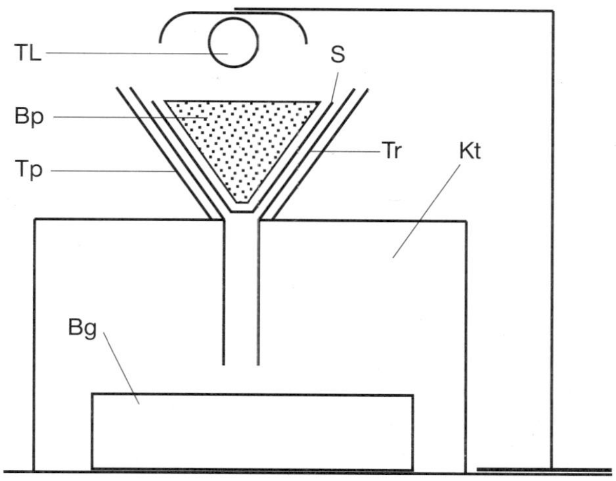

Bg= Becherglas; Bp= Bodenprobe; Kt= Karton; S= Sieb; TL =Tischlampe; Tp= Tonpapier, Tr= Trichter;

Anleitung

1. In den Trichter das Sieb einlegen und den Trichter mit Pappe oder Tonpapier umwickeln.
2. Kartonboden mit Öffnung versehen, so daß das Trichterende hindurchpaßt.
3. Ein Becherglas unter die Öffnung des Kartons stellen.
4. Den Trichter in das Loch über das Becherglas im Karton stecken.
5. Den Trichter mit einer bestimmten Bodenprobe füllen.
6. Eine Schreibtischlampe ca. 30 cm über dem Trichter anbringen und damit den Trichter etwa 15 min beleuchten.
7. Aus dem Becherglas (im Karton) die eingefallenen Kleinsttiere mit einem Pinsel entnehmen (etwa in Petrischale oder Becherlupe umsetzen) und mit optischen Hilfsmitteln betrachten, zählen bzw. bestimmen.

Aufgaben

1. Betrachte die gefundenen Lebewesen unter dem optischen Gerät, das du zur Verfügung hast. Achte darauf, daß die Tiere nicht zu Schaden kommen (Austrocknung, Verletzung).
2. Zähle, wie viele Lebewesen du entdecken kannst.
3. Versuche, die Lebewesen nach Merkmalen zu sortieren (Pinsel).
4. Versuche eine Bestimmung einzelner Tierchen.
5. Laß die Tierchen nach dem Betrachten wieder an der Entnahmestelle frei.
6. Vergleiche bei der Untersuchung mehrerer Bodenproben die Zahl der gefundenen Tierchen.

ISBN 3-12-043120-6

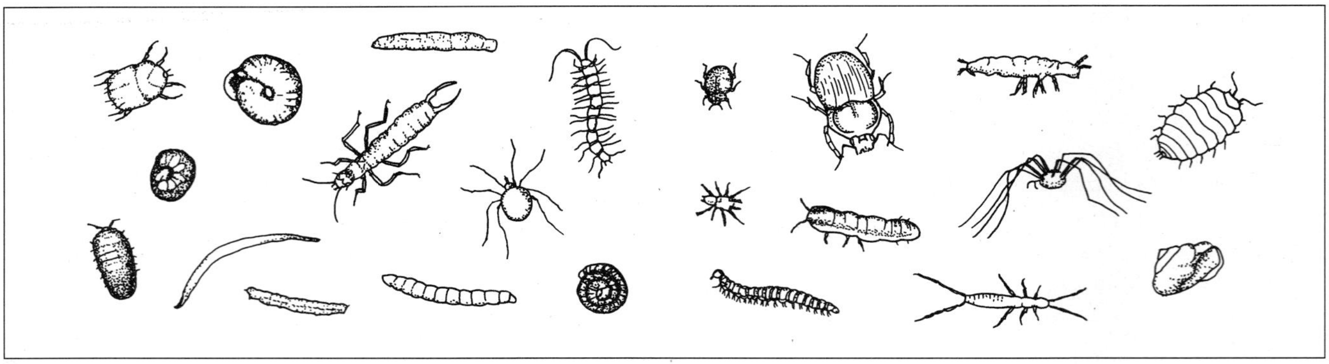

Was man braucht

Weiße Unterlage (Tapetenrückseite, Leintuch, Tischdecke, ...), Spachtel oder Handschaufel, Sieb, Becherglas, Fotodosen (transparent), Haarpinsel oder Exhaustor, Becherlupe oder Binokular, ggf. Holzstöckchen und Schnur zur Markierung von Probeflächen (etwa DIN A4-Format), Bestimmungshilfen; möglichst unterschiedliche Bodenflächen untersuchen

Anleitung

1. Probeflächen ausstecken.
2. Die weiße Unterlage ausbreiten.
3. Bodenstreu auf der Unterlage locker verteilen oder Bodensubstrat mittels Sieb über der Unterlage aussieben.
4. Nach herumkrabbelnden Lebewesen Ausschau halten und diese mittels eines Pinsels oder Exhaustors in das Becherglas oder die Filmdosen überführen.
5. Ausbeute in eine Becherlupe überführen oder in Glasschale unter ein Binokular stellen.
6. Ausbeute auswerten (verschied. Aspekte möglich); Bestimmungshilfen benutzen.

Aufgaben

1. Betrachte die gefundenen Lebewesen unter dem optischen Gerät, das du zur Verfügung hast. Achte darauf, daß sie nicht zu Schaden kommen (Austrocknung, Verletzung).
2. Zähle, wie viele Lebewesen du entdecken kannst.
3. Versuche, die Lebewesen nach Merkmalen zu sortieren (Pinsel).
4. Versuche eine Bestimmung einzelner Tierchen.
5. Vergleiche gegebenenfalls die Fangergebnisse von verschiedenen Fangplätzen.
6. Laß die Tierchen nach dem Betrachten wieder an der Entnahmestelle frei.

ISBN 3-12-043120-6

Was man braucht

Einweckglas (1,5 bis 2 l Glas sehr günstig, da hoch), verschied. Erdsubstrate: Steinchen, Sand, Lehm, Humus, Laubstreu; Watte, Gazestück, Einweckgummi, Tonpapierstreifen, Büroklammern, abgestandenes Wasser, ca. 20 Regenwürmer, regelmäßig geeignetes Futter; dunkler, nicht zu warmer Platz

Regenwurm-Glas

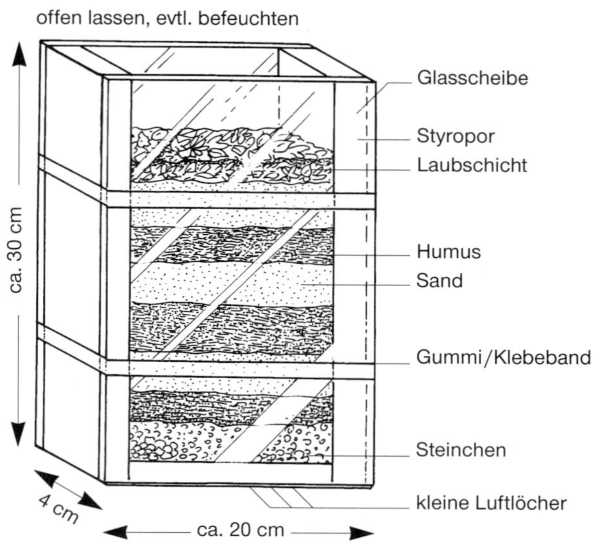

Alternativ

Wurmglas aus Styropor (Boden, Seiten- u. Rückwand), Vorderseite aus Glas; Weckgummis als Halterung (vgl. Skizze).

Anleitung

1. Den sauberen Behälter mit Steinchen in ca. 2 cm Höhe als Drainageschicht auslegen.
2. Eine dünne Schicht Watte als Feinteile-Sperre darüberlegen.
3. Etwa 2 cm Sand (Kies) über die Wattelage schichten.
4. Ca. 3 cm bodenfeuchte Lehmerde ohne Steine einfüllen (locker).
5. Im Wechsel werden nun jeweils ca. 3 cm dicke bodenfeuchte Humuserde, Sand- und Lehmbodenschichten (bis 5 cm unter den Rand) eingebracht.
6. Gefangene oder ausgegrabene Regenwürmer in das Glas einsetzen (auf mögliche Verletzungen der Tiere achten).
7. Eine ca. 2 cm dicke Laubstreu-Schicht als Abschlußauflage aufbringen.
8. Die Glasfüllung mit abgestandenem Wasser anfeuchten (nicht ertränken!).
9. Futter als dünne Schicht auflegen.
10. Den Behälter ganz mit Tonpapier umwickeln (Dunkelheitsliebe der Regenwürmer!); Enden mittels zweier Büroklammern oder Klebestreifen befestigen. (Bei der Aufstellung in einem geschlossenen Schrank kann das Verdunkeln wegfallen.)
11. Ein Gazestück mit Einweckgummi über die Öffnung spannen.
12. Das Regenwurmglas an einen nicht zu warmen Platz stellen.
13. Regelmäßiges Füttern mit geeignetem Futter nicht vergessen, sowie das Substrat feucht halten.
14. Der Versuchsbehälter ist regelmäßig auf Schimmelbildung zu kontrollieren.
15. Alle zwei Tage die Erdschichtungen kontrollieren.

Aufgaben

1. Notiere, welche Beobachtungen du bei der Kontrolle der Erdschichtungen machst.
2. Welche Bedeutung haben Regenwürmer für den Boden?

 ISBN 3-12-043120-6

Aufgaben

1. Vervollständige die schematische Darstellung der Stoffkreisläufe (Verwende für die drei unterscheidbaren Kreisläufe verschiedene Farben: Wasser - blau; Gase - rot; Nährstoffe - grün).

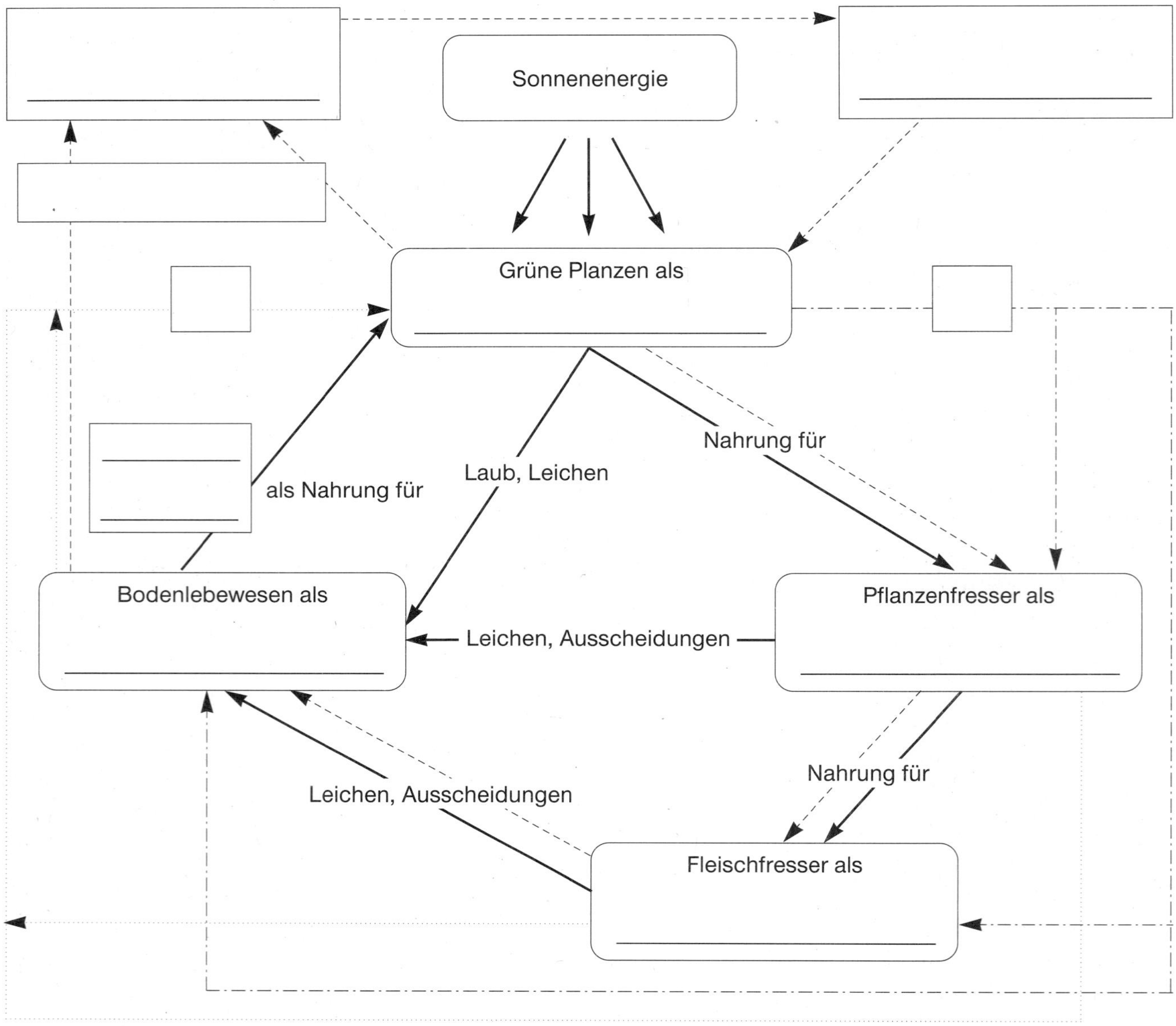

2. Erläutere, bzw. begründe die folgenden Aussagen:
Die Bodenorganismen nehmen in dem Stoffkreislauf eine wichtige Stellung ein. Welche Aufgabe übernehmen sie?

ISBN 3-12-043120-6

1. Ermittle mit Hilfe deines Biologiebuches die Arten der Bodenorganismen, und trage die Namen in die Spalten ein.

2. Bestimme das durchschnittliche Gesamtgewicht der Organismen je Quadratmeter, und rechne das Gewicht auf einen Hektar hoch. Notiere das Ergebnis: ______________________________

10.000.000.000.000	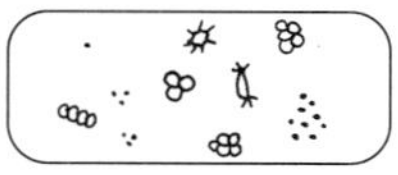	160 g/m²
12.000.000.000	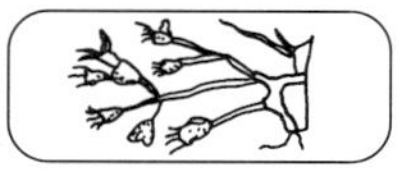	380 g/m²
1.000.000.000	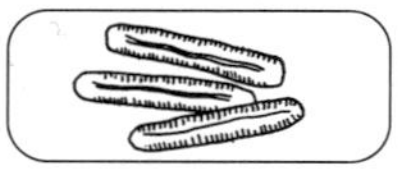	90 g/m²
600.000.000	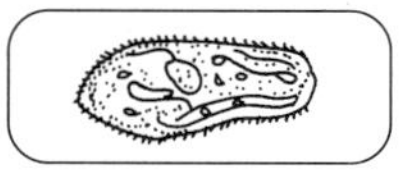	115 g/m²
Würmer: 1.800.000		4 g/m²
28.000	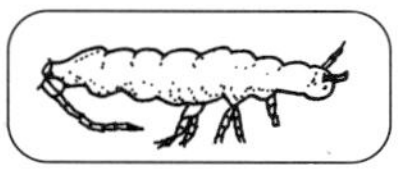	11 g/m²
18.000	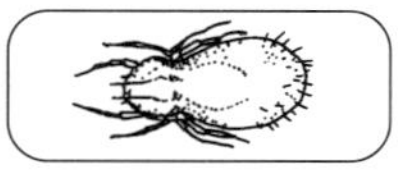	10 g/m²
Würmer: 10.000	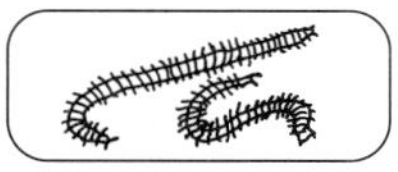	2 g/m²
800	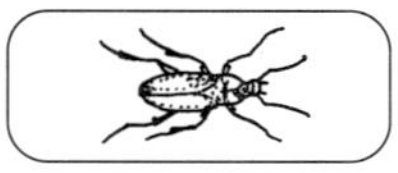	18 g/m²
550	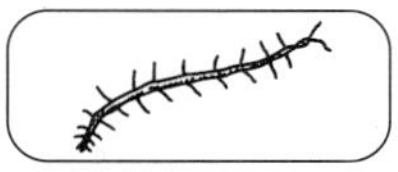	20 g/m²
320		2 g/m²
300	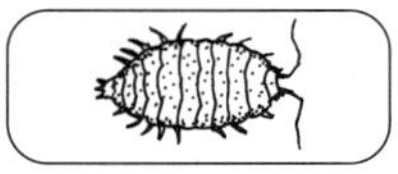	4 g/m²
240	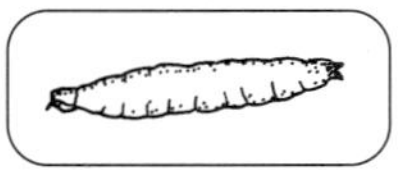	26 g/m²
230	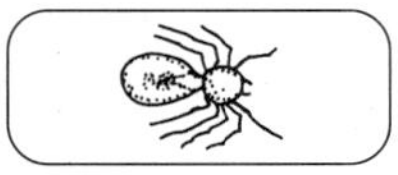	2 g/m²
130	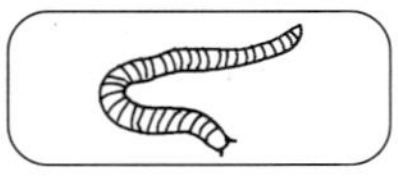	145 g/m²
50	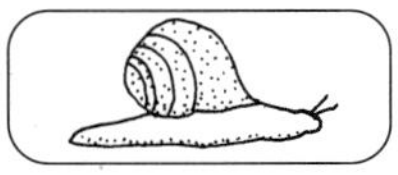	25 g/m²

Bodenorganismen/m²	.... g	=.........................kg

ISBN 3-12-043120-6

Der Maulwurf ist hervorragend an seine unterirdische Lebensweise angepaßt (s. Abb. A u.B).

1. Ordne die Kennziffern den entsprechenden Anpassungen und Funktionen zu.

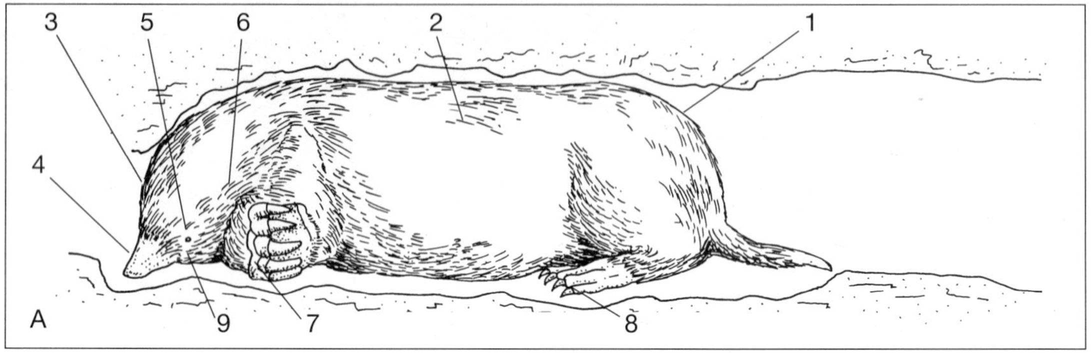

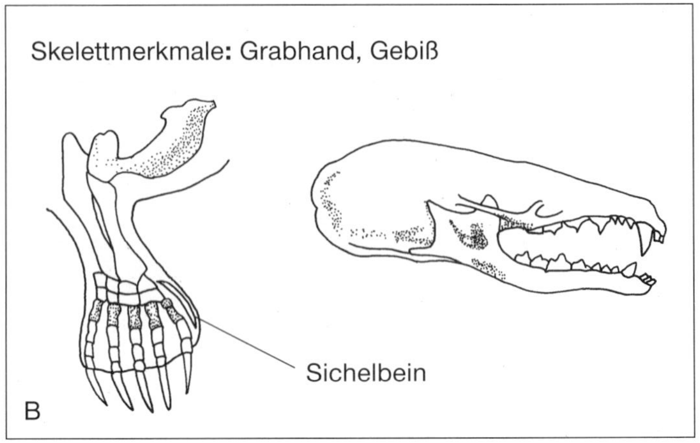

Anpassungen	
	Walzenförmiger Körper
	Strichloser, kurzer Pelz
	Keilförmiger Kopf
	Versteifte Nasenspitze
	Versteckt liegende, kleine Augen
	Ohren ohne Ohrmuscheln
	Mit Spornbein verbreiterte Vorderbeine
	Kurze, kräftige Hinterbeine
	Scharfes Insektenfressergebiß

und ihre Funktionen:	
	Zum Wegschieben der Erde
	Unterstützt die Grabarbeit
	Nahrung zerfleischen
	Schutz vor Verschmutzung
	Geringer Reibungsverlust beim Laufen
	Loswühlen (Graben) des Bodens
	Unterstützt die Grabarbeit
	Schutz vor Verschmutzung
	Erlaubt problemlosen Rückwärtslauf

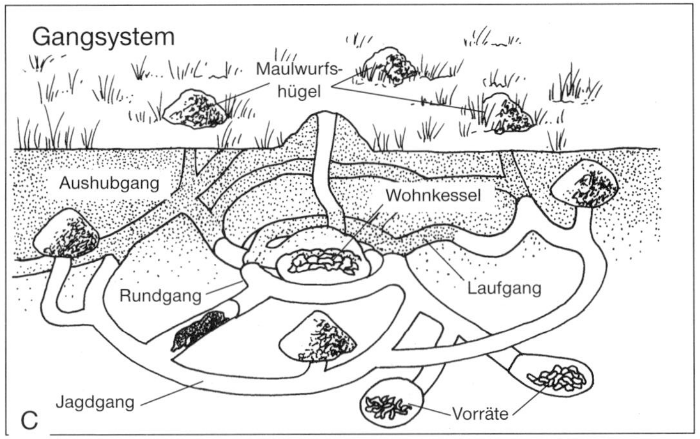

2. Ordne durch Verbinden den Teilen eines Maulwurfsbaues (s. Abb. C) die entsprechende Funktion zu.

Maulwurfhügel	Lagerung des Beuteüberschusses
Jagdgang	Lagerung überschüssiger Erde
Vorratskammer	Wurf- und Schlafhöhle
Wohnkessel	Jagdrevier

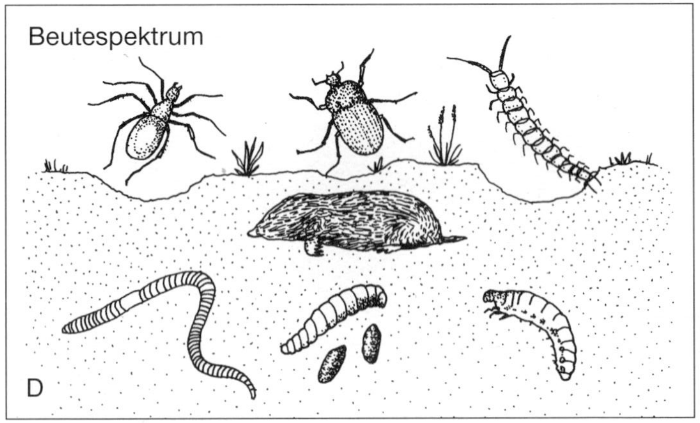

3. Welche zwei Bedeutungen für den Gärtner hat der Maulwurf als geschütztes, bodenlebendes Tier? Betrachte dazu die Abbildungen C und D.

ISBN 3-12-043120-6

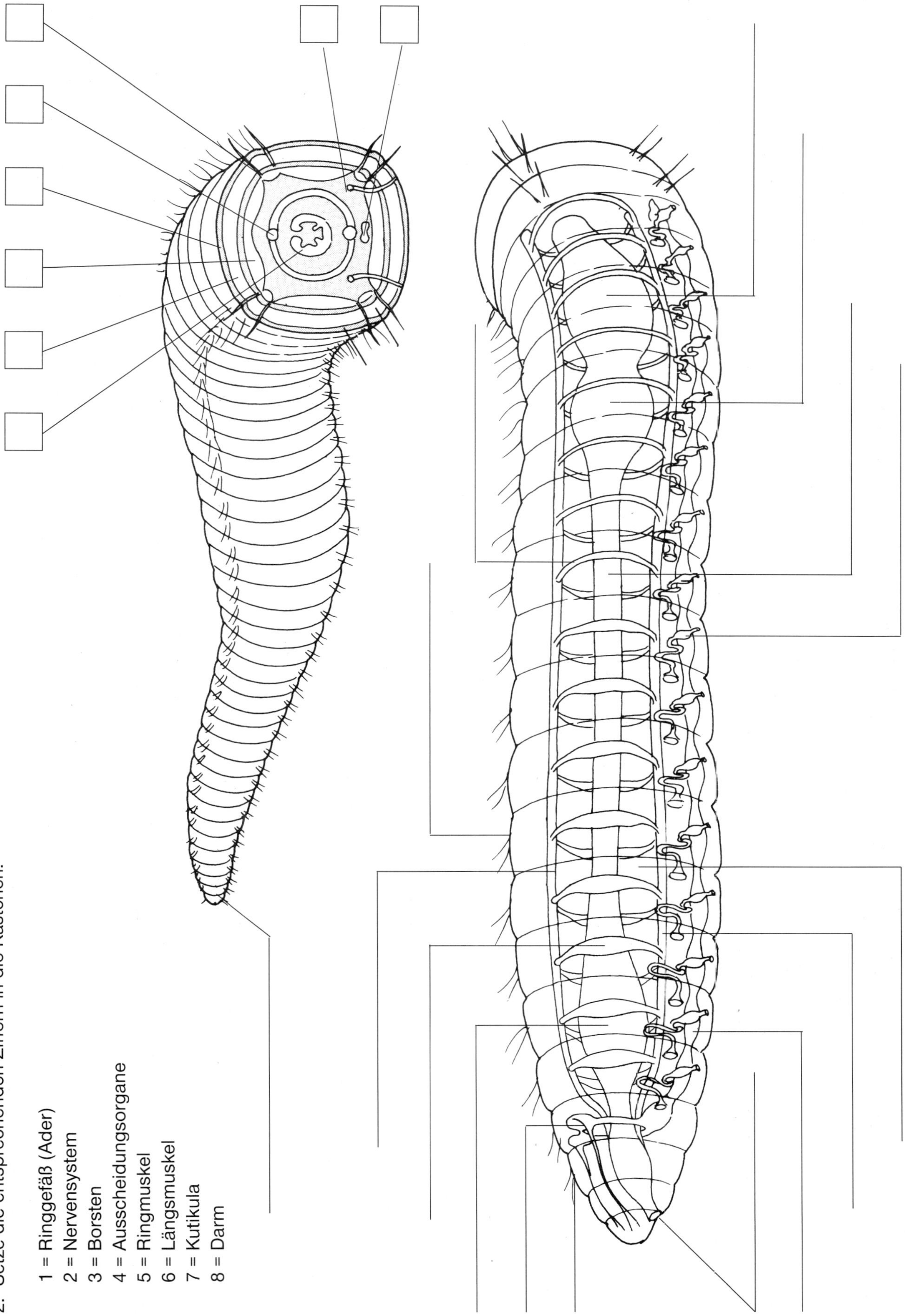

1. Beschrifte die Abbildung, und male farbig aus: Verdauungstrakt – grün, Ausscheidungssystem – blau, Blutgefäße – rot, Nervensystem – gelb.

2. Setze die entsprechenden Ziffern in die Kästchen.

1 = Ringgefäß (Ader)
2 = Nervensystem
3 = Borsten
4 = Ausscheidungsorgane
5 = Ringmuskel
6 = Längsmuskel
7 = Kutikula
8 = Darm

ISBN 3-12-043120-6

1. Insekten stellen weltweit die erfolgreichste Tierform dar. Sie weisen einen sehr einheitlichen Körperbau auf. Benenne die Hauptmerkmale:

Körperabschnitte: ______________________

Kopfgliederung: ______________________

Extremitäten (Zahl/Art): ______________________

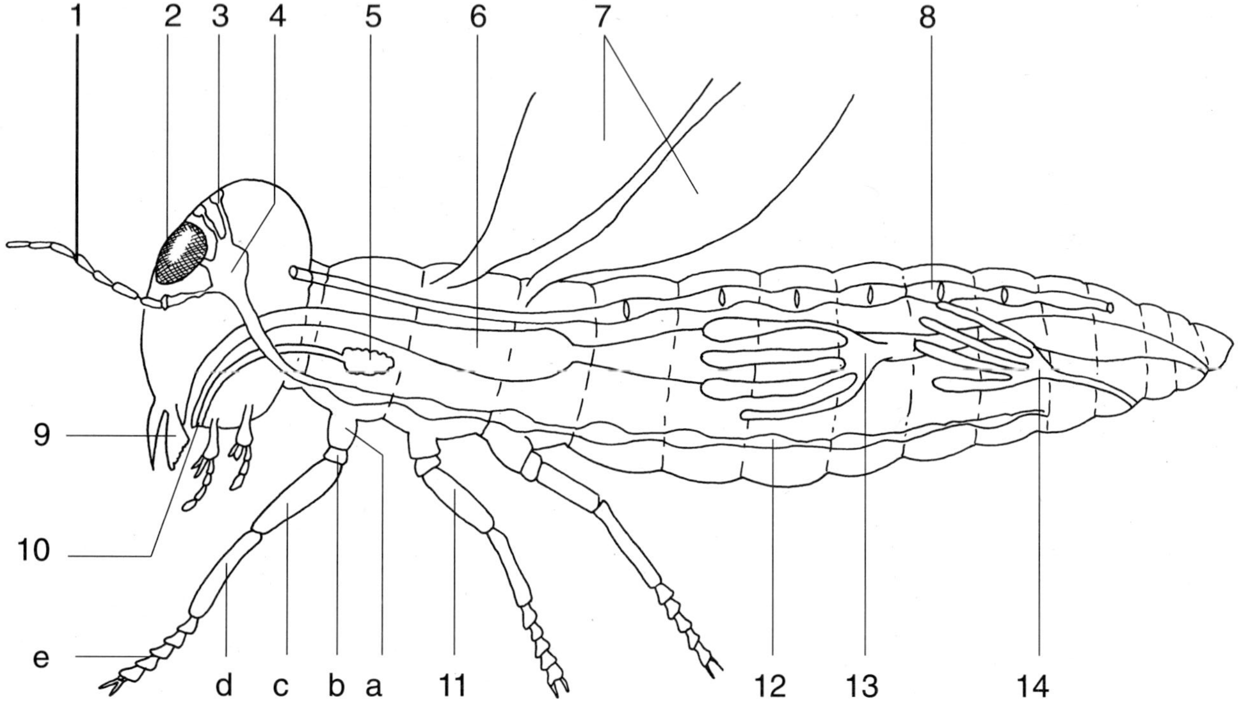

2. Benenne die einzelnen Körperteile:

1 ______
2 ______
3 ______
4 ______
5 ______
6 ______
7 ______
8 ______
9 ______
10 ______
11 ______
12 ______
13 ______
14 ______

3. Male die Organabschnitte zur besseren Übersicht farbig aus. Verwende folgende Farben: grün - Verdauungsorgane; violett - Ausscheidungsorgane; rot - Herz; orange - Geschlechtsorgane; gelb - Nervensystem

4. Benenne die fünf Abschnitte des Insektenbeines (a bis e)

____

____

ISBN 3-12-043120-6

Zu den gefährdeten Insekten gehört die Große Rote Waldameise. Sie ist ein Bewohner des Waldbodens mit einer wichtigen Funktion im Naturhaushalt.

1. Beschreibe ihre Lebensweise.

2. Nenne die drei wichtigsten Bedeutungen der Ameisen im Naturhaushalt.

3. Benenne die Geschlechtsformen der Roten Waldameise:

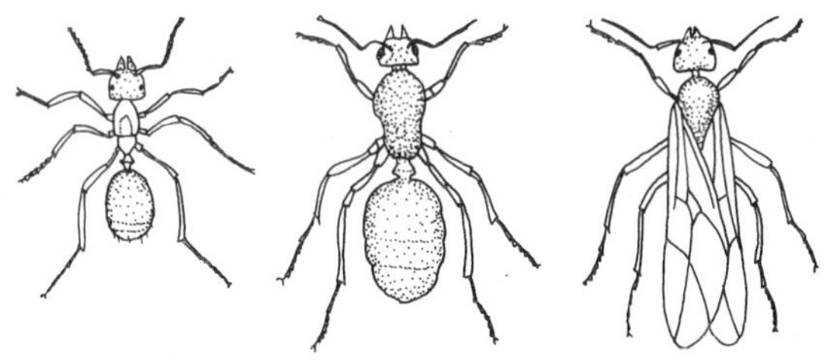

4. Erläutere die Art des Informationsaustausches.

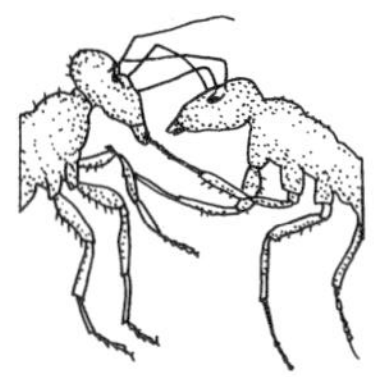

5. Benenne die Art des Beuteerwerbs.

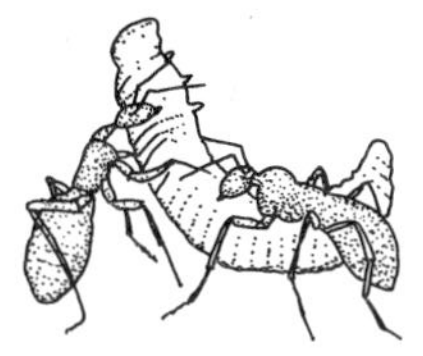

6. Setze die Kennziffern in die Abbildung des Ameisenbaus ein.

1 = Eier
2 = Larven unterschiedlichen Alters
3 = Puppen
4 = Kammern
5 = Gänge
6 = Wächterin
7 = Arbeiterin
8 = Königinnenkammer

Querschnitt durch einen Ameisenbau

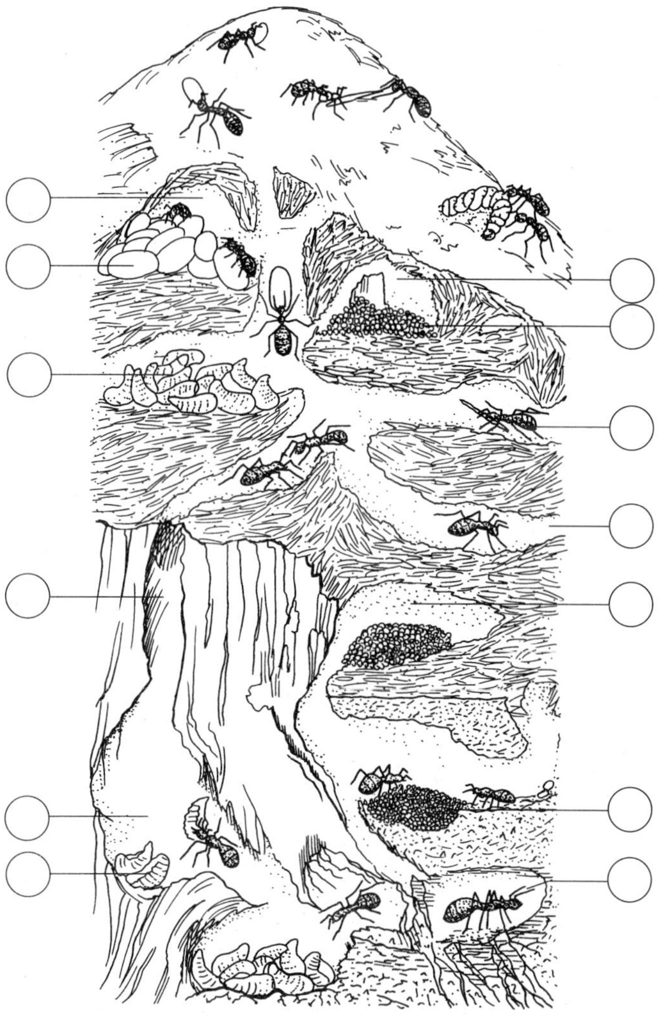

ISBN 3-12-043120-6

1. Nenne die Hauptmerkmale der Spinnentiere, mit denen sie sich von Insekten unterscheiden.

a) ______________________________

b) ______________________________

2. Benenne die Körperteile der Spinne.

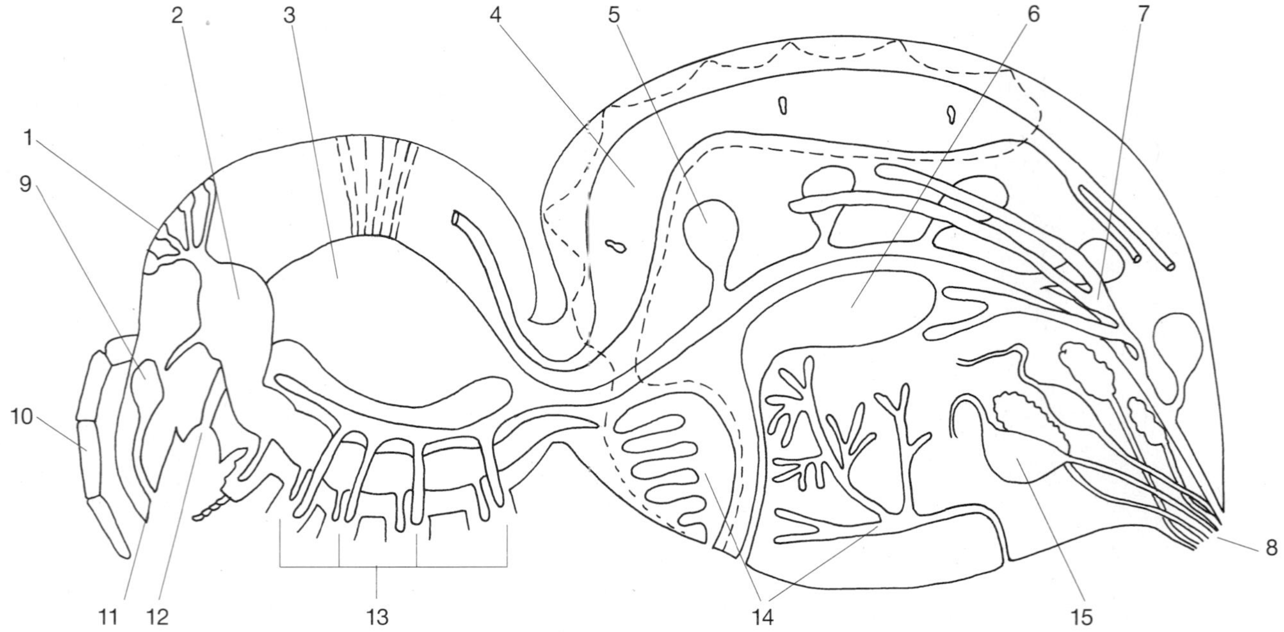

1 ________	6 ________	11 ________
2 ________	7 ________	12 ________
3 ________	8 ________	13 ________
4 ________	9 ________	14 ________
5 ________	10 ________	15 ________

3. Male die Organsysteme farbig aus. Verwende dazu:

blau = Atmungsorgane; gelb = Nervensystem; grau = Spinndrüsen; grün = Verdauungssystem; orange = Geschlechtsorgane; rot = Blutgefäße; violett = Ausscheidung

4. Benenne die abgebildeten Spinnentiere.

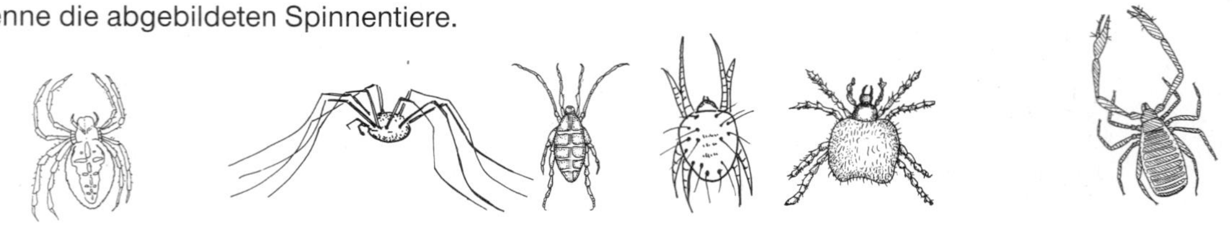

________ ________ ________ ________

________ ________ ________ ________

ISBN 3-12-043120-6

1. Benenne die Körperteile der Schnecke:

Bauplan der Schnecke

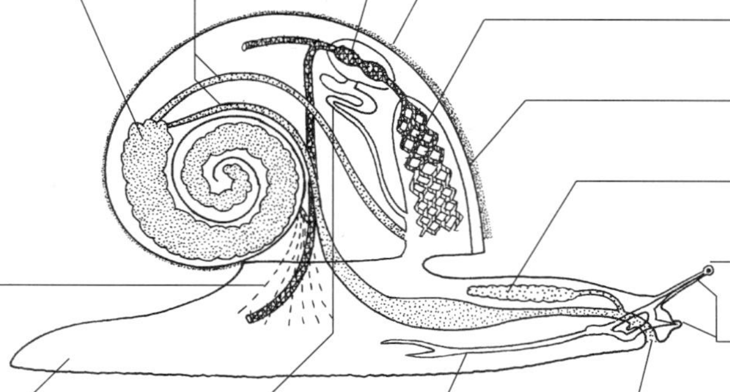

Geschlechtsorgane der Schnecke

2. Unterscheide zwischen zwei Schneckenformen.

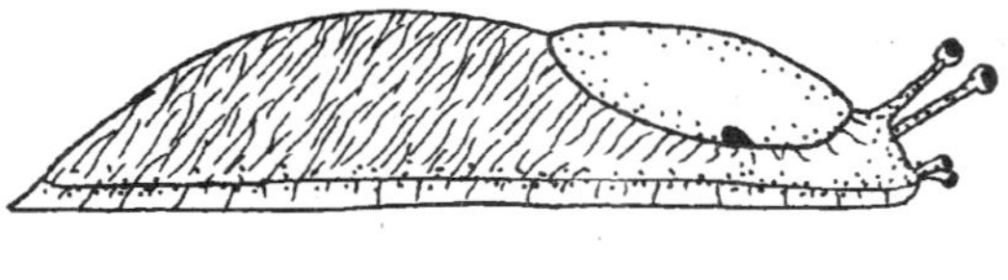

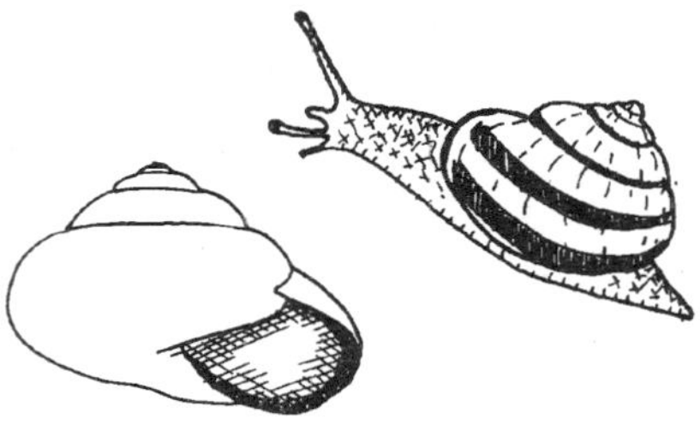

ISBN 3-12-043120-6

Die Welt der Mikroorganismen ist vielfältig. Zwei häufige Vertreter sind die Amöbe und das Wimpertierchen. Beschrifte ihre Baupläne, und male gleiche Teile in beiden Abbildungen mit der selben Farbe aus.

Wimpertierchen

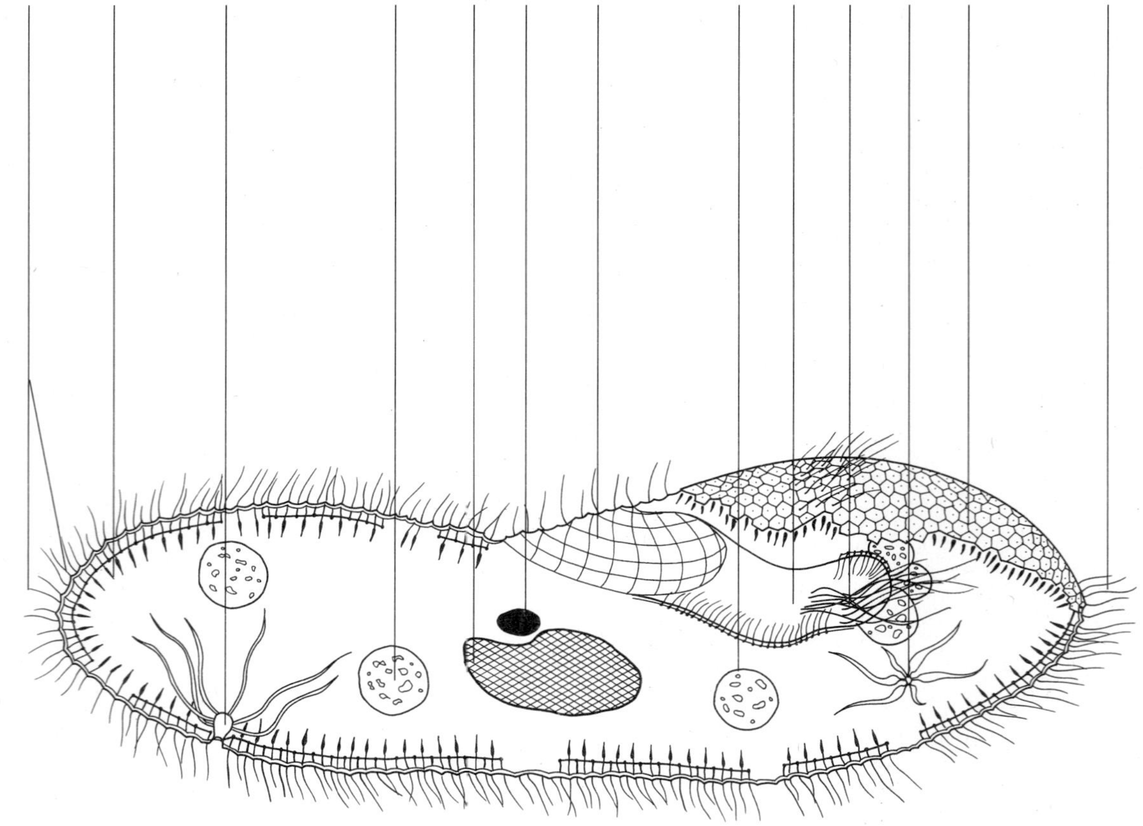

Amöbe

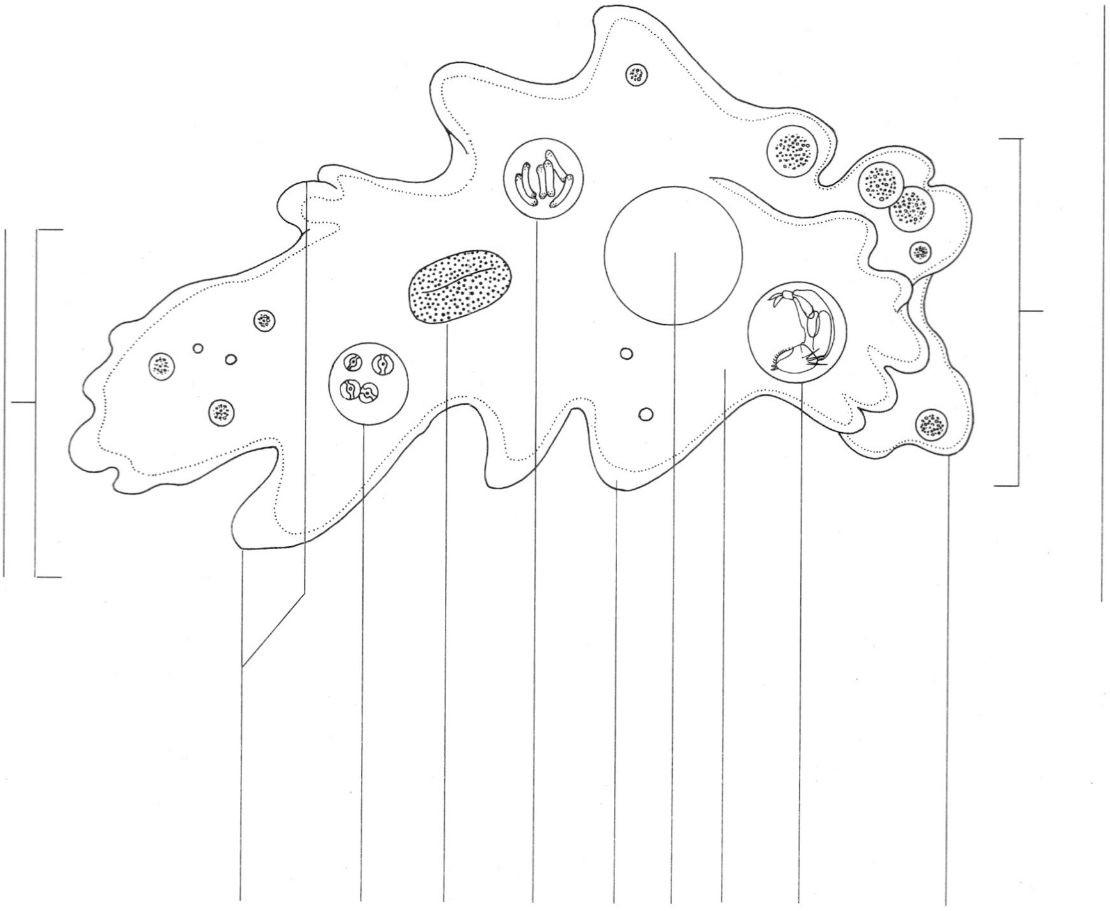

ISBN 3-12-043120-6

Der hier angebotene Bestimmungsschlüssel arbeitet mit sehr starker Vereinfachung und wird wohl vorrangig für die Arbeit mit jüngeren Schülern und Schülerinnen in Frage kommen. Evtl. kann diese Bestimmungshilfe auch einer genaueren Bestimmung vorausgehend eingesetzt werden.

Beine der Tiere?

- 0 Beine: gehören zu den **Würmern** – **Maden** – **Raupen**:

Würmer | Maden | Raupen

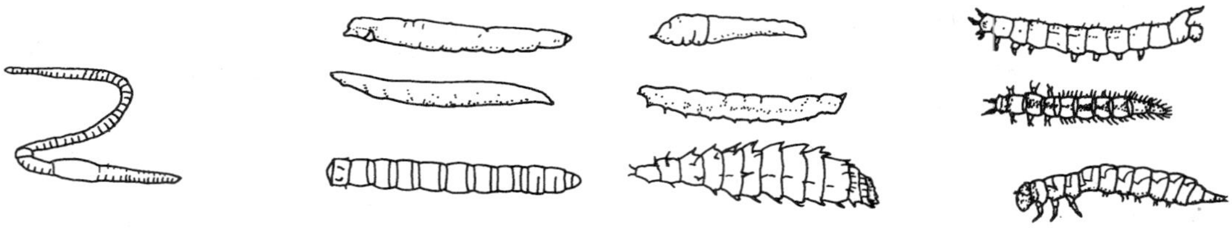

- 1 Paar Beine: gibt es nicht
- 2 Paar Beine: gibt es nicht
- 3 Paar Beine: gehören zu den **Insekten**:

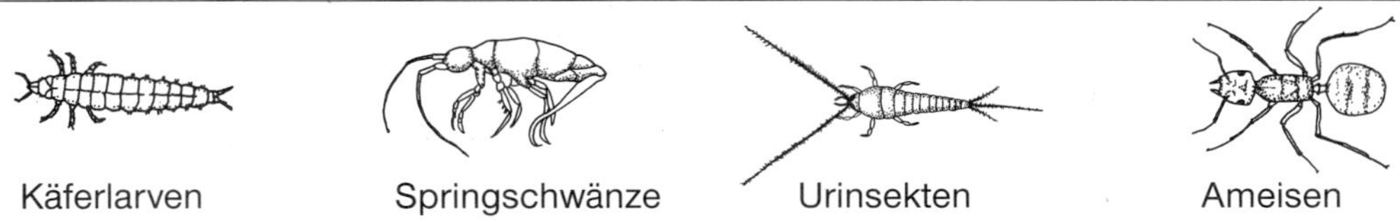

Käferlarven | Springschwänze | Urinsekten | Ameisen

Käfer | Wanzen | Schaben | Ohrwürmer

- 4 Paar Beine: gehören zu den **Spinnen**:

Spinne | Weberknecht | Milbe | Afterskorpion

- 5 Paar Beine: gibt es nicht
- 6 Paar Beine: gibt es nicht
- 7 Paar Beine: gehören zu den **Krebsen**:

Assel

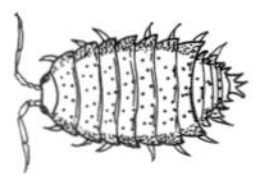

- mehr als 7 Paar Beine: gehören zu den **Hundert-, Tausendfüßern**

1 Beinpaar je Ring: Hundertfüßer

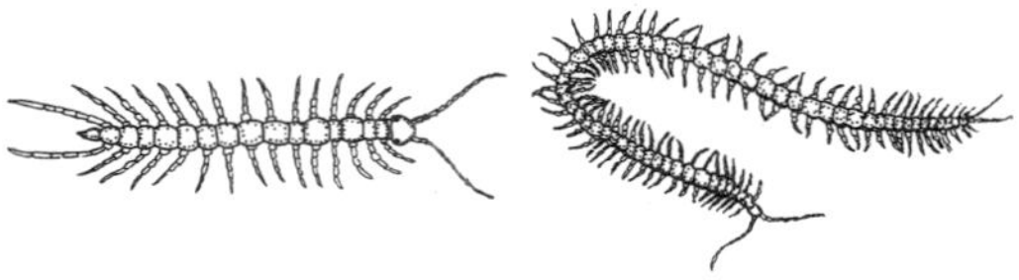

Steinläufer | Erdläufer

2 Beinpaare je Ring: Tausendfüßer

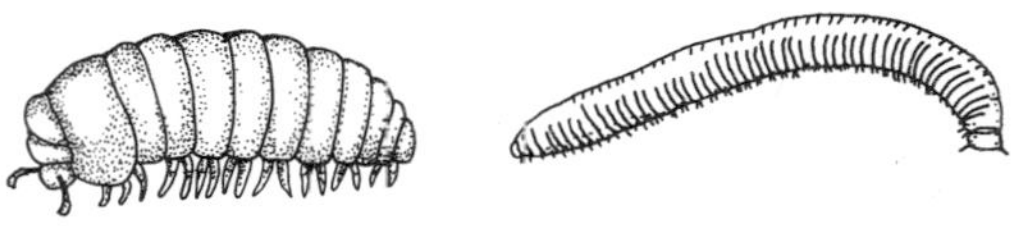

Saftkugler | Schnurfüßer

ISBN 3-12-043120-6

Die Karten auf Karton kleben und ausschneiden.

1a Würmer

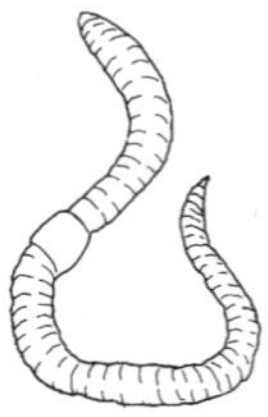

Regenwurm 2 bis 15 cm
Bodenlockerer, wichtiger Bodenbilder; düngt und durchlüftet den Boden, zersetzt Pflanzenreste

a **Regenwurm** b Enchyträe
c Fadenwurm d Planarie

1b Würmer

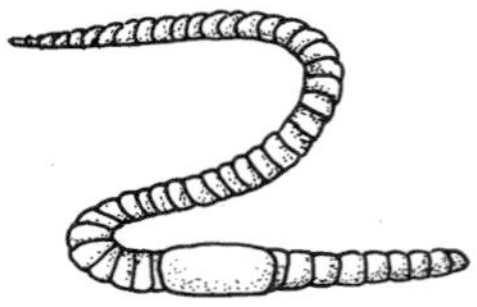

Enchyträe 5 bis 35 mm
Weißlicher Kleinwurm, sehr häufiges Bodentier, auch in Blumentöpfen nachweisbar

a Regenwurm b **Enchyträe**
c Fadenwurm d Planarie

1c Würmer

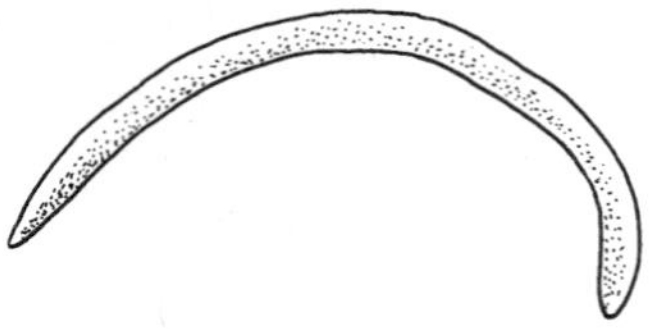

Fadenwurm 0,5 bis 3 mm
Leben in großer Zahl im Boden; stark an den Zersetzungsprozessen beteiligt: Stickstoffumbau

a Regenwurm b Enchyträe
c **Fadenwurm** d Planarie

1d Würmer

Planarie 5 bis 15 mm
Graubraune, nacktschneckenähnliche Waldbodenbewohner; Fleischfresser

a Regenwurm b Enchyträe
c Fadenwurm d **Planarie**

2a Spinnen

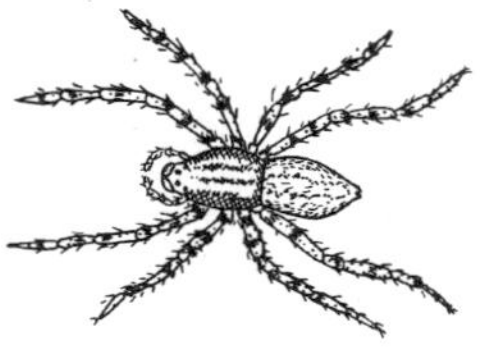

Wolfsspinne 5 bis 11 mm
Laufspinne, die umherstreifend ihre Beute erlegt; sie baut kein Netz

a **Wolfsspinne** b Weberknecht
c Brettkanker d Afterskorpion

2b Spinnen

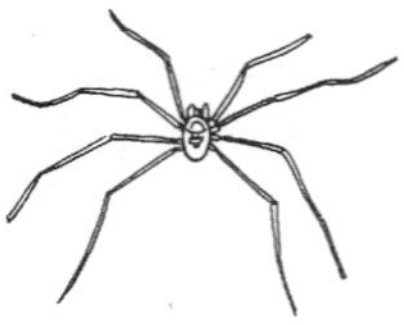

Weberknecht 5 bis 15 mm
Nächtlich lebende Spinnen mit ungegliedertem Körper und sehr langen, dünnen Beinen

a Wolfsspinne b **Weberknecht**
c Brettkanker d Afterskorpion

2c Spinnen

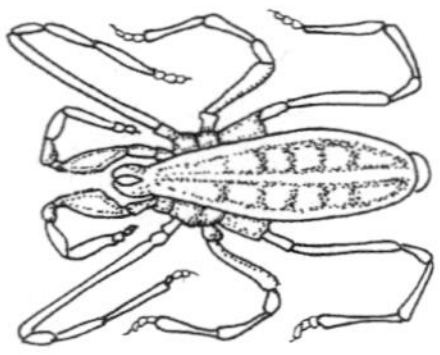

Brettkanker ≤ 10 mm
Zählt zu den Weberknechten, lebt sehr heimlich, oft unter Totholz

a Wolfsspinne b Weberknecht
c **Brettkanker** d Afterskorpion

2d Spinnen

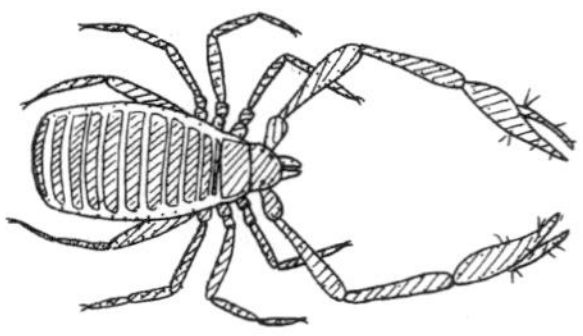

Afterskorpion < 5 mm
Leben unter Rinde, Steinen, Bodenstreu von der Jagd auf Springschwänzen, Läusen

a Wolfsspinne b Weberknecht
c Brettkanker d **Afterskorpion**

3a Milben

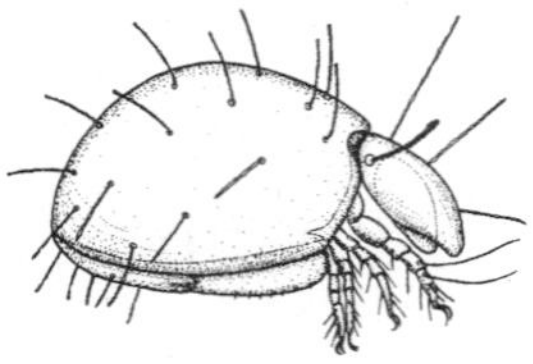

Hornmilbe 0,3 bis 1 mm
Harmlose Pflanzenfresser (Pilze, Moder), die im Zersetzungsprozeß wichtige Humusbildner sind

a **Hornmilbe** b Schildkrötenmilbe
c Raubmilbe d Rote Samtmilbe

ISBN 3-12-043120-6

Die Karten auf Karton kleben und ausschneiden.

3b Milben

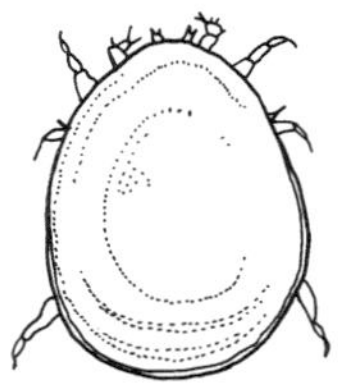

Schildkrötenmilbe 0,5 bis 1 mm
Lebt im humosen Boden (Zeigertier) und trägt stark zur Bodenbildung bei

a Hornmilbe b **Schildkrötenmilbe**
c Raubmilbe d Rote Samtmilbe

3c Milben

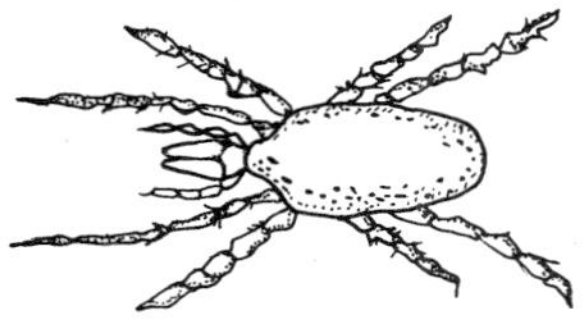

Raubmilbe 0,5 bis 1 mm
In der Streuschicht und unter Rinde lebende Jäger von Kleininsekten

a Hornmilbe b Schildkrötenmilbe
c Raubmilbe d Rote Samtmilbe

3d Milben

Rote Samtmilbe 0,5 bis 4 mm
Leuchtend scharlachrot gefärbte Pflanzenfresser und Pflanzensauger

a Hornmilbe b Schildkrötenmilbe
c Raubmilbe d **Rote Samtmilbe**

4a Käfer

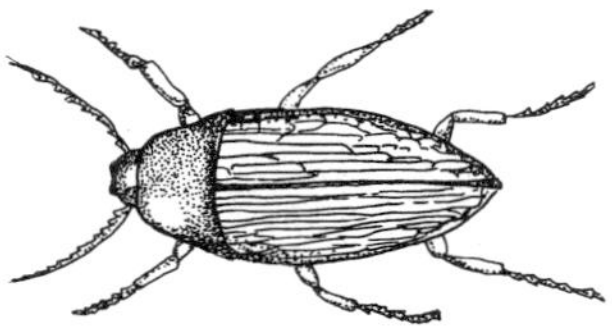

Schnellkäfer ≤ 18 mm
Bewohnen Böden mit großem Anteil an verrottendem Pflanzenmaterial; fressen auch Fleisch

a **Schnellkäfer** b Laufkäfer
c Mistkäfer d Kurzflügler

4b Käfer

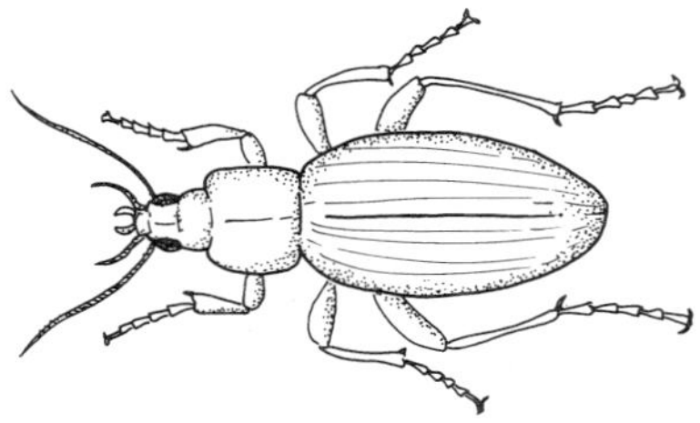

Laufkäfer 9 bis 40 mm
Fleischfressende Käferarten mit kräftigen Kauzangen; flinke Bewegungen

a Schnellkäfer b **Laufkäfer**
c Mistkäfer d Kurzflügler

4c Käfer

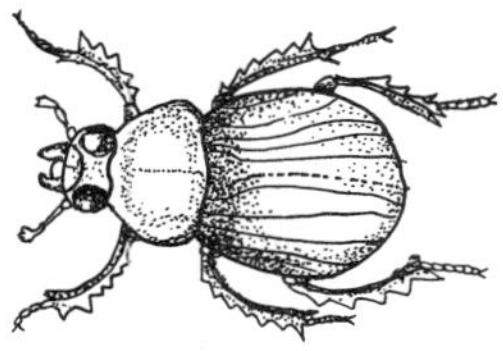

Mistkäfer 3 bis 22 mm
Benutzen den Kot anderer Tiere als Brutplatz für ihre Nachkommen; teils wird Kot eingegraben

a Schnellkäfer b Laufkäfer
c **Mistkäfer** d Kurzflügler

4a Käfer

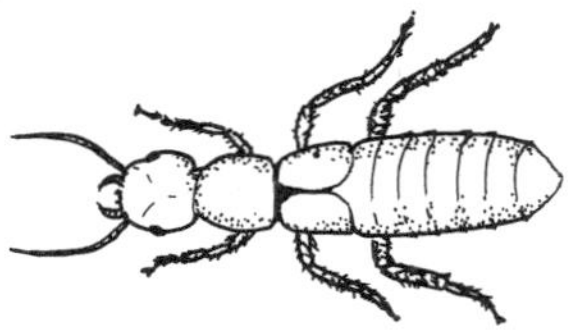

Kurzflügler ≤ 32 mm
Leben bevorzugt in verrottendem Material (Kompost, Kot, Fallaub) von Kleintieren, Aas, Kot

a Schnellkäfer b Laufkäfer
c Mistkäfer d **Kurzflügler**

5a Mikroorganismen

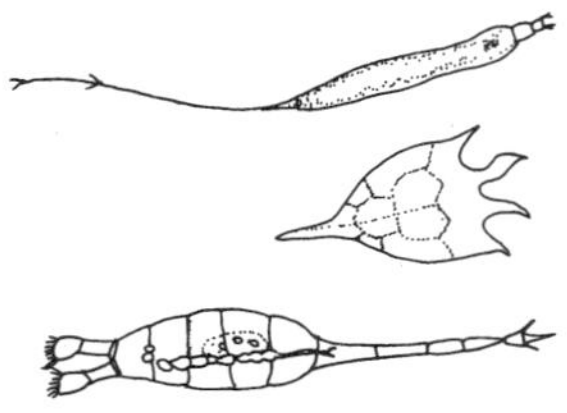

Rädertierchen 0,3 bis 1 mm
Zu den Fadenwürmern zählende Tiergruppe, die den Wasserfilm der Bodenkrümel bewohnt

a **Rädertierchen** b Amöbe
c Pantoffeltierchen d Bärtierchen

5b Mikroorganismen

Amöbe ≤ 0,2 mm
Einzellige Tiere ohne feste Gestalt, deren Körpermasse sich „fließend“ bewegt

a Rädertierchen b **Amöbe**
c Pantoffeltierchen d Bärtierchen

ISBN 3-12-043120-6

Die Karten auf Karton kleben und ausschneiden.

5c Mikroorganismen

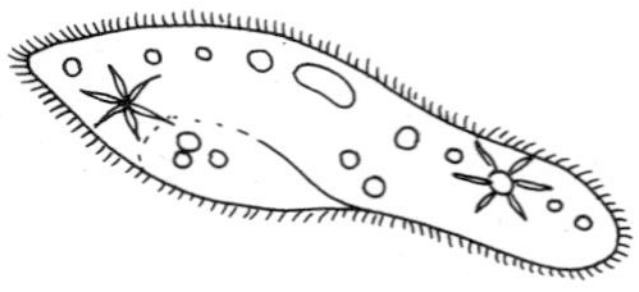

Pantoffeltierchen < 0,33 mm
Einzellige wimpernbesetzte Tiere von Pantoffelform im Wasserfilm der Bodenkrümel schwimmend

a Rädertierchen b Amöbe
c **Pantoffeltierchen** d Bärtierchen

5d Mikroorganismen

Bärtierchen ≤ 1 mm
Kleiner Moosbewohner, der auf 8 Stummel-Beinpaaren umherkriecht; sehr widerstandsfähig

a Rädertierchen b Amöbe
c Pantoffeltierchen d **Bärtierchen**

6a Tausendfüßler

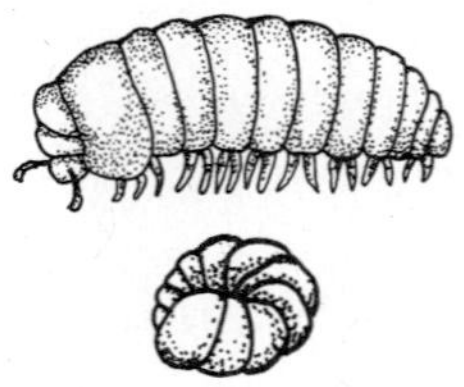

Saftkugler ≤ 20 mm
Bodenstreubewohner, der sich von pflanzlichen Stoffen ernährt und bei Gefahr zur Kugel einrollt

a **Saftkugler** b Schnurfüßer
c Erdläufer d Steinkriecher

6b Tausendfüßler

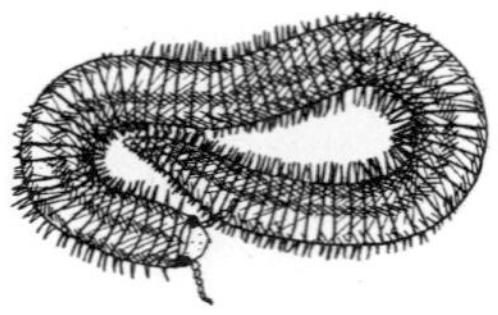

Schnurfüßer ≤ 30 mm
Auch als Tausendfüßer bekannte hartschalige Streuschichtbewohner; rollen sich scheibenförmig ein

a Saftkugler b **Schnurfüßer**
c Erdläufer d Steinkriecher

6c Tausendfüßler

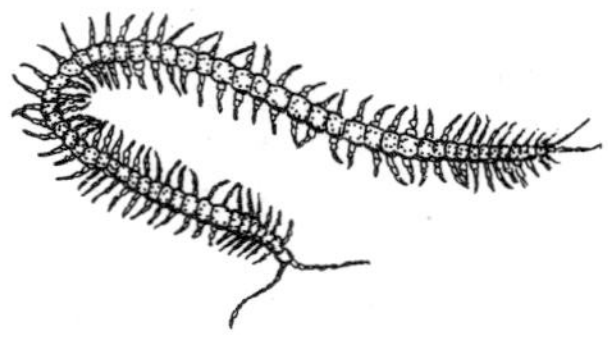

Erdläufer ≤ 65 mm
Hundertfüßer mit brauner Farbe; lebt räuberisch im Moderholz und der Streuschicht

a Saftkugler b Schnurfüßer
c **Erdläufer** d Steinkriecher

6d Tausendfüßler

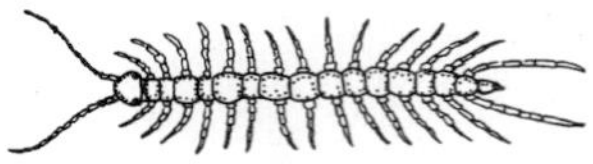

Steinkriecher ≤ 40 mm
Lebt räuberisch unter Totholz, in der Streuschicht; Fühler länger als beim Erdläufer

a Saftkugler b Schnurfüßer
c Erdläufer d **Steinkriecher**

7a Insekten

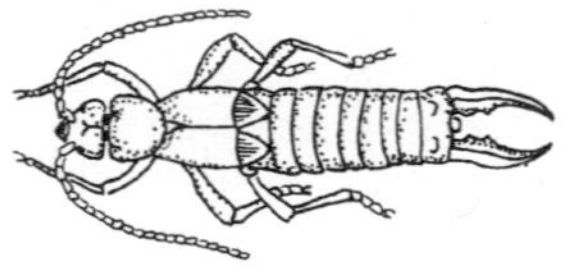

Ohrwurm 12 bis 15 mm
Leben in der Bodenstreu, unter Rinde und Steinen; Nahrung: Aas, Früchte, Insekten, Pflanzen

a **Ohrwurm** b Ameise
c Maulwurfgrille d Grille

7b Insekten

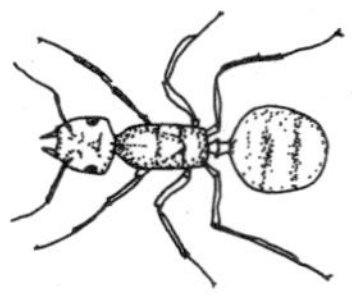

Ameise 2 bis 15 mm
Leisten u.a. bedeutende Beiträge zur Bodendurchlüftung, Durchmischung und Humusbildung

a Ohrwurm b **Ameise**
c Maulwurfgrille d Grille

7c Insekten

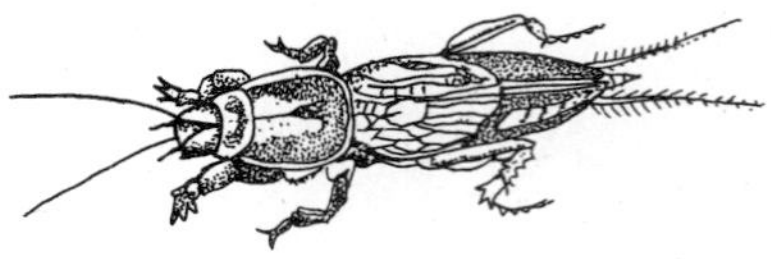

Maulwurfgrille 45 bis 60 mm
Lebt unterirdisch von Pflanzenteilen, aber auch Raupen und betreibt intensive Brutpflege

a Ohrwurm b Ameise
c Maulwurfgrille d Grille

ISBN 3-12-043120-6

Die Karten auf Karton kleben und ausschneiden.

7d Insekten

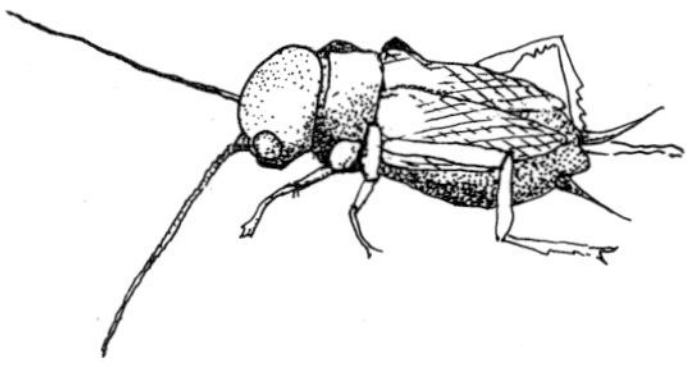

Grille 14 bis 22 mm

Lebt als grabende Heuschreckenform in unterirdischen Bauten; Männchen zirpen

a Ohrwurm b Ameise
c Maulwurfgrille d **Grille**

8a Larven

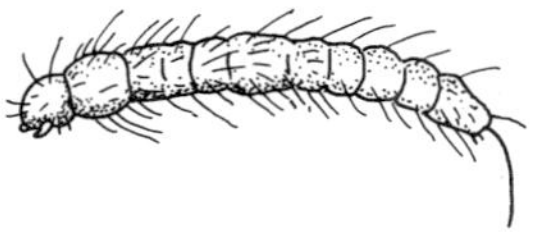

Märzmücke ≤ 20 mm

Ernähren sich von Pflanzenresten und Pilzfäden; bilden Huminstoffe im Darm

a **Märzmücke** b Schmetterling
c Schnake d Skorpionsfliege

8b Larven

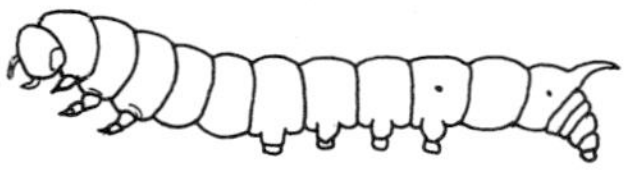

Schmetterling ≤ 75 mm

Ernähren sich von grünen Pflanzenteilen; bevorzugen oft ganz bestimmte Pflanzen

a Märzmücke b **Schmetterling**
c Schnake d Skorpionsfliege

8c Larven

Schnake 10 bis 25 mm

Ernähren sich von Pflanzenresten und Pilzfäden; bilden Huminstoffe im Darm

a Märzmücke b Schmetterling
c **Schnake** d Skorpionsfliege

8d Larven

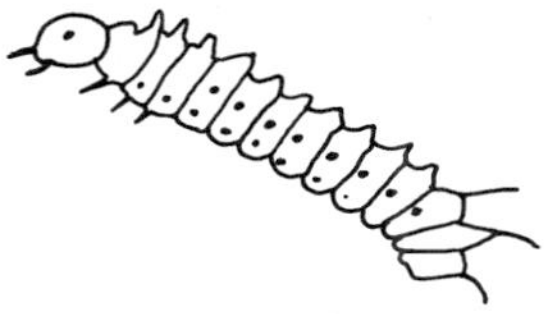

Skorpionsfliege 13 bis 15 mm

Pflanzenfresser, die zur Bodendurchmischung und Bodendurchlüftung beitragen

a Märzmücke b Schmetterling
c Schnake d **Skorpionsfliege**

9a Urinsekten

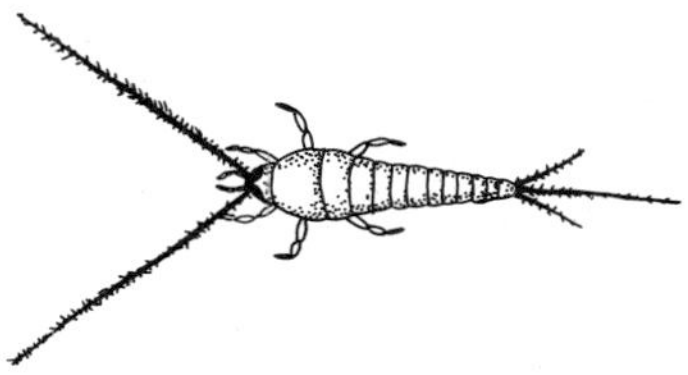

Felsenspringer ≤ 14 mm

Leben auf Geröllhalden vor allem von Flechten und Algen

a **Felsenspringer** b Kugelspringer
c Doppelschwanz d Springschwanz

9b Urinsekten

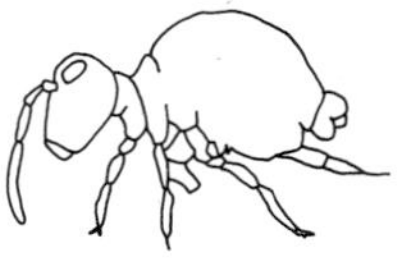

Kugelspringer 0,5 bis 3 mm

Leben in der Krautschicht und in Bodenhohlräumen; kugelige Form

a Felsenspringer b **Kugelspringer**
c Doppelschwanz d Springschwanz

9c Urinsekten

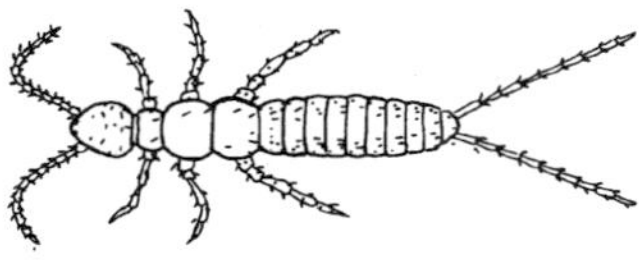

Doppelschwanz < 10 mm

Ernährt sich räuberisch von Larven, Springschwänzen

a Felsenspringer b Kugelspringer
c **Doppelschwanz** d Springschwanz

9d Urinsekten

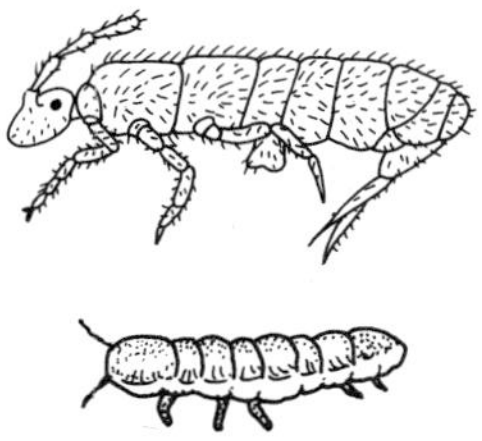

Springschwanz 0,4 bis 5 mm

Formenreiche Gruppe, leben von Weichpflanzen, Bakterien, Algen und Produkten der Streuzersetzer

a Felsenspringer b Kugelspringer
c Doppelschwanz d **Springschwanz**

ISBN 3-12-043120-6

Karten auf Karton kleben und ausschneiden.

10a Käferraupen

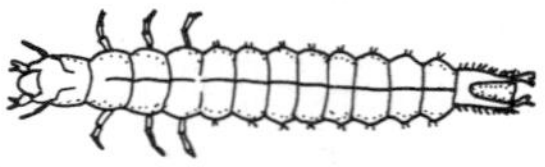

Laufkäfer ≤ 25 mm

Räuberisch lebende Larvenformen; erbeuten Würmchen, andere Larven

a **Laufkäfer** b Leuchtkäfer
c Schnellkäfer d Kurzflügler

10b Käferraupen

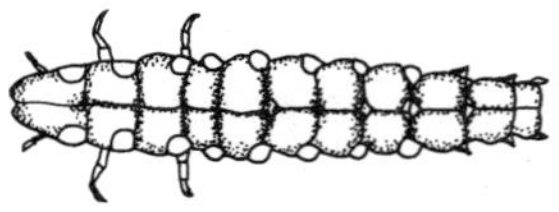

Leuchtkäfer ≤ 25 mm

Deutlich gegliedert, dunkel mit hellen Querstreifen, Leuchtorgane, Schneckenjäger

a Laufkäfer b **Leuchtkäfer**
c Schnellkäfer d Kurzflügler

10c Käferraupen

Schnellkäfer ≤ 35 mm

Die als Drahtwurm bezeichneten Larven benagen lebende Wurzeln; glänzend, steif (Draht)

a Laufkäfer b Leuchtkäfer
c **Schnellkäfer** d Kurzflügler

10d Käferraupen

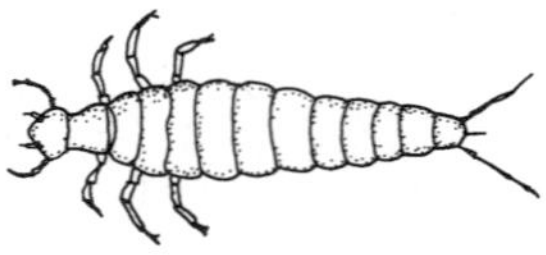

Kurzflügler ≤ 32 mm

Sie führen ein räuberisches Leben und sind häufig an Aas und Dung anzutreffen

a Laufkäfer b Leuchtkäfer
c Schnellkäfer d **Kurzflügler**

Spielregeln

1. Klebe die Bilder auf einen dünnen Karton.
2. Schneide die Bilder möglichst genau aus.
3. Du kannst die Bilder nach einem Tierbuch anmalen.

Das Spiel kann nach den Regeln des Quartetts gespielt werden.

Viel Spaß!

11a Andere

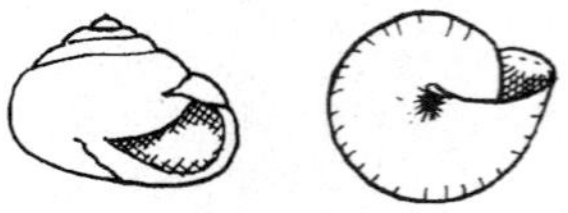

Hainschnecke 10 x 16 mm

Gelbbraun – rotbraun, liebt feuchte Verstecke; verzehrt Pilze, Algen, Pflanzenteile

a **Hainschnecke** b Nacktschnecke
c Bandfüßer d Assel

11b Andere

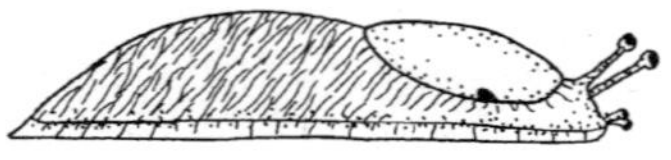

Nacktschnecke 3 bis 15 cm

Schwarze, rote, braune oder gefleckte Schnecken ohne Haus mit Kalkeinlagerungen unter der Haut

a Hainschnecke b **Nacktschnecke**
c Bandfüßer d Assel

11c Andere

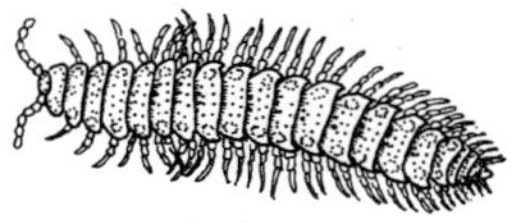

Bandfüßer ≤ 28 mm

Abgeplatteter Körper von rötlich-brauner Farbe; meist unter Holz oder Steinen lebend, blind

a Hainschnecke b Nacktschnecke
c **Bandfüßer** d Assel

11d Andere

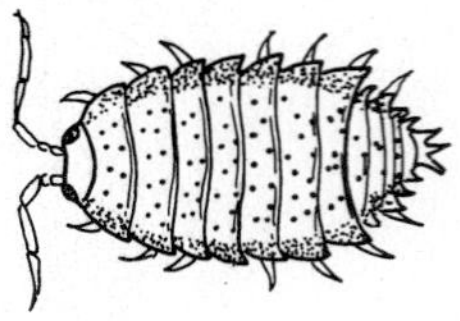

Assel 5 bis 15 mm

Wichtiger Streuzersetzer, aktiver Bodendurchmischer, produziert Huminstoffe; Krebstier

a Hainschnecke b Nacktschnecke
c Bandfüßer d **Assel**

ISBN 3-12-043120-6

7.1 Materialzusammenstellung

Die Durchführung der vorgestellten Versuche erfordert eine gewisse Ausstattung mit Geräten. Diese sind teils in der Physik/Chemie -Fachraumausstattung der Schulen vorhanden, teils können sie auch aus Eigenbeständen der Lehrer gedeckt werden. Eventuell fehlende Geräte können gekauft werden. Quellen hierfür sind sowohl Schulausstattungsunternehmen wie Laborbedarfsfachgeschäfte. Alternative Geräte dagegen lassen sich gewöhnlich im Haushalt ohne Schwierigkeiten finden oder können auch von den Schülerinnen und Schülern mitgebracht werden.

7.1.1 Geräte aus der Fachraum-Ausstattung

Im folgenden Teil sind zur besseren Übersicht für Unterrichtende jene Geräte aus der Physik/Chemie-Ausstattung übersichtsmäßig erfaßt, die zu den beschriebenen Versuchen benötigt werden. Es sind dies:

Stativmaterial mit verschiedenlangen Klemmeinrichtungen, Bechergläser mit mind. 100 ml Volumen, Meßzylinder, Kolbenprober, Tropftrichter, Plastik-oder Glaswannen, Standzylinder, Zylinderrohre mit etwa 3 cm bis 5 cm Durchmesser in verschiedenen Längen, Gummistopfen und Glasröhrchen passend zu den Zylinderrohren, Petrischalen, Gummischlauch, Pipetten oder Tropfflaschen, Objektträger oder Uhrgläschen, Porzellanschälchen, Tondreiecke, Bunsen- oder Propangasbrenner, Dreifuß und Drahtnetz, pH-Meter, Spatel, Mörser, Sieb, Trichter, Thermometer, Feinwaage.

Exhaustor, Lupen als Hand-, Stand- oder Becherlupe(n) sowie Binokular(e) oder Mikroskop(e) mit geringer Vergrößerung. Der Preis für die besonders praktischen Becherlupen lag 1994 zwischen ca. 8,--DM bis 12,-- DM je nach Größe. Bezugsquelle sind z.B. die LBV- (Landesbund für Vogelschutz) bzw. DNB (Deutscher Naturschutz Bund)- Geschäftsstellen.

Benötigte Stoffe sind: Salz, Petroleum oder Heizöl, Salzsäure 0,1 M, polierte Kalksteine (Steinmetz!) oder blanke Muschelschalen, Bohnenkerne, Ansaaterde, Topfuntersetzer, Pflanztöpfe sowie Kleinmaterial (vgl. unter Punkt 7.1.3), Lackmuspapier, Indikatorflüssigkeit.

7.1.2 Alternative Geräte

Wenn keine Physikgeräte vorhanden sind, können alternative Gerätschaften einzelne Ausstattungsgegenstände aus 7.1.1 ersetzen. Die vorliegende Auflistung erhebt aber nicht den Anspruch auf Vollzähligkeit, die Lehrerin/der Lehrer vor Ort wird vermutlich noch andere Alternativen finden.

Solche alternativen Teile sind vor allem: Blumentöpfe (rund, 8 cm bis 10 cm Durchmesser, gleiche Größe aus Ton und/oder Plastik); Einweckgläser (1 l bis 2 l), Plastikschalen (z.B. Margarinebecher), Schraubdeckel-Gläser.

7.1.3 Nützliche Utensilien

Zur Durchführung auch der dargestellten Versuche sind außerdem weitere Gerätschaften erforderlich bzw. nützlich. Dies sind: verschließbare Plastikschalen (etwa Eis- oder Margarinedosen bzw. transparente Salatschälchen) zu Transport und Aufbewahrung von Bodenproben oder Kleinteilen, transparente und schwarze Diafilm-Dosen, kleine Schraubdeckelgläser, Haarpinsel, Klebeband, Schere, schwarzes Tonpapier, Büroklammern, Watte oder/und Filterpapier, Pflöckchen und Schnur zum Ausstecken von Probeflächen, Bleistift und kleiner Block, weißes Tuch (ca. 1 qm) oder Tapetenstücke, Bestimmungshilfen (mögl. vor Feuchtigkeit und Verschmutzung geschützt), (Alu-)Rohr mit 3 cm bis 5 cm Durchmesser zum Ausstechen von Bodenproben, Eßlöffel, Teelöffel, Gabel, Küchensieb, Trichter, stumpfe Küchenmesser, kleine Handschaufel oder Spachtel zur Aufnahme von Bodenproben.

Als sehr nützlich und praktisch erweisen sich Tapeziertische; dank ihres geringen Gewichts sind sie leicht transportabel, bieten aber recht große Ablage- bzw. Arbeitsflächen.

Die aufgeführten Gegenstände können in einer Art Fundus als Dauerbestand angelegt werden, wozu sich Plastik-Sammelboxen als Aufbewahrungsbehälter hervorragend eignen. Bei Bedarf können damit auch Gruppenboxen eingerichtet werden. Eine schriftliche Auflistung der vorhandenen Teile erleichtert in jedem Fall die (Wieder-)Beschaffung der Teile wie auch ihre Verwaltung und die Schülerarbeit.

Einige der aufgeführten Gegenstände lassen sich auch von Schülerinnen und Schülern z. B. im Rahmen der Schulgartenarbeit leicht herstellen. Dazu gehört beispielsweise ein sehr nützliches Kleingerät zum Fang von Kleinsttieren - der Exhaustor (Abb. 7.1).

Selbstbau-Exhaustor

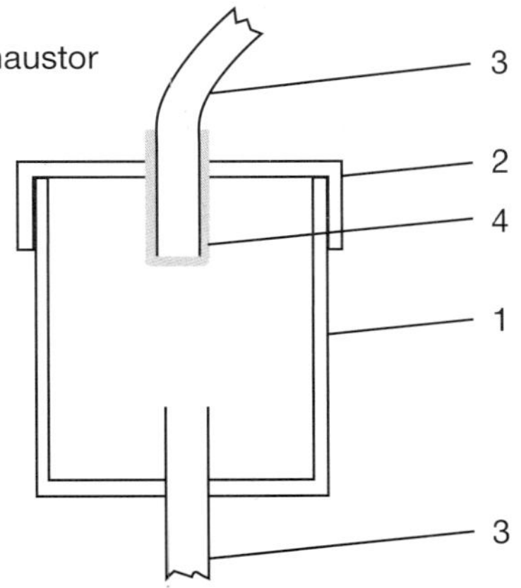

1 = transparente Filmdose, 2 = Dosendeckel,
3 = transparenter Plastikschlauch von 2 cm x ca. 6 cm (Aquarientechnik), 4 = Stück Nylonstrumpf

Abb. 7.1: Selbstbau – Exhaustor

Seine Herstellung ist einfach, der Materialbedarf dafür äußerst gering: eine transparente Diafilmdose, etwas transparenter Plastikschlauch, ein Stück Nylon-Strumpf (schützt vor Einatmen der Tiere), an Werkzeugen ein Stichel, Messer oder Schere sowie ggf. eine runde Raspel.

Bauanleitung für einen Exhaustor:

1. Mittels Messer oder Schere zwei Stücke (10 cm bzw. 15 cm) vom Plastikschlauch (Aquarientechnik) abschneiden.
2. Mit Stichel und Raspel eine paßgenaue Öffnung in Stärke des vorhandenen Plastikschlauches im Dosendeckel bzw. dem Dosendeckel (Vorsicht, Bruchgefahr - die Diadose langsam anstechen!) anbringen.

3. In den Dosenboden das kürzere Schlauchstück einführen, so daß in der Dose ein Überstand von etwa 1 cm ist.
4. Ein ausreichend großes Nylonstück als Filter vor das untere Ende des zweiten Plastikschlauches legen, Überstand um den Plastikschlauch schlagen.
5. Den Plastikschlauch mit Nylonfilter von oben so durch den Dosendeckel stecken, daß der Dosendeckel den Nylonfilter in seiner Lage festhält (auf guten Sitz des Filters achten).
6. Dosendeckel auf die Dose stecken, der Exhaustor ist betriebsbereit. Durch Ansaugen am langen Schlauchende können nun Kleintiere ohne Beschädigung gefangen werden.

7.2 Abschließende Hinweise

Wie schon eingangs angedeutet, will das Buch Arbeitshilfen anbieten, um einen möglichst großen Bereich des Themas Boden kennenzulernen und dafür Informationen und Anregungen aus einer Hand liefern. Eine noch tiefergehende Auseinandersetzung mit dem sehr komplexen Sachverhalt dürfte den Rahmen der „normalen" schulischen Möglichkeiten sprengen und muß durch das Studium von Fachliteratur aufbereitet werden.

Zusätzlich zu den vorgeschlagenen Untersuchungen bietet sich eine Zusammenarbeit mit einem Landwirt oder Gärtner an. Diese Fachleute können beispielsweise mittels Spatenproben Strukturanalysen von Böden vornehmen und Einblicke in die professionelle Bodenbearbeitung geben. Interessant in diesem Zusammenhang können auch Betriebserkundungen bei herkömmlich und alternativ wirtschaftenden Landwirten sein, um bestehende Unterschiede in der Bodenbewirtschaftung kennen zu lernen.

Eine weitere, ganz hervorragende Möglichkeit der intensiven Auseinandersetzung mit der Thematik „Boden" sind Unterrichtsgänge zu Bodenaufschlüssen verschiedenster Art (Baugruben, Abbaugeländen...). Hier kann der schichtweise Bodenaufbau im Originalzustand erfahren werden.

Exkursionen oder Betriebserkundungen sind für die Behandlung des Themas höchst aufschlußreich, doch sollte dem Besuch mit der Klasse/Gruppe auf alle Fälle eine Vorerkundung vorausgehen. Dabei sind nicht nur die unterrichtlichen Möglichkeiten auszuloten, vielmehr gilt es auch Aspekte der Unfallverhütung zu untersuchen. Augenmerk soll auf geeignetes Schuhwerk gelegt werden, etwa, wenn die Exkursion eine Baugrube zum Ziel hat.

Ansprechpartner findet der/die Unterrichtende außer bei praktizierenden Landwirten und Gärtnern auch bei Vereinen (z.B. Obst- und Gartenbau-Vereine) oder Behörden (Ämter für Landwirtschaft), die u. U. Informationsmaterial anzubieten haben, das unterrichtlich eingesetzt werden kann. Darüber hinaus stellen die Landesministerien für Landwirtschaft bzw. Natur- und Umweltschutz recht informative Broschüren zu Verfügung. Schließlich sei auch noch auf das Medienangebot der Kreisbildstellen hingewiesen.